河合塾
SERIES

マーク式
基礎問題集

地理総合,
地理探究

河合塾講師
脇阪義和…[著]

河合出版

は じ め に

　本書には，共通テスト，センター試験の問題とマーク式の私大の入試問題を掲載している。共通テストとセンター試験の問題は，あまり違いはないが，新しい問題形式としては，図や文章などを資料として使用したもの，会話文を使用したもの，文をカードに入れたものが少しある。また，共通テストは思考力・判断力・表現力を中心に評価する新しいテストとされ，センター試験では，図表なしで文の正誤を判定したり，用語や地名を選択したりする問題が数問あったが，共通テストではすべての問題が図表か資料をみて判定するものとなっており，その結果として問題文の読み取りや図表の読み取りに時間がかかるので，大問は6題から5題に，マーク数は35から31に減少した。しかし，問題の内容は同じなので，平均点に変化はなかった。出題傾向としては，地図と写真，地形図，統計地図，グラフ，統計表などの素材を多用し，その読み取り能力や理解力，すなわち地理的見方・考え方を試す問題が中心で，暗記学習の多い世界史や日本史に比べると，論理的思考力が必要とされる。出題分野は，自然環境と自然災害，資源と産業，村落・都市と人口，地誌，地域調査で，センター試験で出題されていた比較地誌はなくなったが，他は同じである。問題文や会話文などには，教科書に太字で書いてある地理用語や地名が出るので，重要な用語を覚えて意味を理解しよう。知らない地名があれば，地図帳を見て位置も覚えよう。また，ほとんどが図表の読み取り問題となったので，いろいろな地形や気候区，農業地域，鉱産資源，大都市，言語，宗教などの分布をしっかりと覚えよう。統計図表の読み取り問題では，順位の概要とその背景を理解することが必要。私大では，大学によって出題分野が異なるので，過去問を見ておく必要がある。用語や地名，位置，統計順位などに関するシンプルな問題が多いが，現行の教科書には記載されていないような用語や地名が出題されることもあり，細かい知識中心の学習が必要とされる。ただし，共通テストで必要とされる地理的考察力には，用語や地名，位置などの基本的知識が前提として必要なため，私大の問題を，知識の確認のために利用することができる。解答に必要な事項は本書の解説に書いてある。学習対策として，自然環境は地形や気候の分布をその成因から理解する。メガロポリスなどの用語は意味を正確に覚える。農林水産業や鉱工業では主な品目の生産・輸出入上位国とその背景を理解する。農業・工業・人口・都市は先進国と発展途上国に分けて違いを考える。地誌は地域全体の自然・社会・産業の特徴を地図の利用によって把握する。地形図は自然環境や村落・都市，地域調査で出題されるので，等高線や地図記号から読図できるように。

目　　次

第 1 章

地図と地理的技能

（6問）

1 地図・地図投影法

[関西学院大]

A 地図に関する以下の設問に答えよ。

(1) 国土地理院の地図について誤りを含む説明はどれか，a～dから1つ選んで記号をマークせよ。
　a．50万分の1地方図は編集図である。
　b．20万分の1地勢図は編集図である。
　c．5万分の1地形図は実測図である。
　d．5000分の1国土基本図は実測図である。

(2) 主題図について誤りを含む説明はどれか，a～dから1つ選んで記号をマークせよ。
　a．ヨーロッパにおける年降水量を示すには等値線図が適している。
　b．都道府県別高齢者人口比率を示すにはドットマップが適している。
　c．世界の国別GNIを比較するには図形表現図が適している。
　d．中国の省別人口密度を示すには階級区分図が適している。

(3) 近代以前の地図について誤りを含む説明はどれか，a～dから1つ選んで記号をマークせよ。
　a．中世ヨーロッパのTOマップはキリスト教的世界観を示している。
　b．プトレマイオスの世界図は地球球体説に基づいている。
　c．伊能図は俵状に描いた地方を積み重ねた形を特徴としている。
　d．粘土板に描かれた古代メソポタミアの地図が出土している。

(4) 国土地理院の地図について誤りを含む説明はどれか，a～dから1つ選んで記号をマークせよ。
　a．風車と老人ホームは新しく加えられた地図記号である。
　b．地点の距離と方位を測定する三角点は見通しのよい山頂や丘陵に設置されている。
　c．2万5000分の1地形図の計曲線は100m間隔で示される太い実線である。
　d．2万5000分の1や5万分の1の土地利用図が作成されている。

⑸　地図と測地について誤りを含む説明はどれか，a～dから1つ選んで記号を
　　マークせよ。

　　a．本初子午線はロンドン郊外の旧グリニッジ天文台を通過する。

　　b．GPSのシステムは人工衛星から発射される電波をもとに位置を知らせる。

　　c．日本では東京湾の平均潮位をもとにした水準原点を基準に各地の海抜高度が
　　　　示されている。

　　d．日付変更線は太平洋上を西経180度線に沿って直線として引かれている。

B　地図投影法に関する以下の設問に答えよ。なお，問題に示すA～Jの地図投影
　　法は，エケルト図法・グード（ホモロサイン）図法・サンソン図法・正距円錐図
　　法・ボンヌ図法・ミラー図法・メルカトル図法・モルワイデ図法・ランベルト正
　　角円錐図法・ランベルト正積方位図法のいずれかに相当する。

⑴　A・Bの地図投影法について誤りを含む説明はどれか，a～dから1つ選んで
　　記号をマークせよ。

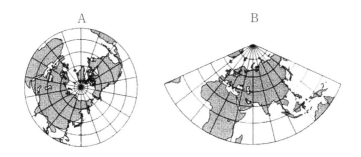

　　a．Aは方位図法，Bは円錐図法で描かれている。

　　b．Aは中心からの方位と面積が正しく表される。

　　c．Bは中緯度のひずみが少なく，地方図に適している。

　　d．Bは任意の二点間の距離が正しく表される。

(2) C・Dの地図投影法について誤りを含む説明はどれか，a～dから1つ選んで記号をマークせよ。

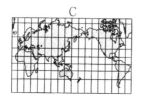 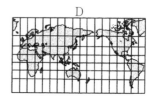

a．Cは円筒図法で描かれている。

b．Cは等角航路が直線で表されるため海図に利用される。

c．Dは正角図法で描かれて分布図に適している。

d．高緯度のひずみが大きくなるCの欠点を補う工夫がDに加えられている。

(3) E・Fの地図投影法について誤りを含む説明はどれか，a～dから1つ選んで記号をマークせよ。

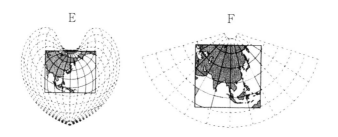

a．E・Fともに円錐図法に基づいて描かれている。

b．E・Fともに面積が正しく表される。

c．Eは中央経線から離れるに従って角のひずみが大きくなる。

d．Fは緯線が等間隔に設定されている。

⑷ G・Hの地図投影法について誤りを含む説明はどれか，a～dから1つ選んで記号をマークせよ。

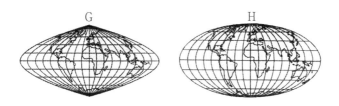

a．G・Hともに擬円筒図法で描かれている。
b．G・Hともに正積図法である。
c．G・Hともに緯線は等間隔の平行線で表される。
d．Gは経線に正弦曲線を，Hは楕円曲線を用いている。

⑸ I・Jの地図投影法について誤りを含む説明はどれか，a～dから1つ選んで記号をマークせよ。

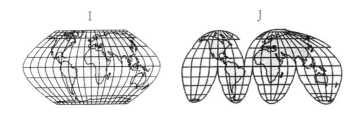

a．Iは正角で，Jは正積で表される。
b．Iは中高緯度のひずみを軽減するため極を赤道の2分の1の長さにしている。
c．Jは中央経線を複数とり海洋を断裂させた形態で表される。
d．Jは二種の図法を組み合わせて大陸の形状のひずみを少なくした。

2 正距方位図法

［センター試験地理B/追試］

問1 サンフランシスコは東京とほぼ同緯度にある。次の図を見て，東京からみた
サンフランシスコの方位として最も適当なものを，下の①～④のうちから一つ
選べ。

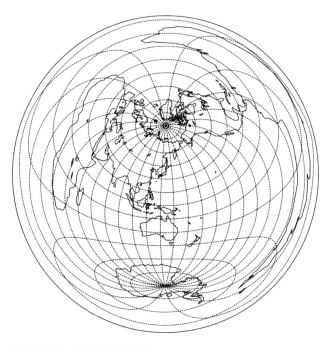

東京を中心にした正距方位図法。

① 東   ② 西   ③ 北東   ④ 北西

問2 図を参考にして，サンフランシスコと東京との間のおよその直線距離として
最も適当なものを，次の①～④のうちから一つ選べ。

① 4,000 km   ② 8,000 km   ③ 12,000 km   ④ 16,000 km

③　メルカトル図法，時差，地図　　［センター試験地理A／追試］

次の図を見て，下の問い（**問1～5**）に答えよ。

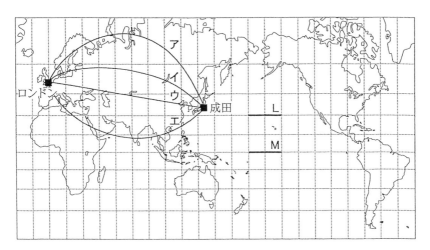

緯線・経線は15度間隔。
メルカトル図法による。

問1　図中の実線ア～エのうち，成田とロンドン間の最短経路を示したものを，次の①～④のうちから一つ選べ。

①　ア　　　　　　　②　イ　　　　　　　③　ウ　　　　　　　④　エ

問2　図中の実線LとMのうち，地球上の距離がより長いものと，およその距離との正しい組合せを，次の①～④のうちから一つ選べ。

	①	②	③	④
距離が長いもの	L	L	M	M
およその距離（km）	3,300	6,600	3,300	6,600

14

問3 次の表は，世界の4都市とロンドンとの時差を示している。図を見て，東京が1月1日午後6時のとき，同日の午前3時である都市として正しいものを，表中の①～④のうちから一つ選べ。

	都市名	ロンドンとの時差
①	モスクワ	＋3時間
②	シンガポール	＋8時間
③	メキシコシティ	－6時間
④	シアトル	－8時間

問4 地図の種類やその利用の仕方について述べた文として**適当でないもの**を，次の①～④のうちから一つ選べ。
① 世界地図は，広い範囲を扱う大縮尺地図の代表であり，狭い範囲を扱う2千5百分の1国土基本図などは小縮尺地図とよばれる。
② メンタルマップは，頭の中にイメージされている地図であり，興味があったり，行ったことのある場所については詳しく描かれる傾向がある。
③ 数値地図は，人口，標高など様々なデータをコンピュータで扱えるように数値化した地図であり，GIS（地理情報システム）などに利用される。
④ 主題図は，特定の事象を表現する目的で作成された地図であり，土地利用図や土壌図などがある。

問5 地図や地理情報の利用に関して述べた文として**適当でないもの**を，次の①～④のうちから一つ選べ。
① インターネットを通じて，世界各地の地図や空中写真（航空写真）を見ることができる。
② カーナビゲーションシステムにより，現在地から目的地への経路を知ることができる。
③ GIS（地理情報システム）により，地域の統計情報を地図化することができる。
④ 人工衛星からのリモートセンシングにより，今後の都市再開発計画の有無を知ることができる。

4 尾根・谷・集水域　　　　　　　　　　　　　［センター試験地理A/本・追試］

問1　次の図1は，国土地理院発行の2万5千分の1地形図の一部（一部改変）である。図1中の破線サ〜セのいずれかが示す地形の特徴について述べた文として**適当でないもの**を，下の①〜④のうちから一つ選べ。

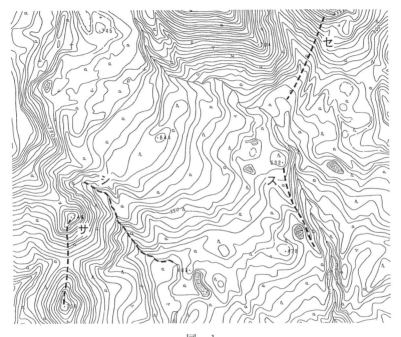

図　1

①　破線サの両端は山頂であり，中央部は低くなっている。

②　破線シは尾根線を示しており，南端付近には池がみられる。

③　破線スは尾根線を示し，並行した谷線が東側にみられる。

④　破線セの北半分では傾斜が急で，南半分ではゆるやかである。

問2 次の図2は，ある地域の2万5千分の1地形図（一部改変）である。図2中
に示した地点P～Sに大雨が降った場合，地表面を流れる雨水が地点Xに達す
る地点として最も適当なものを，下の①～④のうちから一つ選べ。

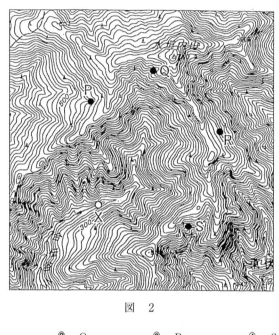

図　2

① P　　　　② Q　　　　③ R　　　　④ S

5 地形図読図

次の地形図は，国土地理院が平成24年に発行した地形図「丸亀」の一部を複製したものである。この地形図をよくみて，以下の問に答えよ。

（紙面の都合上，地形図は横にして掲載した）

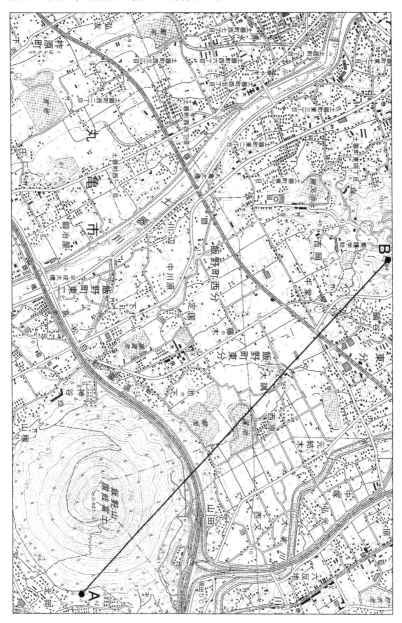

問1 この地形図の縮尺として適切なものを，次の①〜⑤の中から1つ選べ。

① 1万分の1 ② 2万5千分の1 ③ 5万分の1

④ 10万分の1 ⑤ 20万分の1

問2 地形図中の飯野山（讃岐富士）の山頂と山麓の「山根」の神社との間は，地形図上で約3cmである。飯野山（讃岐富士）の山頂と「山根」の神社との間の平均勾配（2地点間の標高差÷水平距離）に最も近いものを，次の①〜⑤の中から1つ選べ。

① 0.2 ② 0.5 ③ 0.8 ④ 1.1 ⑤ 1.4

問3 地形図中の宮池の実際の面積に最も近いものを，次の①〜⑤の中から1つ選べ。

① 6250 m² ② 10000 m² ③ 25000 m²

④ 62500 m² ⑤ 250000 m²

問4 地形図から判読（推測）できる事柄として適切なものを，次の①〜④の中から1つ選べ。

① 土器川は南東から北西に向かって流れている。

② 土器川の河川敷は主に水田として利用されている。

③ 「土器町東一丁目」には発電所がみられる。

④ 「土器町西五丁目」には高等学校がみられる。

問5 地形図中の飯野山（讃岐富士）周辺でみられる事柄として適切なものを，次の①〜④の中から1つ選べ。

① 山頂付近には電子基準点がみられる。

② 斜面には針葉樹林と広葉樹林がみられる。

③ 果樹園は標高100 m以上にはみられない。

④ 飯野山の北側にある六反地には採鉱地がみられる。

問6　地形図中の集落についての説明として適切なものを，次の①～④の中から1
　　つ選べ。
　　①　「土器町東一丁目」と「土器町西五丁目」は異なる市に属する。
　　②　「吉岡」と「藤の木」は異なる市に属する。
　　③　「山田」と「池の下」は異なる市に属する。
　　④　「西又」と「西原」は異なる市に属する。

問7　地形図中には，多くの池がみられる。これらの池についての説明として適切
　　なものを，次の①～④の中から1つ選べ。
　　①　かつての河道だったところに形成された河跡湖である。
　　②　海の一部が外海から分離されて形成された海跡湖である。
　　③　渇水時に備えて農業用水のために造成されたため池である。
　　④　工場の建設に合わせて地下水を揚水して造成されたため池である。

問8　地形図中の「神谷」にみられる ⌂ の記号が表している施設として適切なも
　　のを，次の①～⑤の中から1つ選べ。
　　①　観光案内所　　　　②　市役所　　　　　　③　図書館
　　④　博物館　　　　　　⑤　老人ホーム

問9 地形図中の直線A－Bの断面図としてもっとも近いものを，次の①〜④の中から1つ選べ。

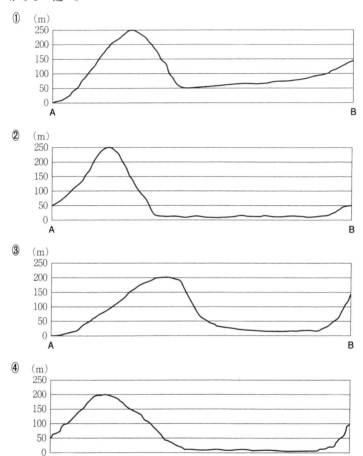

問10 丸亀市は，瀬戸内海に面した港湾を持つ。瀬戸内海に面した港湾を持つ都市として誤っているものを，次の①〜⑤の中から1つ選べ。

① 広島市　　　　　② 境港市　　　　　③ 高松市

④ 今治市　　　　　⑤ 明石市

6 地域調査

　高校生のイズミさんは，岐阜県高山市の自然環境や人間活動にかかわる地域調査を行った。次の図1を見て，イズミさんの調査に関する下の問い（**問1～6**）に答えよ。

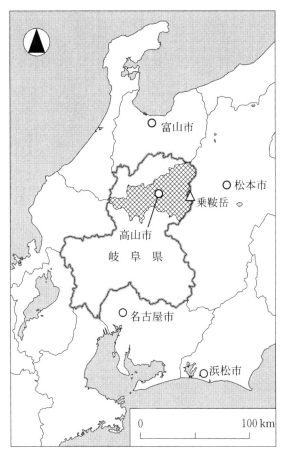

[::::::] は高山市域を示す。

図　1

問 1 高山市に向かう前に，イズミさんはいくつかの指標から高山市の気候を他都市と比較した。次の表 1 は，図 1 中に示した高山市を含む 3 都市について，気温の年較差，冬季（12 ～ 2 月）の日照時間を示したものであり，ア～ウは高山市，富山市，浜松市のいずれかである。都市名とア～ウとの正しい組合せを，下の①～⑥のうちから一つ選べ。

表　1

	気温の年較差（℃）	冬季（12 ～ 2 月）の日照時間（時間）
ア	21.1	580.2
イ	23.9	230.2
ウ	25.5	297.4

『理科年表』により作成。

	①	②	③	④	⑤	⑥
高山市	ア	ア	イ	イ	ウ	ウ
富山市	イ	ウ	ア	ウ	ア	イ
浜松市	ウ	イ	ウ	ア	イ	ア

問2　高山市は 2005 年に周辺の 9 町村を編入合併し，全国で最も面積の大きな市
となった。イズミさんは，高山市内の人口の地域的差異について理解するため
に，統計データを用いて主題図を作成した。次の図 2 は，高山市の標高段彩図
と旧市町村別の人口密度，老年人口割合*，平均世帯人員数を示したものであ
る。これらの図から読み取れることがらとその背景について述べた下の文章中
の下線部①〜④のうちから，**適当でないもの**を一つ選べ。

*総人口に占める 65 歳以上人口の割合。

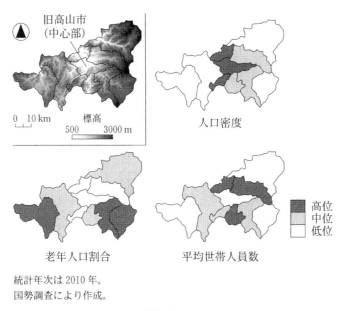

統計年次は 2010 年。
国勢調査により作成。

図　2

　人口密度は，①盆地に位置する中心部とその隣接地域で高い値がみられる。
老年人口割合は，②中心部から離れた標高の高い東西の地域で高い傾向にある。
平均世帯人員数は，中心部と縁辺部において低位にある。その主な理由とし
て，中心部では，③隣接地域と比べて核家族世帯や単身世帯の割合が低いこと
が予想され，縁辺部では，長期間にわたる④若年層の流出や高齢者の死亡にと
もなう世帯人員の減少が影響していると考えられる。

問3 市内の朝市とスーパーマーケットを見学したイズミさんは，高山市の農林水産物の流通に関心をもった。イズミさんは市役所を訪問し，詳しい話を聞くことにした。イズミさんと市役所の職員との会話文中の空欄カとキに当てはまる語の正しい組合せを，下の①〜④のうちから一つ選べ。

イズミ 「高山市の農業にはどのような特徴がありますか」

職　員 「高山市の農業産出額は県内最大であり，野菜と肉用牛の産地として有名です。現在は大都市圏を中心に出荷されていますが，交通網の整備される以前には，近郊の農家にとって朝市は農産物を販売する重要な場所でした」

イズミ 「当時は，大都市から離れていたことが，農産物の（　カ　）消費を促していたのですね。そういえば，スーパーマーケットで富山など北陸方面からの魚を多く見かけました。海産物は日本海側とのつながりが強いのですね」

職　員 「高山市を含む飛騨地方において，富山のブリは正月料理に欠かせない縁起物でした。さらに，高山まで運ばれたブリは，標高1000mを超える山脈の峠を越え，海の魚を食べることが困難な地域にも運ばれていました」

イズミ 「冷凍技術の発達していない時代に腐らないようにどうやって運んだのでしょうか」

職　員 「水揚げされた富山で保存のために塩を加える方法が一般的でした。高山から（　キ　）方面に運ばれたブリは『飛騨鰤』と呼ばれ，『鰤1本米1俵』と言われるほど高価なものでした」

	①	②	③	④
カ	域 外	域 外	域 内	域 内
キ	名古屋	松 本	名古屋	松 本

問4　高山市の歴史に関心をもったイズミさんは，市街地を徒歩で観察した。次の
図 3 は，高山市の中心市街地周辺を範囲とする 2011 年発行の 2 万 5 千分の 1
地形図（一部改変）である。図 3 から読み取れるこの地域の歴史的な特徴につ
いてイズミさんの訪問した順路に沿って説明した文として下線部が**適当でない**
ものを，下の①〜④のうちから一つ選べ。

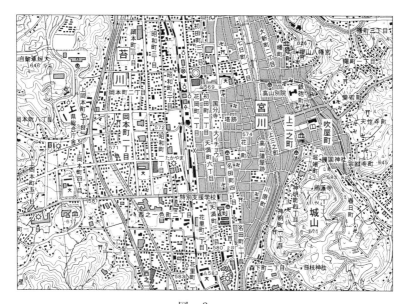

図　　3

① 　上二之町から南へ向かう通りでは，城下町の特徴の一つとして，戦時の敵
の移動を遅らせるために，丁字路がつくられている。

② 　城山にはかつて城が築かれており，市内を南から北へ流れる宮川は外堀の
役割を果たしていた。

③ 　吹屋町の北側から東側にかけては，寺院が集中しており，寺院に由来する
町名のつけられている地区が確認できる。

④ 　岡本町一丁目付近は，市街地が西部に拡大するなかで整備された地域があ
り，特徴の一つとして，苔川と並行する幹線道路に面して工業団地が造成
されている。

問5　高山市内をめぐり，観光についての興味を深めたイズミさんは，高山市の観光統計*を整理した。次の図4は高山市の旅行者数の推移を示したものであり，表2は2015年の高山市と全国の外国人旅行者の地域別割合を示したものである。図4と表2から読み取れることがらとその背景について述べた下の文章中の下線部①〜④のうちから，**適当でないもの**を一つ選べ。

*高山市は，旧高山市の値。

高山市の資料により作成。

図　4

表　2

		高山市	全　国
外国人旅行者数 （万人）		26.8	1,973.7
地域別割合（%）	アジア	58.7	84.3
	ヨーロッパ	25.1	6.3
	南北アメリカ	9.2	7.0
	オセアニア	6.6	2.2
	その他	0.4	0.2

高山市の値は，宿泊客のみの数値。
統計年次は2015年。
高山市の資料などにより作成。

　高山市の旅行者数は全体的に増加傾向にあり，その背景には，鉄道の高速化やトンネル・高速道路の開通などが考えられる。ただし，①交通条件の改善は旅行者数の維持を保証するものではない。

　2015年の高山市を含む岐阜県全体の日帰り客数は3,731万人，宿泊客数は629万人となっており，高山市は②県内市町村の中でも相対的に宿泊をともなわない通過型の観光地としての性格が強い。

　日本では国をあげて外国人の誘客に努めており，③2015年の高山市の宿泊客数の約2割を外国人旅行者が占めている。外国人旅行者の地域別割合をみると，高山市は全国に比べて，④ヨーロッパやオセアニアの割合が高い。

問6 高山市の観光資源について調べていくなかで，イズミさんは長野県との県境にある乗鞍岳に興味をもった。バスの車窓からイズミさんは，標高の高低によって植生に違いがみられることに気づいた。次の図5はイズミさんが乗鞍岳山頂付近の畳 平（標高2702 m）にある展示室で植生の分布について学んだことをまとめたメモである。また，下の写真1中のA～Cは，図5中の各植生帯の代表的な植生を撮影したものである。植生帯とA～Cとの正しい組合せを，下の①～⑥のうちから一つ選べ。

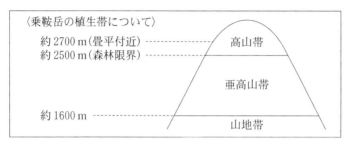

〈乗鞍岳の植生帯について〉

約2700 m（畳平付近）

約2500 m（森林限界）

高山帯

亜高山帯

約1600 m

山地帯

図 5

A　　　　　　　　　B　　　　　　　　　C

写真 1

	①	②	③	④	⑤	⑥
高山帯	A	A	B	B	C	C
亜高山帯	B	C	A	C	A	B
山地帯	C	B	C	A	B	A

第 2 章

自　然　環　境

（7 問）

1 世界の地形

世界の地形に関して，次の図1をみて，以下の問いに答えよ。

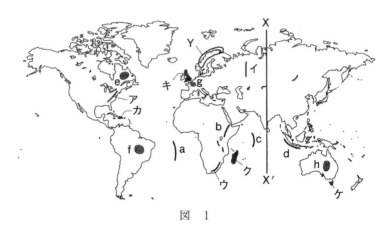

図　1

問1　次の表は，大陸の高度別面積割合を示したものであり，表中の①〜⑤は，アジア（カフカスを含む），アフリカ，オーストラリア（ニューギニアなどを含む），南アメリカ，ヨーロッパ（カフカスを除く）のいずれかである。アジアとヨーロッパに該当するものを，表中の①〜⑤の中からそれぞれ1つずつ選べ。

（単位：%）

高　度	①	②	③	④	⑤	北アメリカ	南極
200 m 未満	9.7	24.6	38.2	39.3	52.7	29.9	6.4
200 〜 500 m	38.9	20.2	29.8	41.6	21.2	30.7	2.8
500 〜 1000 m	28.2	25.9	19.2	16.9	15.2	12.0	5.0
1000 〜 2000 m	19.5	18.0	5.6	2.2	5.0	16.6	22.0
2000 〜 3000 m	2.7	5.2	2.2	0.0	2.0	9.1	37.6
3000 m 以上	1.0	7.2	5.0	0.0	0.0	1.7	26.2

注：数字は原典のまま。一部の構成比率の合計は100%にならない。（『データブック オブ・ザ・ワールド 2023』による）

問2　図1中のa～dは，プレートの境界の一部を示している。a～dについての
　　説明として誤っているものを，次の①～④の中から1つ選べ。

　　①　aはプレートの広がる境界であり，海底火山がみられる。

　　②　bはプレートの狭まる境界であり，標高の高い高原となっている。

　　③　cはプレートの広がる境界であり，海嶺がみられる。

　　④　dはプレートの狭まる境界であり，巨大地震の震源となることがある。

問3　図1中のe～h付近にみられる地形についての説明として適切なものを，次
　　の①～④の中から1つ選べ。

　　①　eには侵食の進んだ楯状地が広がり，鉄鉱石が産出される。

　　②　fは古期造山帯に属し，なだらかな高原が広がっている。

　　③　gには新期造山帯が侵食されることで形成されたケスタがみられる。

　　④　hには大河川の堆積物によって広く覆われた沖積平野が広がる。

問4　図1中のア～ウの山脈は，古期造山帯と新期造山帯のどちらに分類される
　　か。その組み合わせとして適切なものを，次の①～⑧の中から1つ選べ。

	ア	イ	ウ
①	古期造山帯	古期造山帯	古期造山帯
②	古期造山帯	古期造山帯	新期造山帯
③	古期造山帯	新期造山帯	古期造山帯
④	古期造山帯	新期造山帯	新期造山帯
⑤	新期造山帯	古期造山帯	古期造山帯
⑥	新期造山帯	古期造山帯	新期造山帯
⑦	新期造山帯	新期造山帯	古期造山帯
⑧	新期造山帯	新期造山帯	新期造山帯

問5 次の図2は，図1中のX−X′の断面を模式的に示したものである。この断面図についての説明として適切なものを，下の①〜④の中から1つ選べ。ただし，海底地形は省略し，垂直距離は拡大して示している。

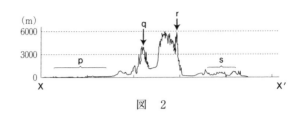

図　2

① pは構造平野の西シベリア低地で，ボーキサイトの開発が行われている。
② qは断層作用により再隆起した古期造山帯のテンシャン（天山）山脈で，銅の産出が多い。
③ rは新期造山帯のヒマラヤ山脈で，石炭の埋蔵量が多い。
④ sは安定陸塊のデカン高原で，鉄鉱石が多く産出される。

問6 図1中のカ〜ケの島についての説明として適切なものを，次の①〜④の中から1つ選べ。
① カはホットスポットに位置する火山島である。
② キは新期造山帯に属し，原油が産出される。
③ クは安定陸塊に属し，地殻変動はほとんどみられない。
④ ケは低平なサンゴ礁の島で，地震の多発地帯である。

問7 図1中のYの地域の特徴的にみられる地形と同じ営力で形成される地形として誤っているものを，次の①〜⑤の中から1つ選べ。
① 海岸平野　　　　② U字谷　　　　③ ホーン（ホルン）
④ モレーン　　　　⑤ カール

問8 海岸付近にみられる地形についての説明として適切なものを，次の①～④の中から1つ選べ。

① 砂丘は，沿岸流によって運搬された土砂が海岸から細長く突き出したように堆積したものである。

② 海岸と沖合の島を結びつけるようにのびた砂州をトンボロという。

③ 長くのびた砂州によって，入り江の部分が内陸に閉じ込められたものをワジという。

④ 海岸段丘は，内陸部の平坦面が沈水することによって形成されたものである。

問9 外来河川の例として誤っているものを，次の①～⑤の中から1つ選べ。

① アマゾン川   ② インダス川   ③ コロラド川

④ ティグリス川   ⑤ ナイル川

問10 河口部にエスチュアリ（三角江）が発達している河川として適切なものを，次の①～⑤の中から1つ選べ。

① エルベ川   ② ドナウ川   ③ ポー川

④ ライン川   ⑤ ローヌ川

問11 日本列島の周辺には4枚のプレートが分布している。北アメリカプレートとユーラシアプレートの境界付近にみられる地形の名称として適切なものを，次の①～⑤の中から1つ選べ。

① 日本海溝   ② 南海トラフ   ③ 伊豆・小笠原海溝

④ 糸魚川・静岡構造線   ⑤ 中央構造線

問12　日本の火山地形についての説明として適切なものを，次の①〜④の中から1つ選べ。

① 長崎県の雲仙岳（普賢岳）は，粘性の小さいマグマによって形成された楯状火山である。

② 熊本県の阿蘇山は，噴火の際に陥没してできた凹地であるカルスト地形が発達している。

③ 鹿児島県のシラス台地は，噴火の際に流出した溶岩によって形成された溶岩台地である。

④ 栃木県の中禅寺湖は，火山噴出物によって川がせきとめられて形成された堰止湖である。

問13　日本の火山では，火山噴火に伴って火砕流が発生することがある。火砕流についての説明として適切なものを，次の①〜④の中から1つ選べ。

① 大量の火山砕屑物と河川水が混合して流下するものである。

② 大量の溶岩と火山灰が水と混じって流下するものである。

③ 高温の火山ガスと火山砕屑物が混合して流下するものである。

④ 高温の溶岩と火山砕屑物が同時に噴出して流下するものである。

問14　ヨーロッパに位置する火山とその火山をもつ国の組み合わせとして適切なものを，次の①〜⑤の中から1つ選べ。

	火　山	国
①	エトナ山	スペイン
②	ピナトゥボ山	アイスランド
③	マッターホルン山	スイス
④	モンブラン山	フランス
⑤	ヴェズヴィオ山	イタリア

② 世界の気候

[日本大]

世界の気候環境と地域的特色に関して，下記の**問1・問2**に答えなさい。

問1　大気の大循環を示した次の模式図を見て，(1)～(5)に答えなさい。

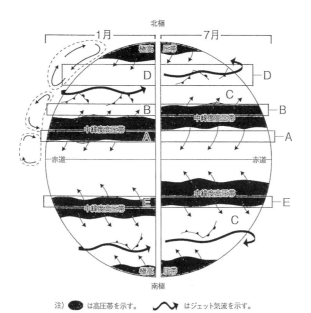

注）●●● は高圧帯を示す。 〜〜〜 はジェット気流を示す。

(1)　Aの地域に顕著にみられる気候の成因として最も適切なものを，次の①～④から一つ選びなさい。

① 　コリオリの力（転向力）により，高日季は中緯度高圧帯の影響圏に位置するため雨季，低日季は赤道低圧帯の影響圏に位置するため乾季に分かれる。

② 　コリオリの力（転向力）により，夏は赤道低圧帯の影響圏に位置するため乾季，冬は中緯度高圧帯の影響圏に位置するため雨季に分かれる。

③ 　太陽の回帰により，夏は中緯度高圧帯の影響圏に位置するため乾季，冬は赤道低圧帯の影響圏に位置するため雨季に分かれる。

④ 　太陽の回帰により，高日季は赤道低圧帯の影響圏に位置するため雨季，低日季は中緯度高圧帯の影響圏に位置するため乾季に分かれる。

(2)　Bの地域に顕著にみられる気候のハイサーグラフとして最も適切なものを，次の①〜④から一つ選びなさい。

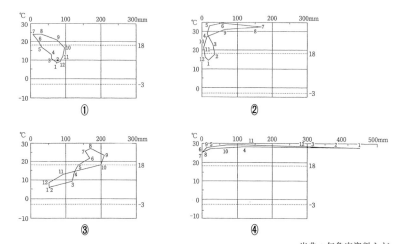

出典：気象庁資料など

(3)　Cの恒常風として最も適切なものを，次の①〜④から一つ選びなさい。

　　①　偏西風　　　②　極東風　　　③　北東貿易風　　　④　南東貿易風

⑷　Dの地域に顕著にみられる気候が南半球には存在しない理由について，気温と水陸分布に着目して説明したものとして最も適切なものを，次の①〜④から一つ選びなさい。

①　乾燥気候は，中高緯度の大陸部など夏は高温，冬も温暖と気温の年較差の小さい大陸性気候地域にみられるが，南緯 50 〜 60 度に大陸の広がりがなく，夏は冷涼で冬は気温低下が小さいため。

②　温帯気候は，中高緯度の海洋部など夏は冷涼，冬も寒冷と気温の年較差の小さい海洋性気候地域にみられるが，南緯 50 〜 60 度に海洋の広がりがなく，南半球の中高緯度はほとんどが大陸なので，夏は高温で冬は寒冷と年較差が大きいため。

③　冷帯気候は，中高緯度の大陸部など夏は高温，冬は寒冷と気温の年較差の大きい大陸性気候地域にみられるが，南緯 50 〜 60 度に大陸の広がりがなく，夏は冷涼で冬は気温低下が小さいため。

④　寒帯気候は，中高緯度の海洋部など夏は高温，冬は寒冷と気温の年較差の大きい海洋性気候地域にみられるが，南緯 50 〜 60 度に海洋の広がりがなく，夏は冷涼で冬は気温低下が小さいため。

⑸　Eの地域に位置する南アメリカ，及びアフリカの両大陸西岸付近に連なる海岸砂漠の形成理由として最も適切なものを，次の①〜④から一つ選びなさい。

①　沖合を寒流が流れているため，地表近くの空気が冷却されて，大気が安定することによって上昇気流が生じにくくなるため。

②　沖合を暖流が流れているため，地表近くの空気が加熱されて，大気が不安定になることによって上昇気流が生じにくくなるため。

③　沖合を寒流が流れているため，地表近くの空気が冷却されて，大気が不安定になることによって上昇気流が生じやすくなるため。

④　沖合を暖流が流れているため，地表近くの空気が加熱されて，大気が安定することによって上昇気流が生じやすくなるため。

問2 ケッペンの仮想大陸上の気候区分を示した次の図を見て，(6)～(10)に答えなさい。

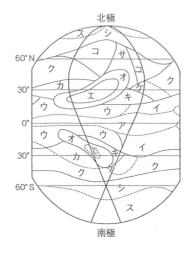

注）中央の気候型の部分は，現実の海陸比に基づいた仮想大陸で，気候帯の南北・東西分布を示している。

(6) 次の写真は，アの気候区で顕著にみられる植生景観を撮影したものである。この植生として最も適切なものを，下の①～④から一つ選びなさい。

① バオバブ ② マングローブ ③ セルバ ④ ジャングル

(7)　エの気候区で顕著にみられる代表的な住居として最も適切なものを，次の
①〜④から一つ選びなさい。

①

②

③

④

(8)　キの気候区として最も適切なものを，次の①〜④から一つ選びなさい。
①　Cfa　　　　　②　Cfb　　　　　③　Cs　　　　　④　Cw

(9)　コ・サの気候区に分布する土壌として最も適切なものを，次の①〜④から
一つ選びなさい。
①　ラトソル　　②　ポドゾル　　③　栗色土　　④　チェルノーゼム

(10)　シの気候区が顕著にみられる地域として適切でないものを，次の①〜④か
ら一つ選びなさい。
①　グリーンランド島内陸部　　　②　チリ最南部
③　シベリア北部　　　　　　　　④　チベット高原

3 日本の自然環境と文化

［北海学園大］

次の図1を見て，日本の自然環境と文化に関する下記の設問に答えよ。

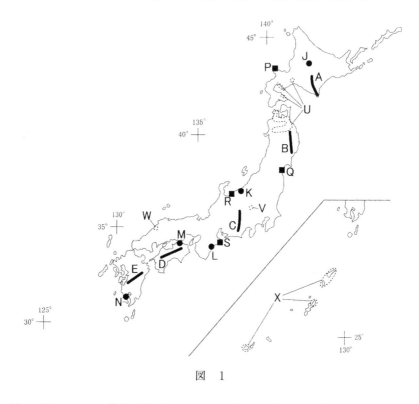

図　1

問1　次の1〜5の文は，図1中のA〜Eで示した山脈・山地（高地）を説明した
ものである。これらの文のうち正しいものを2つ選び，番号で答えよ。ただし
順番は問わない。

1．A山脈は，平均標高が2500 mを超え，山頂部付近にはカール地形がみら
れる。

2．B山地（高地）は，隆起準平原の山地であり，酪農と畜産に比重を置いた
開発がなされている。

3．C山脈は，フォッサマグナと中央構造線に区切られ，山脈中には活火山が
存在する。

4．D山地は，中央構造線の北側に位置し，外帯の山地に属する。

5．E山地は，降雨に恵まれ電源地帯を成すが，2020年7月豪雨の際には山
地内の河川の氾濫により中流部の盆地を中心に大きな被害が出た。

問2　次の図2中のア〜オは、図1中のJ〜Nのいずれかの地点における気温年較差と年降水量を示したものである。J〜Nの地点に該当するものを、ア〜オの中からそれぞれ一つずつ選び、記号で答えよ。

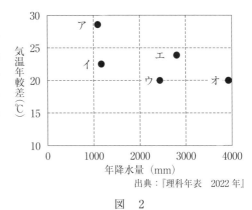

出典：『理科年表　2022年』

図　2

問3　次の写真1中のカ〜ケは、図1中のP〜Sのいずれかの海岸付近の景観を撮影したものである。これらの海岸付近の写真として適当なものを、カ〜ケの中からそれぞれ一つずつ選び、記号で答えよ。

写真　1

問4 沖積平野は，河川の運搬・堆積作用により形成される。次の1～8の沖積平
野とその形成に関係する河川の組合せのうち，適当でないものを3つ選び，番
号で答えよ。ただし順番は問わない。

1．釧路平野－釧路川
2．仙台平野－北上川
3．秋田平野－最上川
4．関東平野－利根川
5．濃尾平野－信濃川
6．大阪平野－淀川
7．徳島平野－吉野川
8．熊本平野－球磨川

問5 次の1～4の文は，図1中のU～Xの破線で示した範囲に含まれる世界遺産
のいずれかについて説明したものである。これらの世界遺産の説明として適当
なものを，1～4の中からそれぞれ一つずつ選び，番号で答えよ。

1．貴重な固有種が根付く生物多様性が評価された。
2．人類史上まれな農耕前の定住生活と，1万年以上続いた独自の複雑な精神
文化が評価された。
3．世界の絹産業の発展と絹消費の大衆化がもたらされたことが評価された。
4．戦国時代から江戸時代まで銀を産出した日本最大の銀山跡とその周辺の文
化遺産が評価された。

④　河川

河川に関する以下の文章を読んで各問に答えなさい。

　地球上の水から見ると約97％が海水で，残りの約3％が陸水である。<u>①河川水</u>は，陸を流れる水の循環の一形態である河川にあり，それは<u>②陸水</u>に含まれる。陸水は地表水や地下水などに分けられる。さらに地表水は河川水や淡水湖などに分かれる。河川は気候や地質などの影響で様々な<u>③形状</u>や<u>④流量</u>を持つ。年間の蒸発量が降水量を上回る<u>⑤乾燥帯</u>での河川を考えれば，まれに降る豪雨で，ワジと呼ばれる涸れ川に濁流が流れることがある。しかし乾燥帯では湿潤地帯から流れ出てくる（　a　）の近傍で，それを利用した灌漑農業が行われる。なお河川は流下中に土地を侵食して生じた土砂を下流に運びつつ堆積し<u>⑥様々な地形</u>をつくる。しかし通常の流量をはるかに超えた時に河川は氾濫し，それに伴う水と土砂で人々は被害を受ける。

問1　下線部①に関して，今，地球上の水を100％とすると，地表水に含まれる河川水は何％となるか，最も適当な数値を選び，その記号をマークしなさい。

　(ア)　1％　　　　　　(イ)　0.01％　　　　　　(ウ)　0.0001％

問2　下線部②に関して，陸水の地下水は通常，地下水面が地形面と交わる場所で湧水するが，深い掘り抜き井戸では自噴することもある。自噴するそのような地下水の名称として最も適当なものを選び，その記号をマークしなさい。

　(ア)　化石水　　　　　(イ)　自由地下水　　　　(ウ)　宙水
　(エ)　伏流水　　　　　(オ)　被圧地下水

問3　下線部②に関して，地表水の淡水湖である霞ヶ浦，十和田湖，琵琶湖は様々な成因でできた。それぞれの面積（km²）を最大水深（m）で割れば，値が大きい（小さい）ほど広さの割に浅い（深い）ことを示すように，成因を考える値が得られる。それぞれの湖に対する値の正しい大小関係を示すものを選び，その記号をマークしなさい。

　(ア)　霞ヶ浦＞十和田湖＞琵琶湖　　　(イ)　霞ヶ浦＞琵琶湖＞十和田湖
　(ウ)　十和田湖＞霞ヶ浦＞琵琶湖　　　(エ)　十和田湖＞琵琶湖＞霞ヶ浦
　(オ)　琵琶湖＞霞ヶ浦＞十和田湖　　　(カ)　琵琶湖＞十和田湖＞霞ヶ浦

問4 下線部③に関して，アマゾン川，ナイル川，メコン川について長さ（km）に対する流域面積（百 km²）の比率の平均幅を求めると，小さい値順に 1.8 百 km，5.0 百 km，10.8 百 km となる。アマゾン川の値として最も適当な値を選び，その記号をマークしなさい。

(ア) 1.8 百 km　　　　(イ) 5.0 百 km　　　　(ウ) 10.8 百 km

問5 下線部③に関して，鬼怒川の上流，中流，下流を地理院地図で比較する。図1のA，B，Cは，鬼怒川の上流，中流，下流の 500 m 四方であり，それぞれ鬼怒川を中心とし，上が北である。上流，中流，下流と各地図との正しい組合せを選び，その記号をマークしなさい。

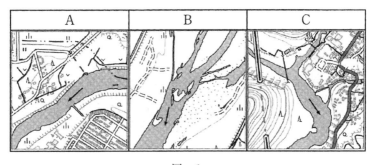

図　1

(ア) 上流－A，中流－B，下流－C
(イ) 上流－A，中流－C，下流－B
(ウ) 上流－B，中流－A，下流－C
(エ) 上流－B，中流－C，下流－A
(オ) 上流－C，中流－A，下流－B
(カ) 上流－C，中流－B，下流－A

問6　下線部④に関して，世界の著名な河川の最下流にある観測点における月別の平均流量について調査した。図2は，エニセイ川，メコン川，ポー川それぞれ1年の河川流量における月別平均流量の割合（％）を折れ線グラフにしたものである。ポー川はいずれか，正しいものを選び，その記号をマークしなさい。

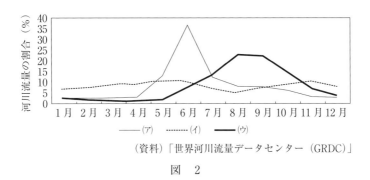

（資料）「世界河川流量データセンター（GRDC）」

図　2

問7　下線部④に関して，日本の河川の月別平均流量について調査した。図3は，高梁川（岡山県倉敷市），利根川（千葉県野田市），最上川（山形県戸沢村）の観測点における2016年の月別の平均流量（m^3/s）について折れ線グラフとしたものである。利根川はいずれか，正しいものを選び，その記号をマークしなさい。

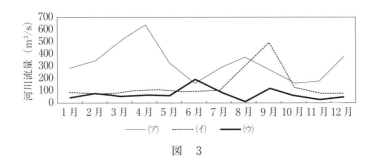

図　3

問8　下線部⑤に関して，ケッペンの気候区分では，乾燥気候と湿潤気候の境界の乾燥限界値 r を r＝20（t＋a）で求める。a は定数だが，t の値は何か，最も適当なものを選び，その記号をマークしなさい。

　　(ア)　最小雨月降水量　　(イ)　最暖月の平均気温　　(ウ)　気温の年較差

　　(エ)　年降水量　　　　　(オ)　年平均気温

46

問9　文章中の（　a　）に入る適当な語を選び，その記号をマークしなさい。
　　㋐　外来河川　　　㋑　国際河川　　　㋒　蛇行河川　　　㋓　天井川

問10　下線部⑥に関して，図4のA，B，Cは世界各地の衛星画像であり，イタリアのテヴェレ川，イギリスのテムズ川，アメリカ合衆国のミシシッピ川のいずれかの河口位置を示す。河川と衛星画像との正しい組合せを選び，その記号をマークしなさい。

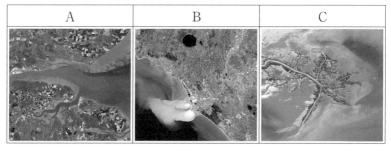

| A | B | C |

図　4

　　㋐　テヴェレ川 − A，テムズ川 − B，ミシシッピ川 − C
　　㋑　テヴェレ川 − A，テムズ川 − C，ミシシッピ川 − B
　　㋒　テヴェレ川 − B，テムズ川 − A，ミシシッピ川 − C
　　㋓　テヴェレ川 − B，テムズ川 − C，ミシシッピ川 − A
　　㋔　テヴェレ川 − C，テムズ川 − A，ミシシッピ川 − B
　　㋕　テヴェレ川 − C，テムズ川 − B，ミシシッピ川 − A

⑤　環境問題　　　　　　　　　　　　　　　　　　　　　　[日本大]

環境問題に関して，(1)～(10)に答えなさい。

(1) 次の表１のA～Dは中国，インド，ドイツ，アメリカ合衆国のいずれかにおけ
る温室効果ガス排出量（二酸化炭素換算）の増減率と二酸化炭素排出量の状況を
示したものである。このうち，ドイツに該当するものを，下の①～④から一つ選
びなさい。

表　１

	1990 ～ 2020 の 増減率（%）	１人あたりの 排出量(t-CO$_2$)	GDP 1ドルあたりの 排出量(kg-CO$_2$)
A	482.6	7.15	0.69
B	391.5	1.50	0.81
C	88.7	12.90	0.22
D	62.8	7.10	0.17

世界国勢図会により作成（統計年次2020年）

増減率は，1990年の排出量と2020年の排出量を比較したときの増減の割合。

①　A　　　　　②　B　　　　　③　C　　　　　④　D

(2) 次の表２は大気汚染物質の排出の状況を示したものである。表中のE，Fはア
メリカ合衆国かロシアのいずれかであり，X，Yは窒素酸化物か硫黄酸化物のい
ずれかである。ロシアと硫黄酸化物の組合せとして最も適切なものを，下の①～
④から一つ選びなさい。

表　２

	X		Y	
	1990 年	2020 年	1990 年	2020 年
E	20935	1579	23161	7244
F	4671	832	3600	1787
カナダ	3061	651	2369	1447

データブック　オブ・ザ・ワールドにより作成，単位は千 t。

①　E　X　　　　②　E　Y　　　　③　F　X　　　　④　F　Y

(3) 酸性雨に関する記述として最も適切なものを，次の①～④から一つ選びなさい。

① ヨーロッパでは，上空の風の影響で酸性雨被害は西側にのみ見られる。

② 北アメリカでは，五大湖周辺で酸性雨被害が大きい。

③ 石炭より石油を使用する方が酸性雨になりやすいため，油田地域で被害が大きい。

④ 中国沿岸やアマゾン川流域で被害が特に拡大している。

(4) 地球温暖化に関与している温室効果ガスの中で近年急増している例として最も適切なものを，次の①～④から一つ選びなさい。

① 凍土の融解によって放出されるメタン

② 凍土の融解によって放出される二酸化硫黄

③ 化石燃料の使用時に発生するメタン

④ 化石燃料の使用時に発生する二酸化硫黄

(5) オゾン層破壊に関する記述として最も適切なものを，次の①～④から一つ選びなさい。

① オゾン層破壊が進んだオゾンホールは北極上空で最も顕著になっている。

② オゾンホールは，1980年代以降，一貫して縮小し，ピーク期の半分以下になった。

③ オゾン層破壊に関与しているフロンは，一部の国で生産を規制しているものの，生産量は増加し続けている。

④ オゾン層破壊によって，地表に到達する紫外線量が増加し，人体に悪影響を及ぼすことが懸念されている。

(6) 砂漠化に関する記述として最も適切なものを，次の①～④から一つ選びなさい。

① サハラ砂漠北縁のサヘル地帯は，過剰な焼畑が原因で砂漠化が深刻になっている。

② ロシア東部では，山火事などで針葉樹林が失われ，砂漠化している地域が拡大している。

③ 人口増加が進んでいるコンゴ盆地では，薪炭材の過剰な採取で砂漠化が進行している。

④ 中国では，砂漠化対策として内陸部で大規模な植林計画を実施している。

(7)　近年森林破壊が深刻化している地域の例として最も適切なものを，次の①～④から一つ選びなさい。

① スマトラ島　　　　　　② アイスランド島
③ グリーンランド　　　　④ フエゴ島

(8)　日本の環境問題に対する取り組みに関する記述として最も適切なものを，次の①～④から一つ選びなさい。

① 公害問題が深刻化した 1960 年代に環境基本法を制定し，環境対策を強化した。

② 地球温暖化対策として，近年，クールビズやウォームビズの普及を進めている。

③ 家電の廃棄問題や環境負荷の軽減を目的に，全ての家電を対象に家電リサイクル法を定めた。

④ 二酸化炭素の排出を削減すべく，太陽光発電や水力発電の比重を，全発電量の 4 割程度にまで高めた。

(9)　次の図 1 中のア～エの地域に生じている環境に関する諸問題についての記述として最も適切なものを，下の①～④から一つ選びなさい。

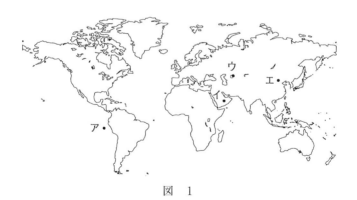

図　1

① ア地域では，沖合で起きた油田からの原油流出事故によって汚染被害が生じた。

② イ地域では，原子力発電所の事故により周辺地域に放射能汚染が広まった。

③ ウ地域では，生活排水が湖に流入し，湖水の水質が急激に悪化している。

④ エ地域では，暖房などで使用される石炭による大気汚染が深刻化している。

⑽　世界各国は，深刻化する環境問題に対して様々な取り組みを実践するために各種会議を度々開いてきた。こうした一連の環境に関する国際会議についての記述として最も適切なものを，次の①～④から一つ選びなさい。

① 環境に関する初めての国際会議として国連人間環境会議がカイロで開催された。

② 地球サミットでは，「かけがえのない地球」がスローガンにかかげられた。

③ 気候変動枠組条約には，アメリカ合衆国や中国は不参加となっている。

④ 国連環境計画は，ナイロビに設置された国連機関で，環境問題を広く扱っている。

⑥　自然環境と自然災害　　　　　　［共通テスト 地理B/本試］

自然環境と自然災害に関する次の問い（問1～6）に答えよ。

問1　自然環境に関する様々な現象の理解には，それぞれの時間スケールと空間スケールの認識が必要になる。次の図1には，気候や気象に関するいくつかの現象についておおよその時間スケールと空間スケールを模式的に示したものであり，①～④は，エルニーニョ・ラニーニャ現象，地球温暖化，低気圧・台風，モンスーンのいずれかである。モンスーンを示したものとして最も適当なものを，図1の①～④のうちから一つ選べ。

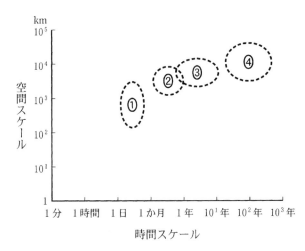

日本気象学会編『新教養の気象学』などにより作成。

図　1

問2　サンゴ礁やマングローブの分布は，海水温，海水の塩分，海水の濁度（だくど）などの影響を受ける。次の図2中のアとイは，南北アメリカにおけるサンゴ礁とマングローブのいずれかの分布を示したものである。また，後の図3は，主な海流を示したものである。マングローブと海流の向きとの正しい組合せを，後の①〜④のうちから一つ選べ。

 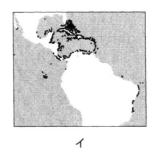

　　　　ア　　　　　　　　　　　イ　　　　　　｀ サンゴ礁または
　　　　　　　　　　　　　　　　　　　　　　　　マングローブ

UN Environment Programme World Conservation Monitoring Centre の資料などにより作成。

図　2

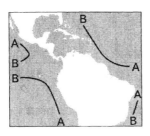

AとBを結ぶ実線は海流を示す。

図　3

	①	②	③	④
マングローブ	ア	ア	イ	イ
海流の向き	AからB	BからA	AからB	BからA

問3 次の図4は，東京といくつかの都市における月別・時間別の気温分布を等値線で示したものであり，カ～クは，オーストラリアのパース，ロシアのヤクーツク，ボリビアのラパスのいずれかである。都市名とカ～クとの正しい組合せを，後の①～⑥のうちから一つ選べ。

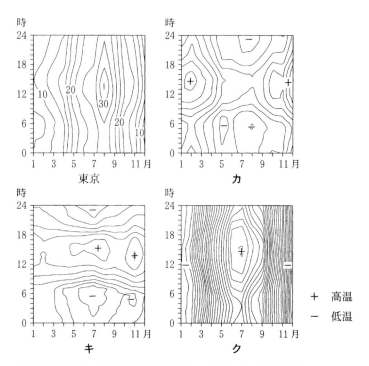

気温の単位は℃。等値線の間隔は2.5℃。時間はすべて現地時間。
統計年次は2020年。NOAAの資料により作成。

図 4

	①	②	③	④	⑤	⑥
パース	カ	カ	キ	キ	ク	ク
ヤクーツク	キ	ク	カ	ク	カ	キ
ラパス	ク	キ	ク	カ	キ	カ

問4　次の図5中の①～⑤は，自然災害の影響を受ける大西洋周辺のいくつかの地域を示したものである。また，後の文ＪとＫは，いくつかの地域で発生する自然災害について述べたものである。これらのうち，**ＪとＫの両方**が当てはまる地域と，**Ｊのみ**が当てはまる地域を，図5中の①～⑤のうちから一つずつ選べ。

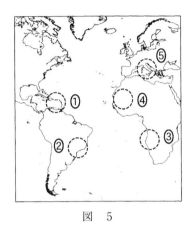

図　5

J　火山が分布し，噴火に伴う噴出物や火砕流などによる災害が発生する。

K　熱帯低気圧が頻繁に襲来し，強風や大雨，高潮などによる災害が発生する。

問5 次の図6中のタ～ツは，図7中のP～Rのいずれかの範囲において発生した地震*の震源について，東西方向の位置と深度を示したものである。タ～ツとP～Rとの正しい組合せを，後の①～⑥のうちから一つ選べ。

*2012～2020年に発生したマグニチュード3以上の地震。

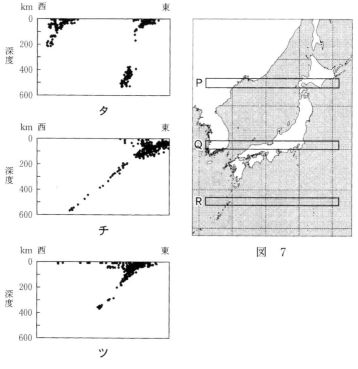

USGSの資料により作成。

図　6

	①	②	③	④	⑤	⑥
タ	P	P	Q	Q	R	R
チ	Q	R	P	R	P	Q
ツ	R	Q	R	P	Q	P

問6　次の図8は，日本の都市内を流れる小規模な河川について，短時間の豪雨の
　　降水量と河川の水位の変化を模式的に示したものであり，凡例XとYは，都市
　　化の前と後のいずれかである。また，後の文章は，図8に関することがらについ
　　いて述べたものである。空欄マに当てはまる語句と，空欄ミに当てはまる文と
　　の組合せとして最も適当なものを，後の①〜④のうちから一つ選べ。

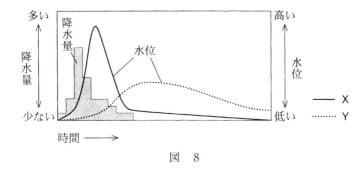

図　8

　　雨の降り方が同じであっても，都市化の前と後では河川の水位の変化が異な
り，都市化によって（　マ　）のように変化する。これは，（　ミ　）ことが主な
要因である。

（　ミ　）に当てはまる文

m　河道が改修され，遊水地や放水路が造られた

n　森林や田畑が減少し，地表面が舗装された

	①	②	③	④
マ	XからY	XからY	YからX	YからX
ミ	m	n	m	n

7　世界の自然環境と自然災害②

次の図1を見て，世界の自然環境と自然災害に関する下の問い（**問1～6**）に答えよ。

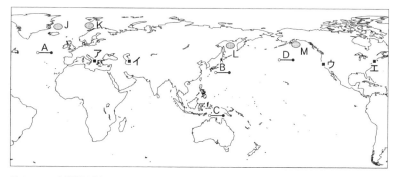

線A～Dの実距離は等しい。

図　1

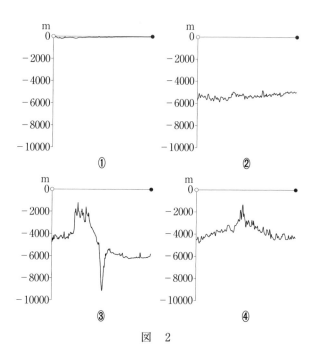

図　2

問1　地球には多様な海底地形がみられる。次の図2中の①〜④は，図1中の線A〜Dのいずれかに沿った海底の地形断面を示したものである。線Bに該当するものを，図2中の①〜④のうちから一つ選べ。ただし，深さは強調して表現してある。

問2　北半球の高緯度の海域では，海氷の分布に違いがみられる。図1中に示した海域J〜Mのうち，海氷に覆われにくい海域の組合せとして最も適当なものを，次の①〜⑥のうちから一つ選べ。

①　JとK　　　　　②　JとL　　　　　③　JとM
④　KとL　　　　　⑤　KとM　　　　　⑥　LとM

問3　次の図3は，いくつかの地点における最寒月と最暖月の月平均気温，および最少雨月と最多雨月の月降水量を示している。図3中のP〜Sは，図1中に示した地点ア〜エのいずれかである。エに該当するものを，下の①〜④のうちから一つ選べ。

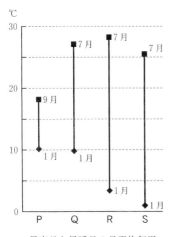

最寒月と最暖月の月平均気温　　　　最少雨月と最多雨月の月降水量

気象庁の資料により作成。

図　3

①　P　　　　　②　Q　　　　　③　R　　　　　④　S

問4 次の図4は，アドリア海沿岸のヴェネツィア（ベネチア）周辺の地形を示したものである。図4に関連したことがらについて述べた下の文章中の下線部①〜④のうちから，**適当でないもの**を一つ選べ。

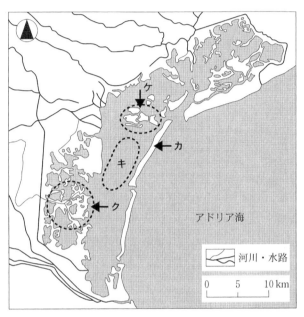

Diercke Weltatlas, 2008 により作成。

図　4

　ヴェネツィア（ベネチア）周辺には，河川や海の営力によって形成された様々な地形がみられる。沿岸流で運ばれた砂や泥などによって構成されるカの ①砂州がみられ，それによってアドリア海と隔てられたキの水域は ②潟湖（ラグーン）に位置する。この水域には，河川が運搬した砂や泥などによって形成されたクのような ③陸繋島がみられる。ケの島々に立地する旧市街地は，砂や泥が干潮時に現れる ④干潟の高まりを利用して形成された。

問5　自然災害にともなう被害は，各地域の自然環境とともに社会・経済状況など
　　に影響される。次の図5は，1978年から2008年の期間に世界で発生した自然
　　災害*について，発生件数**，被害額，被災者数の割合を地域別に示したもの
　　であり，図5中のX〜Zは，アジア，アフリカ，南北アメリカのいずれかであ
　　る。X〜Zと地域名との正しい組合せを，下の①〜⑥のうちから一つ選べ。

　　　　＊死者10人以上，被災者100人以上，非常事態宣言の発令，国際救助の要請のいずれかに該
　　　　　当するもの。
　　　＊＊国ごとの件数をもとに地域別の割合を算出。大規模自然災害の場合には，複数の国または
　　　　　地域で重複してカウントされる場合がある。

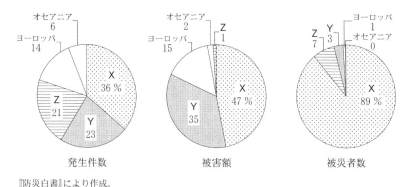

『防災白書』により作成。

図　5

	X	Y	Z
①	アジア	アフリカ	南北アメリカ
②	アジア	南北アメリカ	アフリカ
③	アフリカ	アジア	南北アメリカ
④	アフリカ	南北アメリカ	アジア
⑤	南北アメリカ	アジア	アフリカ
⑥	南北アメリカ	アフリカ	アジア

問6 次の図6は，ある地域の火山防災マップである。図6から読み取れることがらを述べた文として下線部が**適当でないもの**を，下の①～④のうちから一つ選べ。

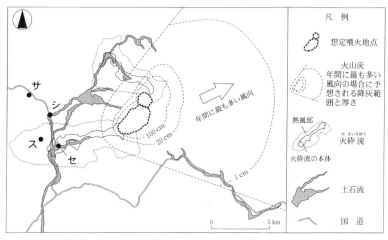

自治体の資料により作成。

図　6

① 地点サの農地では，<u>火山噴火が生じた場合，火山灰が降って農作物に被害が出る可能性がある</u>。

② 地点シの国道では，<u>火山噴火が終わった後にも，土石流が発生して通行ができなくなる可能性がある</u>。

③ 地点スの家屋は，<u>火山噴火にともなって生じる火砕流の熱風で焼失する可能性がある</u>。

④ 地点セの家屋は，<u>土石流の影響によって損壊する可能性が低いのに対して，火砕流の被害を受ける可能性は高い</u>。

第 3 章
資 源 と 産 業

（8問）

1 農業地域区分

[関西大]

　アメリカの地理学者ホイットルセイは，約80年前に世界の農牧業をいくつかの指標をもとに13のタイプに類型化し，その地域分布を世界地図に示した。現在では交通や貿易条件によって大きく変化したところもあるが，世界の農牧業の傾向をみるうえではなお有効な類型化であり，高等学校の教科書では必ず扱われている。この表をみて，次の問いに答えなさい。

表

指標 類型	①作物・家畜の組み合わせ	②栽培・家畜飼養の方法	③労働力・土地利用・資本投下の程度と収益性	④生産物の仕向け先	世界における分布地域
(I)遊牧	【家畜A】	放牧飼養	土地への労働力・資本投下なし	ほぼ自給生産	【地域E】
(II)粗放的定住農業	農作物と少数の家畜	耕地を移動(休閑を含む)	土地利用は粗放的，収益性は低い	自給生産が中心	アンデス山麓，アフリカ中部，ニューギニア高地
(III)商業的混合農業	小麦と家畜	近代的技術，【C】	資本集約的，収益性は高い	商品生産と自給生産	西ヨーロッパ
(IV)酪農	飼料作物と乳牛	高度な技術，機械化進展	施設に資本投下，資本集約的，収益性は高い	ほぼ商品生産	五大湖周辺，北西ヨーロッパ
(V)企業的牧畜	飼料作物と【家畜B】	【D】	施設に資本投下，家畜1頭あたりの収益性は高い	肉類販売が目的	グレートプレーンズ，【地域F】
(VI)企業的穀物農業	小麦と飼料作物と少数の家畜	近代的技術，大規模機械化	土地利用は粗放的，面積あたりの収量低い	商品生産が目的	ロシア南部，ウクライナ，【地域G】

問1　表中の【家畜A】として最も不適当なものは次のいずれか。

　(ア) トナカイ　　(イ) ヤギ　　(ウ) ヒツジ　　(エ) ブタ　　(オ) リャマ

問2　表中の【家畜B】として最も適当なものは次のいずれか。

　(ア) ウシ　　　　(イ) ヤギ　　　(ウ) ウマ　　　(エ) ブタ

問3　表中の【C】の方法として最も不適当なものは次のいずれか。

　(ア) 輪作　　　(イ) 休閑　　　(ウ) 厩肥の施肥　　(エ) 機械化

問4　表中の【D】の技術として最も適当なものは次のいずれか。

　　(ア)　放牧　　　　　　　(イ)　舎飼　　　　　　　(ウ)　移牧

問5　表中の【地域E】として最も不適当なものは次のいずれか。

　　(ア)　モンゴル高原　　　(イ)　イラン高原　　　　(ウ)　ラップランド

　　(エ)　コロラド高原　　　(オ)　サヘル

問6　表中の【地域F】として最も不適当なものは次のいずれか。

　　(ア)　乾燥パンパ　　(イ)　カンポ　　(ウ)　プレーリー　　(エ)　オーストラリア南西部

問7　牧畜にかかわるa，bの用語と関係が深い農牧業類型は次のいずれか。

　　a．フィードロット

　　(ア)　I　　　(イ)　II　　　(ウ)　III　　　(エ)　IV　　　(オ)　V　　　(カ)　VI

　　b．ゲル（パオ）

　　(ア)　I　　　(イ)　II　　　(ウ)　III　　　(エ)　IV　　　(オ)　V　　　(カ)　VI

問8　プランテーション農業は家畜を欠く類型である。次のプランテーション作物のうち，最も低緯度に集中している作物は次のいずれか。

　　(ア)　茶　　(イ)　天然ゴム　　(ウ)　サトウキビ　　(エ)　バナナ　　(オ)　コーヒー

問9　チューネンは市場である中心都市からの距離による輸送費の違いによって，同心円的土地利用がみられるとした。内側から3番目のゾーンの土地利用は表のどの類型にあたるか。なお，中心の都市はゾーンに含まない。

　　(ア)　III　　　　　　　　(イ)　IV　　　　　　　　(ウ)　V　　　　　　　　(エ)　VI

問10　【地域G】はアメリカ合衆国の西経100度付近にあたる。そこで行われている新しい形態での家畜と飼料作物の組み合わせとして最も適当なものは次のいずれか。

　　(ア)　羊－カブ　　　　　(イ)　羊－牧草　　　　　(ウ)　牛－トウモロコシ

　　(エ)　牛－カブ　　　　　(オ)　豚－トウモロコシ　　(カ)　豚－牧草

問11 土地生産性，労働生産性について次の図の4つの象限に60ページの表の6つの類型（Ⅰ～Ⅵ）をあてはめてみた。この図をみて下の問いに答えなさい。

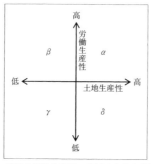

縦軸は労働生産性，横軸は土地生産性を示す。

図

① αの象限に最も適当な類型の記号は次のいずれか。

　(ア) Ⅲ　　　　　　(イ) Ⅳ　　　　　　(ウ) Ⅴ　　　　　　(エ) Ⅵ

② βの象限に最も適当な類型の記号は次のいずれか。

　(ア) Ⅰ　　　　　　(イ) Ⅱ　　　　　　(ウ) Ⅲ　　　　　　(エ) Ⅵ

③ δの象限に最も適当な類型は表にはないが，ホイットルセイの13の類型のなかには該当する類型がある。その類型は次のいずれか。

　(ア) 集約的稲作農業　　　　　　　(イ) 企業的牧畜

　(ウ) 焼畑農業　　　　　　　　　　(エ) 園芸農業

問12 集約度は単位面積あたりの労働や資本の投入量（額）を示す指標で，資本集約的な類型と労働集約的な類型の2種がある。資本集約的な農業について述べた文として最も適当なものは次のいずれか。

　(ア) 資本集約的農業には類型Ⅱ，類型Ⅲ，類型Ⅳが該当する。

　(イ) 機械化が進むと労働集約的になる。

　(ウ) 資本集約的農業は，新大陸に典型的にみられる。

　(エ) イギリス中西部の酪農とサヘルの牧畜では，後者がより資本集約的である。

② 資源と産業 ［共通テスト地理B／本試］

資源と産業に関する次の問い（**問1～6**）に答えよ。

問1　次の図1は，中世ヨーロッパにおける村落の模式図である。この村落の形態
や農業に関することがらについて述べた文として最も適当なものを，後の①～
④のうちから一つ選べ。

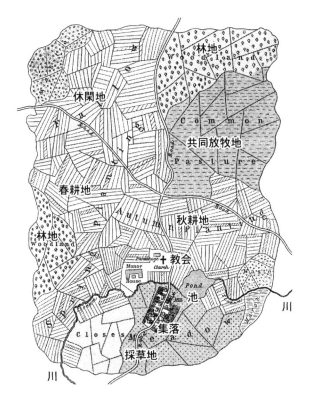

William R. Shepherd, *Historical Atlas* により作成。

図　1

①　教会や集落は，防御のための濠に囲まれていた。
②　耕作地を春耕地，秋耕地，休閑地に分けて輪作していた。
③　土壌侵食を防ぐため，耕作地を短冊状に分割して利用していた。
④　農民は，耕作地に隣接した場所に分散して居住していた。

問2 次の図2は，いくつかの地域における耕作地に占める灌漑面積の割合と，1 ha当たりの穀物収量を示したものであり，①～④は，アフリカ，中央・西アジア，東アジア，ヨーロッパのいずれかである。東アジアに該当するものを，図2中の①～④のうちから一つ選べ。

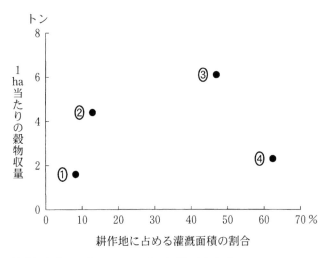

統計年次は2017年。AQUASTATなどにより作成。

図　2

問3 次の図3は，世界における遺伝子組み換え作物の栽培状況と栽培面積の上位5か国を示したものである。図3に関することがらについて述べた文章中の下線部①〜④のうちから最も適当なものを一つ選べ。

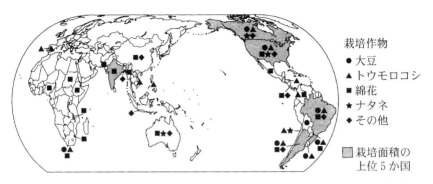

栽培作物
- ● 大豆
- ▲ トウモロコシ
- ■ 綿花
- ★ ナタネ
- ◆ その他

■ 栽培面積の上位5か国

統計年次は2019年。International Service for the Acquisition of Agri-biotech Applications の資料などにより作成。

図　3

　遺伝子組み換え作物を導入することで，①農薬の使用をなくし，単位面積当たりの収量を向上させることができるため，その栽培面積は拡大している。②栽培国数の内訳をみると，発展途上国よりもOECD加盟国の方が多い。遺伝子組み換え作物の栽培拡大の背景には，多国籍アグリビジネスの存在がある。③栽培面積の上位5か国は，国土面積が広く，いずれの国でも企業的な大規模農業が中心に行われている。また，世界では，④遺伝子組み換え作物の栽培を食用の作物以外に限定したり，栽培自体を行わない国がみられる。

問4 後の図4は，いくつかの食肉について，世界に占める生産量が1％以上の国・地域における生産量に占める輸出量の割合を示したものである。図4中のA〜Cは，牛肉，鶏肉，羊肉のいずれかである。品目名とA〜Cとの正しい組合せを，後の①〜⑥のうちから一つ選べ。

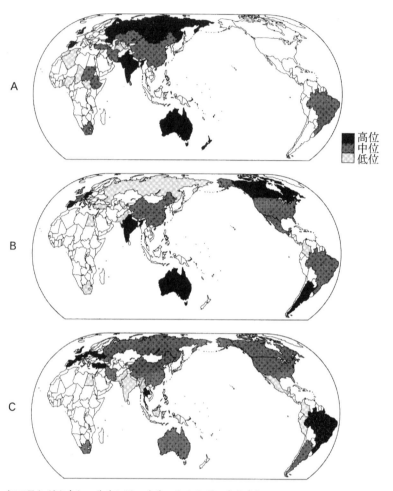

加工品などを含む。牛肉には，水牛，ヤクなどの肉を含む。
統計年次は 2019 年。FAOSTAT により作成。

図　4

	①	②	③	④	⑤	⑥
牛肉	A	A	B	B	C	C
鶏肉	B	C	A	C	A	B
羊肉	C	B	C	A	B	A

問5　輸出入の際に用いられる輸送手段は，国の地理的位置や運ばれる製品の性質
　　　によって異なる。次の図5は，フランスとポルトガルにおける，2019年の
　　　EU*域外への輸送手段別割合を示したものである。図5中のアとイはフラン
　　　スとポルトガルのいずれか，EとFは輸出額と輸出量**のいずれかである。
　　　フランスの輸出額に該当するものを，図5中の①～④のうちから一つ選べ。

　　*EUにはイギリスを含む。
　　**重量ベース。

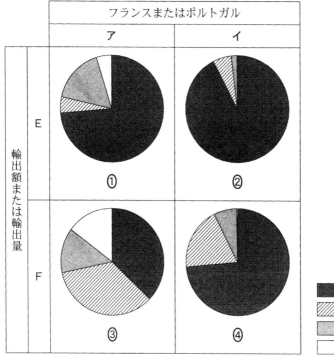

その他には鉄道などを含む。*Eurostat* により作成。

図　5

問6 環境意識の高まりや技術開発により，紙の生産には，木材から作られるパルプに加え，古紙の再生利用が進められている。次の図6は，いくつかの国における パルプと古紙の消費量を示したものである。図6中のカ～クはアメリカ合衆国，カナダ，ドイツのいずれか，凡例XとYはパルプと古紙のいずれかである。ドイツとパルプとの正しい組合せを，後の①～⑥のうちから一つ選べ。

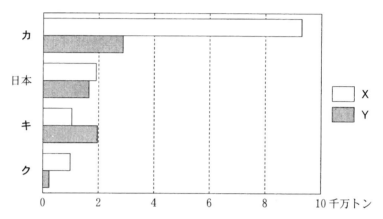

統計年次は2019年。FAOSTATにより作成。

図　6

	①	②	③	④	⑤	⑥
ドイツ	カ	カ	キ	キ	ク	ク
パルプ	X	Y	X	Y	X	Y

③ 漁業・林業 ［近畿大］

以下の問い（**A・B**）に答えよ。

A 次の漁業に関する文を読み，下の問い（**問1～8**）に答えよ。

　　かつて4大漁場といわれた北西太平洋漁場・北東大西洋漁場・北東太平洋漁場・北西大西洋漁場の各水域には，大陸棚やバンク（浅堆）と呼ばれる浅い海域や暖流と寒流がぶつかり合う潮境（潮目）があり，魚のえさとなるプランクトンが豊富で，早くからさかんに漁業が行われてきた。第二次世界大戦後は，遠洋漁業の発展や漁業技術の進歩によって漁獲量が増大し，次第に乱獲などによる資源の枯渇が懸念されるようになった。その後，自国の沿岸（　ア　）海里までを排他的経済水域に設定する動きが強まった。水産資源管理が厳しくなっている現代では，養殖業や栽培漁業などの「育てる漁業」が重視されるようになっている。

　　海に囲まれた日本では，古くから沿岸漁業が発達し，高度成長期には遠洋漁業が急増したが，各国の排他的経済水域の設定により漁場が失われ，漁獲量が急減した。こののち沖合漁業が大きく成長したが，これもその後減少し，かわって水産物の輸入が大幅に増加した。この間，世界でも水産物の輸出入が大きく増加している。

問1　（　ア　）に当てはまる最も適当なものを，次の①～④のうちから一つ選びマークせよ。

　　①　100　　　　　②　200　　　　　③　300　　　　　④　400

問2　下線部 a に関して，北東大西洋漁場のうち北海にある代表的なバンクとして最も適当なものを，次の①～④のうちから一つ選びマークせよ。

　　①　グランドバンク　　　　　　　②　ジョージバンク
　　③　ドッガーバンク　　　　　　　④　大和堆

問3　下線部 b に関して，北西大西洋漁場でぶつかり合う海流の組合せとして最も適当なものを，次の①～④のうちから一つ選びマークせよ。

　　①　北赤道海流・カナリア海流
　　②　北大西洋海流・カリフォルニア海流
　　③　フンボルト海流・フォークランド海流
　　④　ラブラドル海流・メキシコ湾流

問4 下線部 c について述べた文として最も適当なものを，次の①〜④のうちから
一つ選びマークせよ。

① 幼魚を捕獲し，成魚になるまで育てる。

② 卵から育てた稚魚を放流し，育ったものを捕獲する。

③ 卵や稚魚から成魚まで，一貫して人間が育てる。

④ 若い成魚を捕獲し，人工的に肥育して食用とする。

問5 下線部 d に関して，次の図で示した日本の漁業の内訳（2021年，重量ベー
ス，捕鯨業を除く）のア〜ウに該当する最も適当な組合せを，下の①〜⑥のう
ちから一つ選びマークせよ。

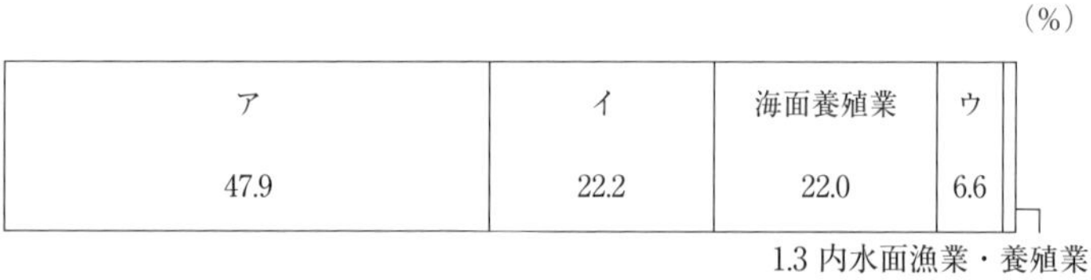

(％)

ア	イ	海面養殖業	ウ
47.9	22.2	22.0	6.6

1.3 内水面漁業・養殖業

（『日本国勢図会2023/24年版』による）

① ア：沿岸漁業　　イ：遠洋漁業　　ウ：沖合漁業

② ア：沿岸漁業　　イ：沖合漁業　　ウ：遠洋漁業

③ ア：遠洋漁業　　イ：沿岸漁業　　ウ：沖合漁業

④ ア：遠洋業業　　イ：沖合漁業　　ウ：沿岸漁業

⑤ ア：沖合漁業　　イ：沿岸漁業　　ウ：遠洋漁業

⑥ ア：沖合漁業　　イ：遠洋漁業　　ウ：沿岸漁業

問6 下線部 e に関して，世界の水産物輸出額の上位3か国（2020年）として最
も適当なものを，次の①〜④のうちから一つ選びマークせよ。

	1位	2位	3位
①	カナダ	ノルウェー	中国
②	中国	ノルウェー	ベトナム
③	中国	ベトナム	カナダ
④	ノルウェー	中国	カナダ

（『日本国勢図会 2023/24 年版』による）

問7 下線部fに関して，世界の水産物輸入額上位3か国（2020年）として最も適当なものを，次の①〜④のうちから一つ選びマークせよ。

	1位	2位	3位
①	アメリカ合衆国	中国	日本
②	中国	アメリカ合衆国	日本
③	中国	日本	アメリカ合衆国
④	日本	アメリカ合衆国	中国

（『日本国勢図会2023/24年版』による）

問8 世界の漁業について述べた文として最も適当なものを，次の①〜④のうちから一つ選びマークせよ。

① 各国政府や国際機関は水産資源保護に取り組んでいるが，公海での漁業を管理する組織がないため，十分な成果が得られにくい。

② 水産資源の減少にともない養殖業が急速な発展を遂げ，今日では世界の漁獲量の約8割に達している。

③ 天然資源を捕獲する漁業の漁獲量は，1980年代まで増加の一途をたどったが，その後は水産資源の制約から大幅な減少に転じている。

④ 2010年のワシントン条約締約国会議では，大西洋クロマグロの商業取引禁止が提案され可決された。

B 次の林業に関する文を読み，下の問い（**問9〜13**）に答えよ。

現在，世界の森林面積は約40億haで，陸地面積の約（ イ ）を占めている。樹種は気候の影響を受け，森林の約半分は熱帯林で，残りは温帯林と冷帯林である。熱帯林には多くの樹種が混在するが，大規模な森林破壊により生態系や住民生活がおびやかされている。温帯林には常緑広葉樹や落葉広葉樹と針葉樹の混合林が多く，人工林が広く分布している。冷帯林は樹種のそろった林が多い。

また，日本の国土面積の約7割は森林であり，その森林面積の約（ ウ ）は人の手が加わった人工林である。日本の木材自給率は戦後低下の一途をたどったが，近年上昇の兆しがみられるようになっている。

問9 （ イ ）に当てはまる最も適当なものを，次の①〜④のうちから一つ選びマークせよ。

① 1割　　　② 3割　　　③ 5割　　　④ 7割

問10　（　ウ　）に当てはまる最も適当なものを，次の①～④のうちから一つ選び
　　　マークせよ。

　　　①　2割　　　　　　②　4割　　　　　　③　6割　　　　　　④　8割

問11　下線部 g に関連して，持続的な森林の利用をめざして，生態系と共存し農業
　　　と林業を組み合わせた農林業として最も適当なものを，次の①～④のうちから
　　　一つ選びマークせよ。

　　　①　アグロフォレストリー　　　　　②　グリーンレボリューション
　　　③　ディープエコロジー　　　　　　④　バイオマスシステム

問12　下線部 h に関連して，日本の木材輸入先上位 3 か国（2021 年，金額ベース）
　　　として最も適当なものを，次の①～④のうちから一つ選びマークせよ。

	1位	2位	3位
①	アメリカ合衆国	カナダ	フィンランド
②	カナダ	アメリカ合衆国	ロシア
③	フィンランド	ロシア	マレーシア
④	ロシア	マレーシア	スウェーデン

（『日本国勢図会 2023/24 年版』による）

問13　世界の林業について述べた文として最も適当なものを，次の①～④のうちか
　　　ら一つ選びマークせよ。

　　　①　アジアやアフリカなどの発展途上国では，現在でも木材が薪炭材として多
　　　　く用いられている。
　　　②　世界の木材生産の大半は輸出用であり，国内消費に向けられる割合は一部
　　　　に限られている。
　　　③　熱帯林に生育する常緑広葉樹のチークやラワンは，おもにパルプ用材など
　　　　に使われている。
　　　④　冷帯林はタイガとも呼ばれ，生育する針葉樹は家具や合板の用材として使
　　　　われることが多い。

④　**エネルギー・鉱産資源**　　　　　　　　　　　　　［関西学院大］

次の図をみて設問に答えよ。図中のA〜Cは油田を，D〜Gは炭田を，H〜Kは鉄山を示している。

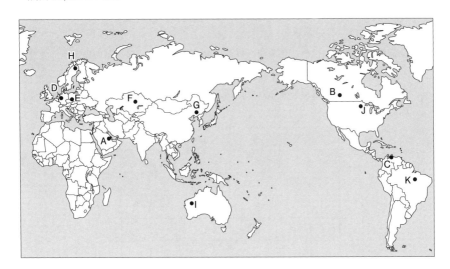

(1)　次の表は原油の生産量，輸出量，輸入量（いずれも2020年）の上位5か国を示したものである。表中のa〜dはそれぞれアメリカ合衆国，イラク，インド，ロシアのいずれかに対応している。イラクはどれか，a〜dから1つ選んで記号をマークせよ。

生産量		輸出量		輸入量	
国名	万t	国名	万t	国名	万t
a	95,976	サウジアラビア	33,511	中国	54,201
サウジアラビア	64,240	b	23,920	a	29,114
b	62,068	c	16,888	d	19,646
カナダ	29,855	a	15,818	韓国	13,246
c	23,939	カナダ	15,621	日本	11,508

『世界国勢図会』2023/24年版による。

(2) 次のイ～ハは，図中のA～Cの油田のいずれかの説明である。油田と説明文の組み合わせとして正しいものはどれか，下のa～fから1つ選んで記号をマークせよ。

イ．国営の石油会社によって開発され，埋蔵量と産出量は世界最大級の規模である。

ロ．採掘された原油は直接積み出されるほか，沖合のオランダ領の島で精油されている。

ハ．第二次世界大戦後に発見された油田で，オイルサンドの開発でも注目されている。

	イ	ロ	ハ
a	A	B	C
b	A	C	B
c	B	A	C
d	B	C	A
e	C	A	B
f	C	B	A

(3) 次の表は石炭の生産量，輸出量，輸入量（いずれも2020年）の上位5か国を示したものである。表中のa～dはそれぞれインド，オーストラリア，南アフリカ共和国，日本のいずれかに対応している。インドはどれか，a～dから1つ選んで記号をマークせよ。

生産量		輸出量		輸入量	
国名	万t	国名	万t	国名	万t
中国	390,158	インドネシア	35,938	中国	19,119
a	76,024	b	35,765	a	18,903
インドネシア	56,373	ロシア	18,741	d	14,843
アメリカ合衆国	48,574	コロンビア	6,887	韓国	10,415
b	47,000	c	5,898	ベトナム	4,468

『世界国勢図会』2023/24年版による。

⑷　次の説明文に対応する図中のD〜Gの炭田に関する説明として誤りを含むもの
　はどれか，a〜dから1つ選んで記号をマークせよ。

　a．D炭田は国際河川の支流沿いに位置し，周辺地域の工場発展の原動力となっ
　　た。

　b．E炭田は東ヨーロッパ最大の炭田で，国内の重工業地域の基盤をなしてい
　　る。

　c．F炭田は良質の石炭を産出し，クリヴォイログ鉄山と結ばれ工業化の原動力
　　となった。

　d．G炭田は第二次世界大戦前，日本の資本によって開発された炭田で，露天掘
　　りで知られている。

(5) 次の表は鉱産資源の生産量上位5か国が生産量全体にしめる割合（2020年，金鉱は2021年，銅鉱は2019年）を示したものである。a～dは金鉱，銀鉱，鉄鉱石，銅鉱のいずれかに対応している。

a

国　　名	％
中国	10.6
ロシア	10.3
X	10.2
カナダ	7.2
アメリカ合衆国	6.1

b

国　　名	％
X	37.1
ブラジル	16.2
中国	14.8
インド	8.4
ロシア	4.5

c

国　　名	％
チリ	28.4
Y	12.0
中国	8.3
コンゴ民主共和国	6.3
アメリカ合衆国	6.2

d

国　　名	％
メキシコ	23.4
中国	14.3
Y	11.7
チリ	6.6
ロシア	5.8

単位：％。『世界国勢図会』2023/24年版による。

① 銅鉱はどれか，a～dから1つ選んで記号をマークせよ。

② 表中のXとYの組み合わせとして正しいものはどれか，下のa～fから1つ選んで記号をマークせよ。

	X	Y
a	オーストラリア	カナダ
b	オーストラリア	ペルー
c	カナダ	オーストラリア
d	カナダ	ペルー
e	ペルー	オーストラリア
f	ペルー	カナダ

⑹　次の説明文に対応する図中のH～Kの鉄山に関する説明として誤りを含むものはどれか，a～dから1つ選んで記号をマークせよ。

　a．H鉄山で産出された鉄鉱石は夏は自国の港湾，冬は隣国の不凍港から搬出される。

　b．I鉄山で産出された鉄鉱石は大型トラックと専用鉄道で積出港まで輸送される。

　c．J鉄山で産出された鉄鉱石はオンタリオ湖の港湾から積み出され，沿岸の鉄鋼都市へ搬出される。

　d．K鉄山では採石，鉄道での輸送，港湾での積み出しの一貫経営体制が確立されている。

⑺　次の表はボーキサイトの産出高およびアルミニウムの生産高（いずれも2020年）の上位8か国を示したものである。表中のa～dはそれぞれカナダ，ジャマイカ，中国，ブラジルのいずれかに対応している。カナダはどれか，a～dから1つ選んで記号をマークせよ。

ボーキサイト（千t）		アルミニウム（千t）	
オーストラリア	104,328	a	37,080
a	92,700	ロシア	3,639
ギニア	86,000	インド	3,558
b	31,000	d	3,119
インドネシア	20,800	アラブ首長国連邦	2,520
インド	20,200	オーストラリア	1,582
c	7,546	バーレーン	1,549
ロシア	5,570	ノルウェー	1,330

『世界国勢図会』2023/24年版による。

(8) 次の表は4か国の発電エネルギー源別割合（2022年）を示したものである。表中のa～dはアメリカ合衆国，ドイツ，ブラジル，フランスのいずれかに対応している。また表中の「その他」は太陽光，地熱，風力発電などを含んでいる。ドイツはどれか，a～dから1つ選んで記号をマークせよ。

	水力	火力	原子力	その他
a	63.1	17.9	2.1	16.9
b	9.5	13.3	63.0	14.2
c	5.7	62.0	17.9	14.4
d	3.0	54.6	6.0	36.4

単位：％。『世界国勢図会』2023/24年版による。

(9) 日本におけるエネルギー資源・鉱産資源に関する説明として誤りを含むものはどれか，a～dから1つ選んで記号をマークせよ。

a．エネルギー源の確保のため供給国の多角化をはかっている。

b．分布する鉱産資源の種類は豊富である。

c．今日自給できる鉱産資源は石炭など数種類に限られる。

d．熱水鉱床，メタンハイドレードなどの有望なエネルギー資源がある。

5 資源と産業

[共通テスト 地理B/本試]

　リナさんたちは，地理の授業で持続可能な資源利用について探求した。資源と産業に関する次の問い（**問1〜6**）に答えよ。

問1　リナさんたちは，まず資源の地域的な偏りを考えるために，主要な資源について調べた。次の図1中の凡例アとイは炭田と油田のいずれかであり，文AとBは石炭と石油のいずれかを説明したものである。油田に該当する凡例と石油に該当する文との正しい組合せを，後の①〜④のうちから一つ選べ。

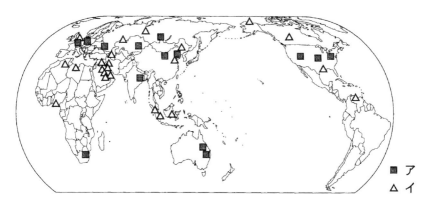

■ ア
△ イ

Energy Statistics Yearbook などにより作成。

図　1

A　この資源は，生産量上位10か国の世界に占める割合が9割を超えており，世界最大の生産国と消費国が同一である。

B　この資源は，世界のエネルギー供給量の約3分の1を占めており，確認されている埋蔵量の約半分が特定の地域に偏っている。

	①	②	③	④
凡例	ア	ア	イ	イ
文	A	B	A	B

問2　次にリナさんたちは，先生から配られた資料1をもとに，世界の地域別の資源利用とその環境への影響について考えた。資料1中の図2は，世界の人口と世界の1次エネルギー消費量の推移を示したものであり，凡例カとキは，アフリカとヨーロッパのいずれかである。凡例キに該当する地域名と，資料1中の文章の空欄Xに当てはまる語句との正しい組合せを，後の①～④のうちから一つ選べ。

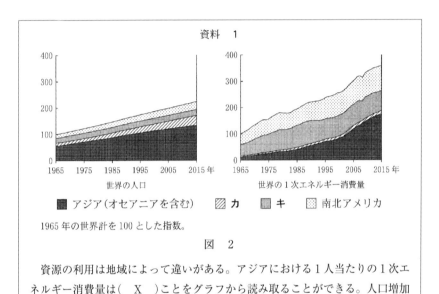

資料　1

アジア（オセアニアを含む）　カ　キ　南北アメリカ

1965年の世界計を100とした指数。

図　2

資源の利用は地域によって違いがある。アジアにおける1人当たりの1次エネルギー消費量は（　X　）ことをグラフから読み取ることができる。人口増加に伴う資源の需要増加は，環境にどのような影響を与えるだろうか？

World Population Prospects などにより作成。

	①	②	③	④
キ	アフリカ	アフリカ	ヨーロッパ	ヨーロッパ
X	増えている	変化していない	増えている	変化していない

問3　次にリナさんたちは，1995年と2015年における各国のデータを調べて，経済発展が環境へ及ぼす影響について考察した。次の図3は，いくつかの国a〜cと世界平均について，1人当たりGDPと1人当たり二酸化炭素排出量の変化を示したものである。また，後の文サ〜スは，図3中のa〜cのいずれかにおける変化の背景をリナさんたちが整理したものである。a〜cとサ〜スとの組合せとして最も適当なものを，後の①〜⑥のうちから一つ選べ。

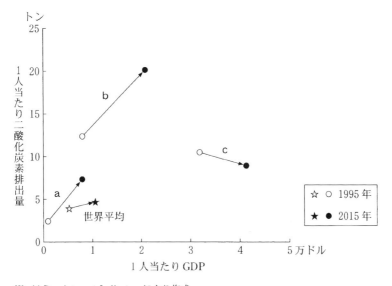

World Development Indicators により作成。

図　3

サ　産業構造の転換に伴い脱工業化が進み，再生可能エネルギーの普及も進んだ。

シ　資源が豊富にあるため，国内の燃料消費のコストが低いことや，世界的な資源需要の高まりを背景に経済成長が進んだ。

ス　農業や軽工業が中心であったが，その後は工業化が進み，重工業の比率が高まった。

	①	②	③	④	⑤	⑥
a	サ	サ	シ	シ	ス	ス
b	シ	ス	サ	ス	サ	シ
c	ス	シ	ス	サ	シ	サ

問4 リナさんたちは，経済発展が環境へ及ぼす影響についての考察をふまえ，化石燃料と再生可能エネルギーの発電量について調べた。次の表1は，いくつかの国における化石燃料と再生可能エネルギーについて，発電量と総発電量*に占める割合を示したものである。表1をもとに環境への負荷について話し合った，先生とリナさんたちとの会話文中の下線部 e ～ g について，正誤の組合せとして正しいものを，後の①～⑧のうちから一つ選べ。

*化石燃料と再生可能エネルギーのほか，原子力などを含む。

表　1

	化石燃料		再生可能エネルギー	
	発電量 （億 kWh）	総発電量に 占める割合（%）	発電量 （億 kWh）	総発電量に 占める割合（%）
中　　国	57,003	64.4	26,701	30.1
アメリカ合衆国	27,459	60.4	9,781	21.5
日　　本	6,693	64.8	2,270	21.9
ド　イ　ツ	2,648	45.9	2,540	44.0
カ　ナ　ダ	1,178	17.9	4,505	68.1
世界全体	176,772	60.6	85,385	29.3

再生可能エネルギーは，水力，太陽光，地熱，風力などの合計。中国の数値には台湾，ホンコン，マカオを含まない。
統計年次は 2022 年。『世界国勢図会』により作成。

先　生　「環境への負荷を，化石燃料と再生可能エネルギーの二つから考えてみましょう。化石燃料による発電は環境への負荷が大きく，再生可能エネルギーによる発電は環境への負荷がきわめて小さいとした場合，表1から環境への負荷はどのように考えられますか」

リ　ナ　「　国別でみた環境への負荷は，中国が最も大きくなるのではないでしょ
　　　　　e
　　　　うか」

ナオキ　「人口を考慮して環境への負荷を考えると，　1人当たりでみた環境への負
　　　　　　　　　　　　　　　　　　　　　　　　f
　　　　荷は，アメリカ合衆国が最も大きくなると思います」

カオル　「近年は再生可能エネルギーも普及しているので，国ごとで評価するときには，発電量の大小ではなく構成比で考えるのが重要だと思います。　発
　　　　　　　　　　　　　　　　　　　　　　　　　　　　　　　　g
　　　　電量の構成比でみると，ドイツが環境への負荷が最も小さい構成比である
　　　　と考えます」

エミコ　「持続可能な資源利用に向けて環境への負荷を軽減する方法を考えていくことが重要ですね」

	①	②	③	④	⑤	⑥	⑦	⑧
e	正	正	正	正	誤	誤	誤	誤
f	正	正	誤	誤	正	正	誤	誤
g	正	誤	正	誤	正	誤	正	誤

問5 リナさんたちは，環境への負荷の軽減に寄与する森林資源に注目し，資源と
その利用についてまとめた。次の図4は，いくつかの国における森林面積の減
少率，木材輸出額，木材伐採量を示したものであり，K～Mはエチオピア，ブ
ラジル，ロシアのいずれか，凡例タとチは薪炭材と用材＊のいずれかである。
ブラジルと薪炭材との正しい組合せを，後の①～⑥のうちから一つ選べ。

＊製材・ベニヤ材やパルプ材などの産業用の木材。

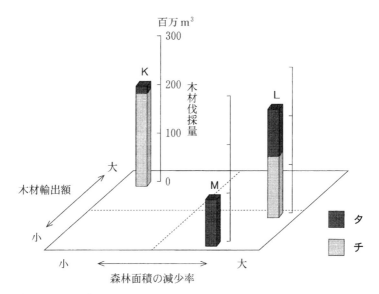

森林面積の減少率は1995年から2015年までの変化。森林面積の減少率と木材輸
出額は相対的に示してある。統計年次は2017年。FAOSTATなどにより作成。

図　4

	①	②	③	④	⑤	⑥
ブラジル	K	K	L	L	M	M
薪炭材	タ	チ	タ	チ	タ	チ

問6　リナさんたちは，これまで調べたことをもとに，循環型社会に向けた持続可能な資源利用の課題と取組みについて資料2にまとめた。各国でみられる取組みのうち，循環型社会に寄与するものとして**適当でないもの**を，資料2中の①〜④のうちから一つ選べ。

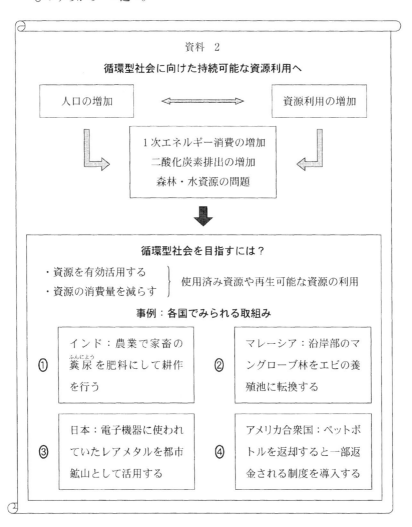

資料　2

循環型社会に向けた持続可能な資源利用へ

| 人口の増加 | ⟷ | 資源利用の増加 |

1次エネルギー消費の増加
二酸化炭素排出の増加
森林・水資源の問題

循環型社会を目指すには？

・資源を有効活用する
・資源の消費量を減らす
　使用済み資源や再生可能な資源の利用

事例：各国でみられる取組み

① インド：農業で家畜の糞尿（ふんにょう）を肥料にして耕作を行う

② マレーシア：沿岸部のマングローブ林をエビの養殖池に転換する

③ 日本：電子機器に使われていたレアメタルを都市鉱山として活用する

④ アメリカ合衆国：ペットボトルを返却すると一部返金される制度を導入する

6 工業

次の文を読み，以下の問に答えよ。

　製造業では，原材料，水，エネルギー，労働力，機械設備などの経営資源を調達し，製品を生産し，販売することで利益を生み出している。より多くの利益を生み出すためには，調達，生産，販売のすべてのプロセスにおいて可能な限りコストを低減し，㋐生産性を高める努力が求められる。そのため㋑有利な立地条件のもとに生産拠点を配置することは極めて重要である。

　原材料の調達においてみると，輸送コストを考慮して重量の重い原材料を要する鉄鋼業などでは，伝統的に原材料の産地に立地してきた。例えば，イギリスのミッドランド地方や㋒ドイツのルール地方，フランスのロレーヌ地方，中国の ［ ア ］，インドのジャムシェドプルなどが好例である。近年の先進国では原材料の産地に立地していた鉄鋼業が衰退し，㋓臨海部に立地する傾向がみられる。石油化学工業も臨海部に立地しており，日本の㋔太平洋ベルトのいくつかの都市では鉄鋼業と石油化学工業がひとつの都市に立地している。

　労働資源の確保において，労働費の割合が多く占める㋕衣類や電機部品工業などでは，安価な労働力を求め，発展途上国に立地することが多い。また高度な専門知識と技術を備えた人材を要する先端技術産業では，生活環境や交通の利便性が良い地域，あるいは学術都市近郊に立地する傾向がある。例えばアメリカ合衆国のシリコンヴァレーやEUの地中海沿岸地域などが挙げられ，極めて付加価値の高い産業である。

　生産活動に着目すると，例えば自動車や電気機器などの組立産業では，関連工場が一定の地域に集積し，ひとつの工業地域を形成する。工場がひとつの地域に近接することで，企業間の取引に関連するコストや時間を節約することが可能になり，また技術提供や情報共有などにも利点がある。例えば，自動車産業の中心として発展したアメリカの ［ イ ］ やドイツのヴォルフスブルクなどが有名である。

　販売活動に着目すると，㋖ビールや清涼飲料水工業では，大都市近郊に多く立地する。その他，情報や流行に敏感な出版・印刷業なども同じ立地の傾向にある。

　近年では，賃金水準，技術革新，交通の整備，地価，エネルギー転換，為替，法規制，㋗誘致活動，㋘貿易の自由化や経済連携などの変化が立地条件に大きく作用している。これらの変化に対応し，より有利な立地条件を求めて分散と集積が繰り返されるなかで，ますます国際分業が進んでいる。

問1　文中の ア と イ にあてはまる工業都市を，次の①〜⑤の中からそれ
　　ぞれ1つずつ選べ。

　　ア　①　広州　　②　鞍山　　③　天津　　④　成都　　⑤　杭州
　　　　　　コワンチョウ　　　アンシャン　　　テンチン　　　チョントゥー　　　ハンチョウ

　　イ　①　フィラデルフィア　　②　デトロイト　　③　ヒューストン
　　　　④　シアトル　　⑤　ニューオーリンズ

問2　文中の下線部ⓐに関して，生産性を表すひとつの指標である労働生産性の説
　　明として適切なものを，次の①〜⑤の中から1つ選べ。

　①　労働生産性は従業員数を売上高で除して求め，数値が高いほど生産性が高
　　　い。

　②　労働生産性は単位生産量あたりの従業員数であり，数値が高いほど生産性
　　　が高い。

　③　労働生産性は機械化を進めると低下する。

　④　労働生産性は単位労働時間あたりの生産量を表す。

　⑤　労働生産性は単位土地面積あたりの生産量を表す。

問3　文中の下線部ⓑに関して，2014年に世界遺産に登録された富岡製糸場の設
　　立当時の立地条件として適切なものを，次の①〜⑤の中から1つ選べ。

　①　織機技術を継承する多くの日本人技術者がいたため。

　②　生糸の原料となる繭が多く確保できたため。

　③　渡良瀬川から製糸に必要な水を確保できたため。

　④　輸出に便利な港湾部に隣接していたため。

　⑤　幹線鉄道沿いにあったため。

問4　文中の下線部ⓒに関して，ルール地方を次の略地図中の①～⑤の中から1つ
選べ。

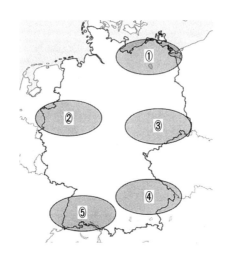

問5　文中の下線部ⓓに関して，鉄鋼業または石油化学工業が臨海部に位置する国
と都市の組み合わせとして誤っているものを，次の①～⑤の中から1つ選べ。

	国	都市
①	イギリス	リーズ
②	イタリア	タラント
③	フランス	マルセイユ
④	オランダ	ロッテルダム
⑤	フランス	ルアーヴル

問6 文中の下線部ⓔに関して，次の図は工業地帯・地域別の製造品出荷額等とその構成（2020年）を示している。表中のA〜Dにあてはまる工業地帯・地域はどこか，適切な組み合わせを下の①〜⑤の中から1つ選べ。

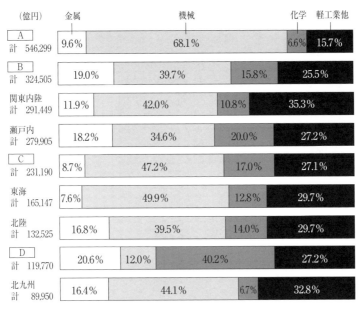

注：京浜＝東京・神奈川，関東内陸＝栃木・群馬・埼玉，京葉＝千葉，北陸＝新潟・富山・石川・福井，東海＝静岡，中京＝愛知・三重，阪神＝大阪・兵庫，瀬戸内＝岡山・広島・山口・香川・愛媛，北九州＝福岡。

（『日本国勢図会　2023/24年版』による）

① A阪神　　B中京　　C京浜　　D京葉
② A中京　　B阪神　　C京葉　　D京浜
③ A京浜　　B中京　　C阪神　　D京葉
④ A中京　　B阪神　　C京浜　　D京葉
⑤ A阪神　　B京浜　　C京葉　　D中京

問7 文中の下線部(f)に関して，次の表は日本における綿花，衣類，電算機類（含周辺機器），羊毛，パルプの輸入額と輸入相手国および金額による割合（2021年）を示している。衣類と同付属品にあてはまるものを次の①～⑤の中から1つ選べ。

品目	輸入額 （億円）	輸入相手国および金額による割合（%）				
①	121	アメリカ合衆国 37.7	オーストラリア 11.9	ギリシャ 10.1	韓国 9.2	ブラジル 9.0
②	55	中国 66.8	オーストラリア 12.1	（台湾） 7.3	ニュージーランド 5.9	イギリス 2.4
③	1,392	アメリカ合衆国 35.0	カナダ 20.6	ブラジル 16.3	チリ 7.1	ロシア 4.0
④	28,328	中国 55.9	ベトナム 14.1	バングラデシュ 4.6	カンボジア 4.3	マレーシア 3.6
⑤	23,915	中国 77.6	タイ 3.9	（台湾） 3.4	アメリカ合衆国 3.3	シンガポール 3.1

（『データブック オブ・ザ・ワールド 2023年版』による）

問8　文中の下線部⑧に関して，次の略地図A〜Dはビール工場，自動車工場（組立工場），石油化学コンビナート，セメント工場のいずれかの分布を示している。工場の分布として適切な組み合わせを下の①〜⑤の中から1つ選べ。

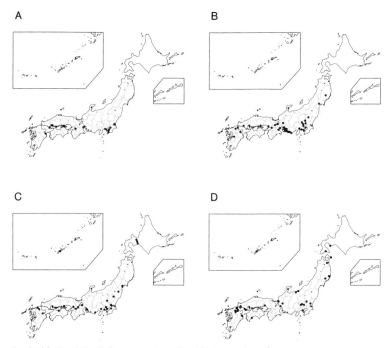

注：統計年はAは2014年末，B・Dは2015年4月1日，Cは2011年。

（『日本国勢図会　2016／17年版』，その他各工業会・協会による）

① A自動車　　　　B石油化学　　　Cビール　　　　Dセメント
② A石油化学　　　B自動車　　　　Cセメント　　　Dビール
③ A自動車　　　　B石油化学　　　Cセメント　　　Dビール
④ Aセメント　　　B自動車　　　　Cビール　　　　D石油化学
⑤ A石油化学　　　B自動車　　　　Cビール　　　　Dセメント

問9 文中の下線部ⓗに関して，東南アジア諸国では，外国企業を誘致する政策により目覚ましい工業化が進んでいる。外国企業を誘致する東南アジア諸国の政策の説明として適切なものを，次の①〜⑤の中から1つ選べ。

① 知識集約型・創造型の産業に力を入れることで外国企業の誘致を促している。

② 輸入代替工業化により外国企業の誘致を促している。

③ 多額の直接投資をおこなうことで外国企業の誘致を促している。

④ 輸出加工区を設けることで外国企業の誘致を促している。

⑤ 関税により輸入品を制限し輸出品を優遇することで外国企業の誘致を促している。

問10 文中の下線部ⓘに関して，貿易・経済連携協定や地域連合・同盟の略語と日本語の訳として適切なものを，次の①〜⑤の中から1つ選べ。

	略語	日本語の訳
①	ASEAN	東アジア諸国連合
②	EFTA	欧州自由貿易連合
③	NAFTA	北大西洋自由貿易協定
④	MERCOSUR	南米北部共同市場
⑤	TPP	環太平洋戦略的共同市場

7　経済のサービス化 [獨協大]

次の文を読み，以下の問に答えよ。

現在，先進国では経済のサービス化が進んでおり，_ⓐ産業別の就業人口割合では第３次産業の比重が高くなっている。また，人々の生活様式や消費者の好みが変化すると消費行動は多様化し，_ⓒ商業の形態においても変化がみられる。

経済発展が進み，生活水準が向上すると，_ⓓ生活時間の内訳や家計における支出割合なども変化する。たとえば，余暇の時間が増加すると，国内外の観光地に出かける人が増えるようになる。すると，_ⓔ観光活動に関する産業などがまた新たに発展し，経済活動に影響を与える。日本でも，1980年代以降，外国を訪問する人の数が増加している。また，近年では日本を訪れる外国人の数も増加しており，2016年には訪日外国人数が初めて　X　万人をこえ，訪日外国人によるインバウンド消費の動向が注目された。

問１　文中の空欄　X　にあてはまる数値を，次の①〜⑤の中から１つ選べ。

　　①　700　　　②　1000　　　③　2000　　　④　3000　　　⑤　4000

問２　文中の下線部ⓐに関して，次の①〜④は，イギリス，中国，日本，メキシコのいずれかにおける産業別人口構成を示したものである。イギリスに該当するものを，次の①〜④の中から１つ選べ。

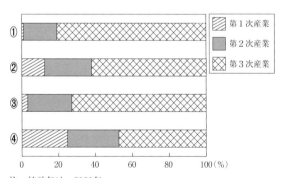

注：統計年は，2020年。

（『データブック オブ・ザ・ワールド2023』による）

問3　文中の下線部ⓑに関して，日本の GDP（国内総生産）に占める第3次産業の割合（2020年）にもっとも近いものを，次の①〜⑤の中から1つ選べ。

①　約50%　　②　約61%　　③　約72%　　④　約83%　　⑤　約94%

問4　文中の下線部ⓒに関して，次の表中の①〜④は，大阪府，岡山県，千葉県，福岡県のいずれかにおける卸売業と小売業の年間商品販売額（2019年）を示したものである。千葉県に該当するものを，表中の①〜④の中から1つ選べ。

	卸売業 年間商品販売額 （十億円）	小売業 年間商品販売額 （十億円）
①	33,137	9,811
②	11,797	5,693
③	6,036	6,183
④	2,731	1,966

（『データでみる県勢2023』による）

問5　文中の下線部ⓒに関して，次の表は，日本の小売業の業態別にみた従業員数，年間商品販売額，売場面積を示したものであり，表中のア〜ウは，コンビニエンスストア，総合スーパー，百貨店のいずれかである。ア〜ウと業態名の組み合わせとして適切なものを，下の①〜⑥の中から1つ選べ。

	従業者数(千人)	年間商品販売額(億円)	売場面積(万 m^2)
ア	67	49,226	476
イ	266	60,138	1,255
ウ	538	64,805	434

注：統計年は2014年。　　　　　　　　　（『データブック オブ・ザ・ワールド 2023』による）

	ア	イ	ウ
①	コンビニエンスストア	総合スーパー	百貨店
②	コンビニエンスストア	百貨店	総合スーパー
③	総合スーパー	コンビニエンスストア	百貨店
④	総合スーパー	百貨店	コンビニエンスストア
⑤	百貨店	コンビニエンスストア	総合スーパー
⑥	百貨店	総合スーパー	コンビニエンスストア

問6　文中の下線部ⓓに関して，次の表中の①〜④は，韓国，ドイツ，日本，フランスのいずれかにおける雇用者の週あたり平均労働時間，労働時間あたりGDP，失業率を示したものである。フランスに該当するものを，表中の①〜④の中から1つ選べ。

	雇用者の週あたり平均労働時間(時間)	労働時間あたりGDP(米ドル)※	失業率(%)
①	37.9	42.9	2.8
②	36.6	48.0	2.6
③	35.9	65.6	7.4
④	33.9	68.6	3.0

注：統計年は2022年。
　　※購買力平価換算米ドル
（『世界国勢図会 2023/24年版』による）

問7 文中の下線部ⓓに関して，次の図は，日本における単身世帯（勤労者世帯，高齢無職世帯）の消費支出の内訳（％）を示したものであり，図中のカ〜クは，交通・通信，光熱・水道，保健医療のいずれかである。カ〜クと項目名の組み合わせとして適切なものを，下の①〜⑥の中から1つ選べ。

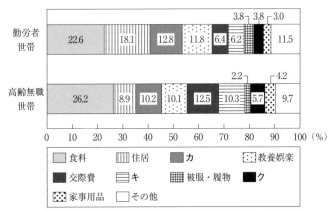

注：統計年は 2022 年。 　　　　　　（『日本国勢図会 2023/24 年版』による）

	カ	キ	ク
①	交通・通信	光熱・水道	保健医療
②	交通・通信	保健医療	光熱・水道
③	光熱・水道	交通・通信	保健医療
④	光熱・水道	保健医療	交通・通信
⑤	保健医療	交通・通信	光熱・水道
⑥	保健医療	光熱・水道	交通・通信

問8 文中の下線部ⓔに関して，地域の自然環境などを学ぶとともに，対象となる地域の環境の保全にも責任をもつ観光の名称として適切なものを，次の①〜⑤の中から1つ選べ。

① アーバンツーリズム　　　　② エコツーリズム

③ グリーンツーリズム　　　　④ ヘルスツーリズム

⑤ マスツーリズム

問9　文中の下線部⑥に関して，次の表は，欧米諸国の観光収入，観光支出，訪問
観光客数を示したものであり，表中のA〜Cは，アメリカ合衆国，イタリア，
ドイツのいずれかである。A〜Cと国名の組み合わせとして適切なものを，下
の①〜⑥の中から1つ選べ。

	観光収入 （百万ドル）	観光支出 （百万ドル）	訪問観光客数 （千人）
A	233,461	182,366	79,256
B	58,201	99,865	39,563
C	51,910	37,908	64,513

注：統計年は2019年。

（『データブック オブ・ザ・ワールド 2022』による）

	A	B	C
①	アメリカ合衆国	イタリア	ドイツ
②	アメリカ合衆国	ドイツ	イタリア
③	イタリア	アメリカ合衆国	ドイツ
④	イタリア	ドイツ	アメリカ合衆国
⑤	ドイツ	アメリカ合衆国	イタリア
⑥	ドイツ	イタリア	アメリカ合衆国

問10 次の表中のP～Rは，広島県，福岡県，北海道のいずれかにおける外国人延べ宿泊者数の構成（％）を示したものである。P～Rと道県名の組み合わせとして適切なものを，下の①～⑥の中から1つ選べ。

P	
中国	24
台湾	22
韓国	14
ホンコン	12
タイ	6
その他	22

Q	
韓国	38
台湾	19
中国	12
ホンコン	12
タイ	4
その他	15

R	
ヨーロッパ	13
アメリカ合衆国	13
オーストラリア	10
中国	9
台湾	8
その他	47

注：ヨーロッパはイギリス・ドイツ・フランスの合計。
　　台湾・ホンコンは中国と区別して集計。統計年は2016年。

（観光庁『宿泊旅行統計調査』による）

	P	Q	R
①	広島県	福岡県	北海道
②	広島県	北海道	福岡県
③	福岡県	広島県	北海道
④	福岡県	北海道	広島県
⑤	北海道	広島県	福岡県
⑥	北海道	福岡県	広島県

8 **交通・通信・貿易**   ［獨協大］

日本及び世界の交通，通信，貿易に関して，以下の問に答えよ。

問1 次の表1・表2は，日本の鉄道の旅客輸送量*に関するものであり，表1中
のA・Bは，JR または JR 以外の民間鉄道のいずれかについて，定期輸送
量**，定期外輸送量***の比率を示している。また表2は，新幹線における
旅客数量及び旅客輸送量の対前年度増加率を示している。表1中のAに該当す
る経営体と，表2から考えられる内容の組み合わせとして適切なものを，下の
①～④の中から1つ選べ。

　　*旅客輸送量を表す単位として「人キロ」があり，旅客の数にその輸送距離を乗じたもの
　　である。
　　**定期券を利用した旅客の輸送量（人キロ）。
　　***定期券を利用しない旅客の輸送量（人キロ）。

表　1

	定期輸送	定期外輸送
A	40.8	59.2
B	60.3	39.7

単位は％。統計年次は 2018 年度。
（国土交通省「鉄道輸送統計調査」により作成）

表　2

	旅客数量（人）の増加率	旅客輸送量（人キロ）の増加率
定期輸送	＋ 2.1%	＋ 2.5%
定期外輸送	＋ 2.1%	＋ 2.2%

増加率の統計年次は 2018 年度／ 2017 年度。
（国土交通省「鉄道輸送統計調査」により作成）

	A	表2から考えられる内容
①	JR	新幹線利用者の1人あたり平均乗車距離が短くなっている
②	JR	新幹線利用者の1人あたり平均乗車距離が伸びている
③	JR 以外の民間鉄道	新幹線利用者の1人あたり平均乗車距離が短くなっている
④	JR 以外の民間鉄道	新幹線利用者の1人あたり平均乗車距離が伸びている

問2 日本では，様々な理由から貨物の輸送手段を自動車から鉄道に切り替えよう
とする動きが見られる。鉄道輸送と自動車輸送を比較した場合の，鉄道輸送の
利点として誤っているものを，次の①〜④の中から1つ選べ。

① 定時性が高いこと。

② 輸送単位あたりの温室効果ガスの排出量が少ないこと。

③ 経路選択に弾力性があること。

④ 輸送量の増大に対して必要な人員の確保が難しくないこと。

問3 次の表3は，いくつかの国の自動車保有台数（2017年）と，道路延長距離
（2015年）について示したものであり，表3中のD〜Fは，インド・中国・フ
ランスのいずれかである。D〜Fと国名の組み合わせとして適切なものを，下
の①〜⑥の中から1つ選べ。

表　3

	自動車保有台数（万台）2020年	1 km² あたり乗用車台数（台）2020年	1 km² あたり道路延長（km）2017年	舗装率（％）2017年
アメリカ合衆国	28,904	11.8	0.73	67.1
D	27,339	23.6	0.51	79.5
E	6,853	11.5	1.98	63.2
ロシア	6,523	3.3	0.09	70.6
ブラジル	4,572	4.4	0.19	15.6
F	4,054	50.4	2.02	100.0
インドネシア	2,925	9.6	0.30	59.5
カナダ	2,499	2.4	0.11*	39.9*

*2016年。　　　　　　　　（『データブック オブ・ザ・ワールド 2023年版』により作成）

	①	②	③	④	⑤	⑥
D	インド	インド	中国	中国	フランス	フランス
E	中国	フランス	インド	フランス	インド	中国
F	フランス	中国	フランス	インド	中国	インド

問4 次の図1は，各都道府県における100世帯あたり乗用車保有台数を示したものであり，図1中のG～Iは，愛知県，神奈川県，富山県のいずれかである。また，全国平均はア・イのいずれかの位置にある。愛知県と全国平均に該当するものの組み合わせとして適切なものを，右の①～⑥の中から1つ選べ。

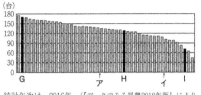

統計年次は，2016年。(『データでみる県勢2018年版』により作成)

図　1

	①	②	③	④	⑤	⑥
愛知県	G	G	H	H	I	I
全国平均	ア	イ	ア	イ	ア	イ

問5 右の図2は，札幌，東京，大阪，福岡の各空港間の旅客数を示したものであり，図2中のJ～Lは，札幌，大阪，福岡のいずれかである。地名とJ～Lの組み合わせとして適切なものを，下の①～⑥の中から1つ選べ。

	①	②	③	④	⑤	⑥
札幌	J	J	K	K	L	L
大阪	K	L	J	L	J	K
福岡	L	K	L	J	K	J

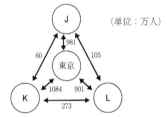

(単位：万人)

札幌＝新千歳。東京＝成田・羽田の合計。大阪＝大阪(伊丹)・関西・神戸の合計。統計年次は2018年。

(国土交通省「航空輸送統計調査」により作成)

図　2

問6 次の表4は，航空旅客輸送（2018年）について，国内・国際合計と，国際定期輸送を比較したものであり，表4中のカ～クは，アラブ首長国連邦，ドイツ，ロシアのいずれかである。国名とカ～クの組み合わせとして適切なものを，下の①～⑥の中から1つ選べ。

表　4

	国内・国際合計		国際定期輸送	
	輸送人員 （千人）	旅客輸送量 （百万人キロ）	輸送人員* （千人）	旅客輸送量 （百万人キロ）
カ	95,306	409,367	84,738	409,367
キ	116,847	242,054	92,665	233,645
ク	89,374	229,060	26,147	107,097
アイルランド	153,538	224,623	113,145	222,317

*2015年。　　　　　　　　　　（『データブック オブ・ザ・ワールド 2020年版』により作成）

	①	②	③	④	⑤	⑥
アラブ首長国連邦	カ	カ	キ	キ	ク	ク
ドイツ	キ	ク	カ	ク	カ	キ
ロシア	ク	キ	ク	カ	キ	カ

問7　運河や海峡は，海上輸送を行う上で極めて重要である。次の表5は，いくつかの運河や海峡について，通過する国または沿岸国，それぞれの運河・海峡の特徴をまとめたものである。表5中のP〜Uのうち，誤っているものの組み合わせとして適切なものを，下の①〜⑧の中から1つ選べ。

表　5

運河・海峡	通過する国または沿岸国	特徴
パナマ運河	P　パナマ国内	T　パナマ運河は途中に水門を持たない運河であるが，スエズ運河は複数の水門を持つ運河である。
スエズ運河	Q　エジプト，イスラエル	
マラッカ海峡	R　マレーシア，タイ，インドネシア，シンガポール	U　マラッカ海峡やホルムズ海峡は，航行の安全性に懸念がある。
ホルムズ海峡	S　オマーン，イラン	

①　PとT　　　　②　PとU　　　　③　QとT　　　　④　QとU

⑤　RとT　　　　⑥　RとU　　　　⑦　SとT　　　　⑧　SとU

問8 次の表6は，コンテナ取扱量（中国・香港・台湾を除く）における上位港湾の変化を示したものであり，四角で囲んだ数字は取扱量の世界順位を示している。これに関して，あとの(1)・(2)に答えよ。

表　6

	2010 年	2018 年
シンガポール	28,431　②	36,600　②
プサン	14,157　⑤	21,660　⑥
ドバイ	11,600　⑨	14,950　⑩
ロッテルダム	11,146　⑩	14,510　⑪
ポートケラン*	8,870　⑬	12,030　⑫
アントウェルペン	8,468　⑭	11,100　⑬
タンジュンペラパス*	6,530　⑰	8,790　⑱
ハンブルク	7,900　⑮	8,780　⑲

単位は千 TEU。*マレーシア。(『世界国勢図会 2020/21 年版』により作成)

(1) 表6から読み取れる内容として最も適切なものを，次の①〜④の中から1つ選べ。

① 中国を除く取扱量上位3港湾は，すべて東南アジアの港湾である。

② 表6にあるヨーロッパの取扱量上位港湾は，すべて EU に加盟する国の港湾である。

③ 2010 年と 2018 年を比較すると，上位 15 位以内に入る中国の港湾数は減少していると考えられる。

④ 2010 年と 2018 年を比較すると，表6中の港湾ではアジアよりヨーロッパの港湾の取扱量の伸び率が大きい。

(2) 表6中のロッテルダムとハンブルクは，いずれも国際河川の河口付近に立地し，内航と外航の結節点として重要である。それぞれの港湾が立地する河川名の組み合わせとして適切なものを，次の①〜④の中から1つ選べ。

	①	②	③	④
ロッテルダム	テムズ川	テムズ川	ライン川	ライン川
ハンブルク	エルベ川	ドナウ川	エルベ川	ドナウ川

問 9　次の表 7 中の X 〜 Z は，ブラジル，日本，ロシアのいずれかにおける 100 人あたり固定電話契約数，100 人あたり移動電話契約数，インターネット利用者率を示したものである。国名と X 〜 Z の組み合わせとして適切なものを，下の ① 〜 ⑥ の中から 1 つ選べ。

表　7

	100 人あたり 固定電話契約数（件）	100 人あたり 移動電話契約数（件）	インターネット 利用者率（％）
X	49.0*	154.2	90.2
Y	17.7	163.6	85.0
Z	14.4	96.8	81.3

統計年次は 2020 年。＊2021 年。　　　　　　（『世界国勢図会 2022/23 年版』により作成）

	①	②	③	④	⑤	⑥
ブラジル	X	X	Y	Y	Z	Z
日本	Y	Z	X	Z	X	Y
ロシア	Z	Y	Z	X	Y	X

問10 右の図3は，EU 及び ASEAN，アメリカ合衆国，中国の相互の貿易額について示したものである。図3中のサ〜スに該当する地域・国の組み合わせとして適切なものを，下の①〜⑥の中から1つ選べ。

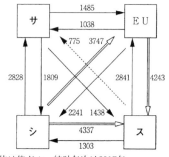

単位は億ドル。統計年次は2017年。
（「ジェトロ世界貿易投資報告2018年版」により作成）

図　3

	①	②	③	④	⑤	⑥
サ	ASEAN	ASEAN	アメリカ合衆国	アメリカ合衆国	中国	中国
シ	アメリカ合衆国	中国	ASEAN	中国	ASEAN	アメリカ合衆国
ス	中国	アメリカ合衆国	中国	ASEAN	アメリカ合衆国	ASEAN

問11 2020 年7月現在，日本と EPA（経済連携協定）を結んでいない国を，次の①〜④の中から1つ選べ。

① 韓国　　　　　　　　② インドネシア
③ ベトナム　　　　　　④ フィリピン

第 4 章

人口，村落・都市，生活文化，民族・宗教

（11 問）

① 人口と人の移動

　人口と人の移動に関する以下の設問に答え，最も適当な記号を１つ選んでマークしなさい。

(1)　下の表は，世界の主要地域別人口の推移を示したものであり，表中の a 〜 d は，アジア，アフリカ，北アメリカ，ヨーロッパのいずれかに対応している。ヨーロッパはどれか。

	1950 年	1975 年	2000 年	2020 年
a	1,404,909	2,401,171	3,741,263	4,641,055
b	549,329	676,895	725,558	747,636
c	227,794	414,675	810,984	1,340,598
d	172,603	242,252	312,427	368,870
中南アメリカ	168,821	322,777	521,836	653,962
オセアニア	12,976	21,710	31,425	42,678

単位：千人。『人口統計資料』2021 年版による。2020 年は推計値。

(2)　下の表は, 4 か国における年平均人口増加率と乳児死亡率を示したものであり, 表中のア〜エは, アメリカ合衆国, スペイン, ナイジェリア, バングラデシュのいずれかに対応している。表中のアとウの組み合わせとして正しいものはどれか。

	年平均人口増加率 （1950 〜 1955 年，％）	年平均人口増加率 （2015 〜 2020 年，％）	乳児死亡率 （2021 年，千人あたり）
ア	2.10	1.05	22.9
イ	1.64	2.59	70.6
ウ	1.56	0.62	5.4
エ	0.69	0.04	2.6

年平均人口増加率は『人口統計資料集』2021 年版,
乳児死亡率は『世界国勢図会』2023/24 年版による。2020 年は推計値。

	ア	ウ
a	ナイジェリア	アメリカ合衆国
b	ナイジェリア	スペイン
c	バングラデシュ	アメリカ合衆国
d	バングラデシュ	スペイン

(3)　右の表は, 日本および 4 か国における合計特殊出生率の推移を示したものであり, 表中の a〜d は, イタリア, オーストラリア, 韓国, デンマークのいずれかに対応している。オーストラリアはどれか。

	1980 年	2000 年	2018 年
a	2.70	1.47	0.98
b	1.90	1.76	1.74
日本	1.75	1.36	1.42
c	1.62	1.26	1.29
d	1.54	1.77	1.73

『人口統計資料集』2021 年版による。

(4) 下の図 a 〜 d は，日本に在留する外国人のうち，韓国・朝鮮籍，中国籍，フィリピン籍，ブラジル籍の者について，在住者の多い都道府県の上位 5 つを示したものである。ブラジル籍の在住者を示した図はどれか。

a

b

c

d

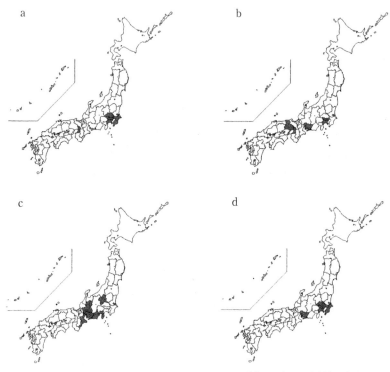

数値は2020年12月。在留外国人統計による。

⑸　下の表は，日本に在留する外国人のうち，韓国・朝鮮籍，フィリピン籍，ブラジル籍，ベトナム籍の者について，増加率（2015年〜2020年），65歳以上人口の割合，性比（女性を1とした場合の男性の値）を示したものであり，表中のa〜dは，韓国・朝鮮籍，フィリピン籍，ブラジル籍，ベトナム籍のいずれかに対応している。フィリピン籍はどれか。

	増加率（%）	65歳以上人口の割合（%）	性比
a	204.9	0.2	1.30
b	21.8	1.2	0.43
c	20.2	5.0	1.18
d	− 7.6	28.6	0.87

数値は2020年12月。在留外国人統計による。

⑹　下の表は，外国に在留する日本人人口の推移を示したものであり，表中のa〜dは，アメリカ合衆国，オーストラリア，ドイツ，ブラジルのいずれかに対応している。ドイツはどれか。

	1980年	2000年	2019年
a	142	75	50
b	121	298	444
c	14	25	45
d	5	38	104

単位：千人。『日本国勢図会』2021/22年版による。

⑺　右の表は，日本の4つの都県の人口の自然増加率と社会増加率（いずれも2010年〜2015年）を示したものであり，表中のa〜dは，秋田県，沖縄県，東京都，福岡県のいずれかに対応している。福岡県はどれか。

	自然増加率	社会増加率
a	2.2	0.8
b	0.1	2.6
c	−0.3	0.9
d	−3.9	−1.9

単位：%。『人口統計資料集』2021年版による。

(8) 中国の人口について述べた文として誤りを含むものはどれか。

　　a．総人口は10億人を超えており，世界人口のおよそ5分の1に相当する。

　　b．内陸部の農村から沿岸部の都市への大規模な移動がみられる。

　　c．人口増加を抑制するための一人っ子政策は廃止された。

　　d．55ある少数民族の人口を合計すると，漢民族の人口を上回る。

② 移民　　　　　　　　　　　　　　　　　　　　　　　　　　　［松山大］

移民に関する文章を読み，設問に答えよ。

　国際的な人口移動は，その時代や地域のさまざまな状況を反映している。

　アメリカの開拓は，17世紀前半，イギリス人の清教徒によって，ニューイングランド地方(a)への入植から始まった。1776年に，アメリカが独立宣言をしたときには13州にすぎなかった。しかし，それ以降，新しい国土を獲得し，開拓前線は，内陸へと移動した(b)。その後，多様な地域から人びとが流入したため，人種構成は複雑になった(c)。近年では，　ア　を話す地域から　イ　の流入の増加が著しい。

　カナダでは，17世紀以降，ヨーロッパからアジアへの航路の探索や，　ウ　のために，ヨーロッパ人が居住するようになった。とくに，イギリス系の人びとは，　エ　周辺の海岸部などに入植した。一方，フランス系の人びとは，　オ　をさかのぼって入植し，五大湖周辺の地域が開発された。18世紀になるとイギリスの勢力が急速に強くなり，フランスが開発していた地域も，イギリス領となった。そこで，イギリス系住民とフランス系住民が共存できるように，　カ　ようになった。しかし，多数のフランス系住民が居住する　キ　州では，フランス系住民のアイデンティティとして民族自覚を尊重する　キ　ナショナリズムが根強く残っている。

　日本からアメリカへの移民は，1868年にハワイへ渡ったのが最初とされる。ラテンアメリカへの集団移住は19世紀末に始まり，1908年には，　ク　農園での住み込み労働に従事するため，　ケ　への集団移住が始まった。1993年に　ケ　への組織的移住が終了したけれども，現在最大の日系社会が存在する国は，依然として　ケ　である。逆に，1990年代には，労働力が不足した日本に，ラテンアメリカの日系人が出稼ぎに来て，工場などで働くようになった。とくに，　コ　関連工場の多い　サ　などには，工場で働く日系人が多く住んでいる。

設問

1) 空所 ア ， イ に入れる語句と ア を公用語とする国の位置（図1）の組合せとして正しいものを，下の①〜④の選択肢から1つ選べ。

図　1

	ア	イ	図1
①	スペイン語	ヒスパニック	A
②	フランス語	ヒスパニック	B
③	スペイン語	アフリカ系	C
④	フランス語	アフリカ系	D

2) 空所 ウ ～ オ に入れる語句の組合せとして正しいものを，選択肢から1つ選べ。

	ウ	エ	オ
①	たら漁や毛皮の交易	ハドソン湾	セントローレンス川
②	たら漁や毛皮の交易	フォックス湾	ハドソン川
③	地下資源（金）の開発	ハドソン湾	ハドソン川
④	地下資源（金）の開発	フォックス湾	セントローレンス川

3) 空所 ┃ カ ┃，┃ キ ┃に入れる語句と┃ キ ┃に該当する州の位置（図2）の
組合せとして正しいものを，下の①～④の選択肢から1つ選べ。

図　2

	カ	キ	図2
①	多文化主義がとられる	ケベック	E
②	人種のるつぼを目ざす	オンタリオ	F
③	多文化主義がとられる	ケベック	F
④	人種のるつぼを目ざす	オンタリオ	E

4) 空所 ク ， ケ に入れる語句と ケ に該当する国の位置（図3）の
組合せとして正しいものを，下の①〜④の選択肢から1つ選べ。

図　3

	ク	ケ	図3
①	小麦	ブラジル	G
②	コーヒー	ペルー	H
③	コーヒー	ブラジル	H
④	小麦	ペルー	G

5) 空所 コ , サ に入れる語句と サ に該当する都市の位置（図4）
の組合せとして正しいものを，下の①〜④の選択肢から1つ選べ。

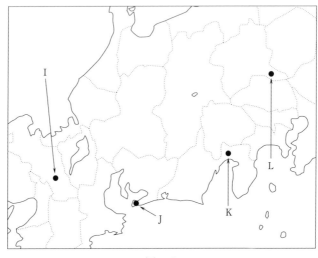

図　4

	コ	サ	図4
①	自動車	愛知県豊田市	J
②	半導体	京都府京都市	I
③	半導体	静岡県浜松市	K
④	自動車	群馬県大泉町	L

6) 下線部分(a)に関連して，イギリス人が入植した地域に含まれる現在のアメリ
カの州の名前として正しいものを，選択肢から1つ選べ。
① フロリダ州
② マサチューセッツ州
③ ルイジアナ州
④ テキサス州

7 ）　下線部分(b)との関連がない語句を，選択肢から 1 つ選べ。

① 　タウンシップ制

② 　アシエンダ

③ 　ホームステッド法

④ 　西漸運動

8 ）　下線部分(c)に関連して述べた文として不適当なものを，選択肢から 1 つ選べ。

① 　現在のアメリカ人の中には，綿花，たばこ，サトウキビ栽培などの労働力として連れてこられた者の子孫がいる。

② 　19 世紀に流入した移民のほとんどは，ヨーロッパ出身である。

③ 　移民数の推移をみると，20 世紀になってオセアニア出身者が約半数を占めている。

④ 　1960 年代に移民法が改正され，アジア出身の移民が増えた。

③　人口と都市　　　　　　　　　　［共通テスト　地理B/追試］

人口と都市に関する次の問い（**問 1 ～ 5**）に答えよ。

問 1　次の表 1 は，いくつかの国について，人口密度と人口増加率の変化を示したものであり，①～④は，アルジェリア，カタール，ニュージーランド，ベトナムのいずれかである。アルジェリアに該当するものを，表 1 中の①～④のうちから一つ選べ。

表　1

	人口密度 (人/km^2)	人口増加率（%）	
		1980 ～ 2000 年	2000 ～ 2020 年
①	296	47.2	21.8
②	232	164.9	386.3
③	19	61.5	41.3
④	19	22.6	25.0

人口密度の統計年次は 2022 年。
『世界国勢図会』などにより作成。

問2 次の図1は，いくつかの国における人口千人当たり死亡数の推移を示したものであり，A～Cは，日本，アメリカ合衆国，フィリピンのいずれかである。また，後の図2中のア～ウは，これら3か国のいずれかについて，年齢別人口構成を示したものである。アメリカ合衆国に該当する正しい組合せを，後の①～⑨のうちから一つ選べ。

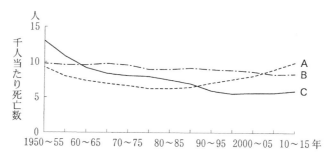

World Population Prospects により作成。

図　1

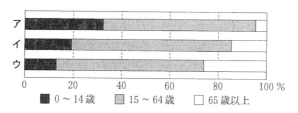

統計年次は 2015 年。*World Population Prospects* により作成。

図　2

	①	②	③	④	⑤	⑥	⑦	⑧	⑨
千人当たり死亡数	A	A	A	B	B	B	C	C	C
年齢別人口構成	ア	イ	ウ	ア	イ	ウ	ア	イ	ウ

問3　次の図3は，先進国*と発展途上国**における都市人口と農村人口のいずれ
かの推移を示したものである。先進国の都市人口に該当するものを，図3中の
①〜④のうちから一つ選べ。

　　*北アメリカとヨーロッパの国々，日本，オーストラリア，ニュージーランド。
　　**先進国以外の国・地域でメキシコを含む。

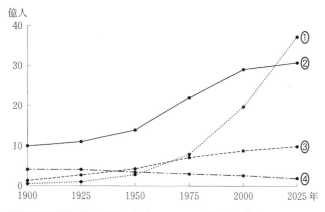

2025年は予測値。*World Urbanization Prospects* などにより作成。

図　3

問4 多国籍企業の集中度などが特に高い都市を世界都市とみなすことがある。次の図4は，2000年と2020年のいずれかの時点における上位20の世界都市の地理的な位置を模式的に示したものであり，凡例EとFは，この20年間に上位20に加わった都市と外れた都市のいずれかである。また，後の文章は，世界都市に関連することがらを述べたものである。図4中の凡例Fと文章中の空欄aに当てはまる語句との組合せとして最も適当なものを，後の①〜④のうちから一つ選べ。

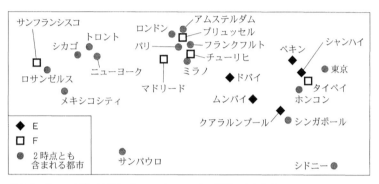

Globalization and World Cities Research Network の資料により作成。

図　4

世界都市は，国際分業の進展に伴う激しい競争に直面している。その結果，上位20の都市の入れ替わりが起きている。世界都市は，多国籍企業が集まるだけでなく，世界的な（　a　）として重要な役割を果たしている。

	①	②	③	④
F	加わった都市	加わった都市	外れた都市	外れた都市
a	金融業の取引拠点	製造業の生産拠点	金融業の取引拠点	製造業の生産拠点

問5 次の図5は，日本の大都市圏郊外に位置し，1970年代に入居が始まった
ニュータウン内のある地区における人口ピラミッドを時期別に示したものであ
り，J～Lは，1975年，1995年，2015年のいずれかである。また，後の文サ
～スは，いずれかの時期に地区で生じていた現象を述べたものである。J～L
とサ～スとの組合せとして最も適当なものを，後の①～⑥のうちから一つ選
べ。

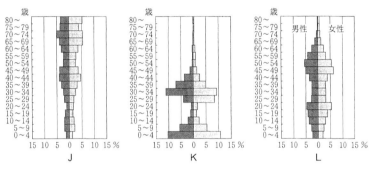

国勢調査などにより作成。

図　5

サ　この地区で生まれ育った人たちが就職・結婚などを機に転出し，学校の統
　　廃合の議論が活発化した。

シ　住宅の建設が同時期に集中し，公共サービスの供給が追いつかず，学校が
　　新設・増設された。

ス　住宅の老朽化や空き家の発生といった住環境の悪化が生じ，学校の跡地利
　　用が進んだ。

	①	②	③	④	⑤	⑥
J	サ	サ	シ	シ	ス	ス
K	シ	ス	サ	ス	サ	シ
L	ス	シ	ス	サ	シ	サ

4 日本の人口や都市

[共通テスト 地理B/本試]

　東京都に住む高校生のミノルさんは，祖父のカヲルさんが住む鹿児島県を訪ねた
ことをきっかけに，日本の人口や都市をめぐる諸問題について考えた。この探求に
関する次の問い（**問1～6**）に答えよ。

問1　鹿児島県で生まれたカヲルさんは，1960年代前半に大学進学のため県外へ
　　移動した。その話を聞いたミノルさんは，地方から大都市圏への人口移動につ
　　いて調べた。次の図1は，1960年と2018年における，日本のいくつかの地方
　　から三大都市圏（東京圏，名古屋圏，大阪圏）*への人口移動とその内訳を示
　　したものである。図1中のアとイは四国地方と九州地方**のいずれか，凡例
　　AとBは東京圏と大阪圏のいずれかである。九州地方と東京圏との正しい組合
　　せを，後の①～④のうちから一つ選べ。

　　　*東京圏は東京都，埼玉県，千葉県，神奈川県，名古屋圏は愛知県，岐阜県，三重県，大阪
　　　　圏は大阪府，京都府，兵庫県，奈良県。
　　　**沖縄県は含まない。

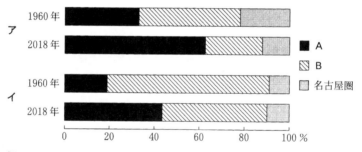

『住民基本台帳人口移動報告年報』により作成。

図　1

	①	②	③	④
九州地方	ア	ア	イ	イ
東京圏	A	B	A	B

問2　大学を卒業したカヲルさんは東京で働いていたが，現在の東京は大きく変わったとミノルさんに話した。次の図2は，東京都区部のいくつかの指標の推移について，1970年を100とした指数で示したものである。図2中のカ〜クは，工業地区の面積，住宅地の平均地価，4階以上の建築物数のいずれかである。項目名とカ〜クとの正しい組合せを，後の①〜⑥のうちから一つ選べ。

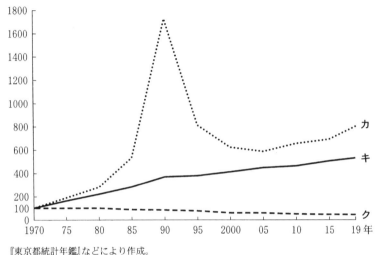

『東京都統計年鑑』などにより作成。

図　2

	①	②	③	④	⑤	⑥
工業地区の面積	カ	カ	キ	キ	ク	ク
住宅地の平均地価	キ	ク	カ	ク	カ	キ
4階以上の建築物数	ク	キ	ク	カ	キ	カ

問3 カヲルさんは，1980年代に転職にともなって鹿児島県へ戻った。次の図3 は，カヲルさんが現在住んでいるある地方都市の様子を示したものである。また，後の会話文サ〜スは，図3中の地点D〜Fのいずれかの地点における，周辺の景観について話し合ったものである。D〜Fとサ〜スとの組合せとして最も適当なものを，後の①〜⑥のうちから一つ選べ。

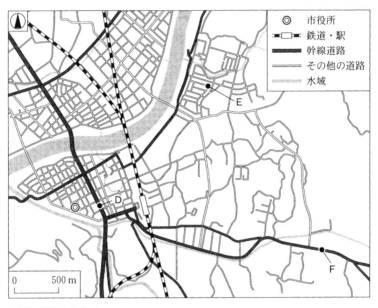

地理院地図により作成。

図　3

【会話】

| サ | カヲル | 「1980年代以前から幹線道路が整備されていたけれど，2000年代前半までは，周辺には水田や畑が広がっていたんだ」 |
| | ミノル | 「現在は，道路沿いに全国チェーンの店舗がみられるよ。店舗には広い駐車場があるね」 |

| シ | カヲル | 「1980年代以前は，水田や畑が広がっていたけれど，近年は市内でも人口が大きく増えている地域の一つなんだ」 |
| | ミノル | 「現在は，開発が進んで住宅が増えているね」 |

| ス | カヲル | 「1980年代中頃までは，百貨店やスーパーマーケットがあって，大変にぎわっていたんだ」 |
| | ミノル | 「現在は，自動車は走っているけれど人通りは少ないね。シャッターが閉まったままの店舗もあるよ」 |

	①	②	③	④	⑤	⑥
D	サ	サ	シ	シ	ス	ス
E	シ	ス	サ	ス	サ	シ
F	ス	シ	ス	サ	シ	サ

問4　ミノルさんは，カヲルさんから過疎化の進行によって全国で様々な問題が起きていることを聞いた。次の図4は，過疎市町村*の面積が都道府県面積に占める割合，老年人口の増加率，老年人口に占める食料品へのアクセスが困難な人口**の割合を示したものである。図4を見てミノルさんたちが話し合った会話文中の下線部①〜④のうちから，**誤りを含むもの**を一つ選べ。

　　＊総務省が定める要件を満たす市町村。
　　＊＊自宅から店舗まで500 m以上，かつ自動車利用が困難な老年人口。

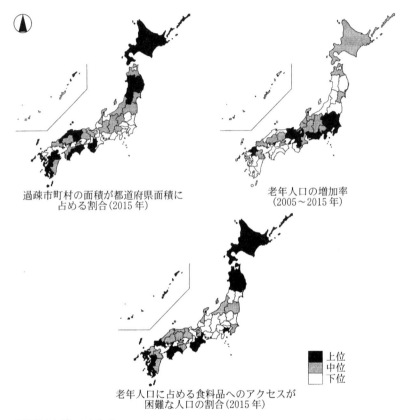

過疎市町村の面積が都道府県面積に
占める割合(2015 年)

老年人口の増加率
（2005〜2015 年）

老年人口に占める食料品へのアクセスが
困難な人口の割合(2015 年)

上位
中位
下位

国勢調査などにより作成。

図　4

ミノル 「過疎市町村は，人口減少率や高齢化の進展度合いなどで決まると学校で習ったよ。全体的な傾向として，①過疎市町村の面積が都道府県面積に占める割合は，三大都市圏よりも三大都市圏以外の地域で高い傾向にあるね」

カヲル 「最近の老年人口の増加率は，三大都市圏の方が高い傾向にあるね」

ミノル 「②三大都市圏における老年人口の増加傾向は，三大都市圏以外からの高齢者の流入が主な原因であると考えられるよ」

カヲル 「老年人口に占める食料品へのアクセスが困難な人口の割合が高い都道府県は，三大都市圏以外に多いよ」

ミノル 「農山村地域では，③移動が困難な高齢者のために，食料品を積んで集落を回る移動販売車があると聞いたよ」

カヲル 「老年人口に占める食料品へのアクセスが困難な人口の割合が高い都道府県は，神奈川県などの三大都市圏にもみられるね」

ミノル 「これは，④駅から離れた丘陵地に1970年代前後に開発された住宅地に住む高齢者が多いことも理由の一つだと思うよ」

カヲル 「過疎化・高齢化に伴う問題の解決は，日本全体の課題といえるね。高齢化は，日本の人口構造の変化とも関係しているよ。調べてみたらどうかな」

問5 東京に戻ったミノルさんは，少子高齢化に伴う労働力不足を考える指標とし
て，従属人口指数*があることを先生から聞き，次の図5を作成した。図5
は，いくつかの国における，将来予測を含む従属人口指数の推移を示したもの
であり，①〜④は，日本，エチオピア，中国**，フランスのいずれかである。
日本に該当するものを，図5中の①〜④のうちから一つ選べ。

　*（年少人口＋老年人口）÷生産年齢人口×100で算出。従属人口指数が60の場合，100人の
　　生産年齢人口で60人の年少人口と老年人口を支えることを意味する。
　**台湾，ホンコン，マカオを含まない。

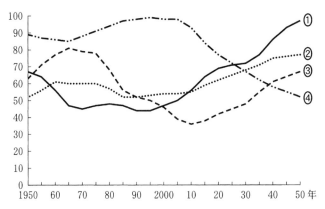

2020年以降は予測値。
World Population Prospects により作成。

図　5

問6　ミノルさんは，労働力の不足を補うために外国から労働者を受け入れている
国があることを学んだ。次の表1は，イギリスにおける1990年，2005年，
2019年の外国生まれの人口について上位5か国を示したものである。表1中
のマ～ムは，アイルランド，インド，ポーランドのいずれかである。国名とマ
～ムとの正しい組合せを，後の①～⑥のうちから一つ選べ。

表　1

(単位：万人)

順位	1990年		2005年		2019年	
1位	マ	61.2	ミ	54.9	ミ	91.8
2位	ミ	40.0	マ	46.3	ム	91.4
3位	パキスタン	22.8	パキスタン	38.0	パキスタン	60.5
4位	ドイツ	21.3	ム	32.9	マ	44.3
5位	アメリカ合衆国	14.2	ドイツ	26.1	ドイツ	34.8
総計	365.0		592.6		955.2	

総計には6位以下も含む。
International Migrant Stock 2019 により作成。

	①	②	③	④	⑤	⑥
アイルランド	マ	マ	ミ	ミ	ム	ム
インド	ミ	ム	マ	ム	マ	ミ
ポーランド	ム	ミ	ム	マ	ミ	マ

5 集落

集落に関して，下記の問1〜問3に答えなさい。

問1 村落関連の地形図（国土地理院発行，いずれも2万5000分の1，縮小して複写）を読図して，(1)〜(5)に答えなさい。

図 1

図 2

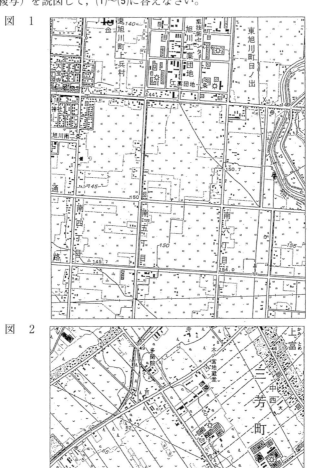

図　3

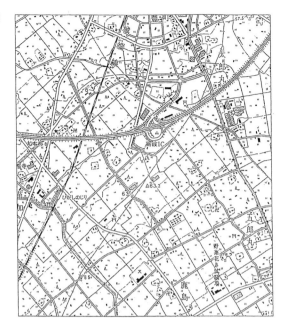

図　4

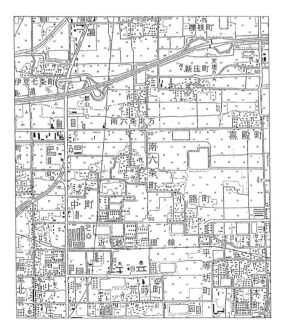

図 5

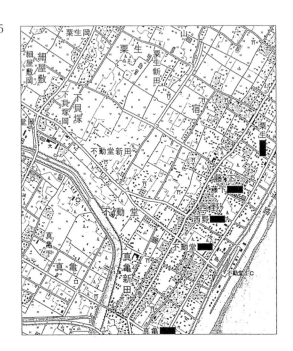

(1) 図1の村落は，かつてアメリカ合衆国やカナダで実施された公有地分割制
度をモデルにしたものである。この制度として最も適切なものを，次の①～
④から一つ選びなさい。

① ザミンダール制 　　　② 分益小作農制

③ タウンシップ制 　　　④ 条坊制

(2) 図2中にみられる集落の起源・形態・景観として適切でないものを，次の
①～④から一つ選びなさい。

① 江戸時代中期，台地上の開拓によって成立した新田集落である。

② 道路に沿って家屋が列状に並ぶ林地村形態を示す。

③ 短冊状に区切られた計画的な地割がなされている。

④ 道路から順に屋敷林に囲まれた宅地，畑，平地林となっている。

(3)　図3中にみられる村落形態の利点や難点の説明として適切でないものを，次の①～④から一つ選びなさい。

①　灌漑用水路が未発達で，水利の便が悪い。

②　農家の周囲に耕地が配置されており，開墾や耕作に便利である。

③　火災発生時の延焼をまぬかれる。

④　上下水道や電話を引く際には経費がかかる。

(4)　図4中にみられる溜池（人工的に造られた四角の池）の主な利水用途として最も適切なものを，次の①～④から一つ選びなさい。

①　製品洗浄処理用　　　②　水田灌漑用　　　③　金魚養殖用

④　住民飲料用

(5)　図5中の「■■■」にあてはまる集落の名称として最も適切なものを，次の①～④から一つ選びなさい。

①　丘上　　　　　②　納屋　　　　　③　日向　　　　　④　輪中

問2　都市の内部構造，都市化地域と首都機能移転について，(6)～(8)に答えなさい。

(6)　右の図は，バージェスの同心円構造モデルを示したものである。図中4にあてはまる地帯（地区）として最も適切なものを，次の①～④から一つ選びなさい。

①　漸移帯（卸売・軽工場地区）

②　中心業務地区（CBD）

③　優良住宅地区

④　労働者住宅地区

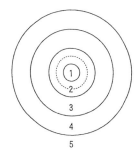

(7)　都市が発展する過程で，連続した都市化地域がさらに拡大発展して，国家的規模で帯状に連続した都市群の名称として最も適切なものを，次の①～④から一つ選びなさい。

①　メトロポリス　　　　　　②　メガロポリス

③　エキュメノポリス　　　　④　コナーベーション

(8) 次の表は，海外の主な首都機能移転について示したものである。表中の「移転先都市 ⇦ 移転元都市」の組み合わせとして適切でないものを，下の①〜④から一つ選びなさい。

移転年	国	移転先都市		移転元都市
1927	A	キャンベラ	⇦	メルボルン
1960	B	ブラジリア	⇦	サンパウロ
1992	C	アブジャ	⇦	ラゴス
1997	D	アスタナ	⇦	アルマティ

① A   ② B   ③ C   ④ D

問3 都市問題について，(9)〜(12)に答えなさい。

(9) 次のグラフは先進国の都市人口集積比率を示したものであり，A〜Dはそれぞれロンドン（都市圏），ニューヨーク（都市圏），ベルリン，東京（都市圏）のいずれかである。東京（都市圏）にあてはまる最も適切なものを，下の①〜④から一つ選びなさい。

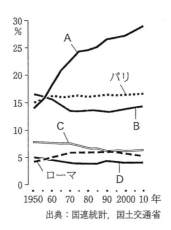

出典：国連統計，国土交通省

① A   ② B   ③ C   ④ D

⑽　産業革命後のロンドンは，都市居住人口の急激な増大で劣悪な居住環境が
　　目を覆うばかりだった。これを憂えたイギリスの社会運動家ハワードは，20
　　世紀はじめにロンドンから約50km離れたところに低層のテラスハウス群
　　からなる緑豊かな田園都市を建設した。この最初の田園都市として最も適切
　　なものを，次の①～④から一つ選びなさい。

　　①　クローリー　　　　　　　　　②　ウェリンガーデンシティ
　　③　レッチワース　　　　　　　　④　ブリストル

⑾　大都市内部における都心部の旧市街地が衰退するインナーシティ問題にと
　　もなう社会不安として適切でないものを，次の①～④から一つ選びなさい。

　　①　昼間人口の減少による移民・高齢者の残留，および低所得者の流出。
　　②　老朽化した建物のスラム化や事業所の減少による失業者の増加。
　　③　地域コミュニティの崩壊や，治安対策の不十分による犯罪の増加。
　　④　税収減と社会保障などの支出増による都市財政の悪化。

⑿　ウォーターフロント開発の事例地域として適切でないものを，次の①～④
　　から一つ選びなさい。

　　①　幕張新都心　　　　　　　　　②　マレ地区
　　③　ダーリングハーバー地区　　　④　ドックランズ

6 都市

次の文を読み，以下の問に答えよ。

都市の成立は古代にまでさかのぼることができる。古代の都市は神殿や王宮などを中心に発達した政治機能が中心となった都市であった。中世になると交易が盛んになり水陸交通の要所に商業機能を中心とした都市が発達していった。現代の私たちが住む都市にも特別な機能が発達した都市があり，都市の機能を知ることでその都市の歴史や文化を知ることにもつながる。

現代の都市には政治や文化，社会や経済活動に必要な様々なものが集まっている。

政治経済や社会生活に影響を与える中枢管理機能も都市には集中している。商業やサービス業などの第三次産業は多くの雇用も創出し，また都市部では教育や医療，博物館や美術館などの文化施設も充実している。

このような都市が提供するサービスに引き寄せられて，多くの人々が都市に移り住み都市化が進んできた。しかし人口増加により交通渋滞や環境汚染，物価，地価の上昇など快適な生活を送るのに難しい状況も生まれている。また人口や建物が密集することにより，周辺地域とは異なった人工的な気候が生み出されることが増えてきている。

途上国においては急激な経済成長のため，多くの人々が農村から仕事を求めて都市へと移り住み，プライメートシティとなりやすい。しかし，急速な変化に対応しきれず，　ア　する地域も少なくない。

先進国においても都心から郊外へ，自然や住みやすい環境を求めて人々が移り住むことに伴い，無秩序に都市周辺の開発が行われ　イ　もみられるようになった。また人口や産業の郊外への転出により都心部の住宅環境が悪化し　ウ　を抱える都市もある。日本でも職住分離などから周辺の人口が増加する　エ　がみられる。

このような都市の問題への対策として都心部の再開発，例えばウォーターフロント開発が行われる例が多い。老朽化した建物を建て直し，新しいショッピングセンターや住宅地をつくることで再び都心近くに高額所得者の住民が戻る都市も多く，このような現象を　オ　という。

住みやすい快適な都市，人々が長期にわたって住みたくなる魅力的な街づくりをめざして様々な対策が取られている。

問1　文中の　ア　～　オ　にあてはまる語句を次の①～⑧の中からそれぞれ1つずつ選べ。

① インフラ　　　　② スプロール現象　　　③ スラム化

④ ドーナツ化現象　⑤ ニュータウン　　　　⑥ インナーシティ問題

⑦ ジェントリフィケーション　　　　　　　⑧ 田園都市構想

問2　文中の下線部@に関して，その例として誤っているものはどれか，次の①～⑤の中から1つ選べ。

① 平城京　　　　　② バビロン　　　　　　③ ヴェネツィア

④ 長安　　　　　　⑤ アテネ

問3　文中の下線部ⓑに関して，政治都市，宗教都市，学術都市，観光保養都市として最もふさわしい組み合わせはどれか，次の①～⑤の中から1つ選べ。

	政治都市	宗教都市	学術都市	観光保養都市
①	ミラノ	エルサレム	オックスフォード	ラスベガス
②	フランクフルト	ソルトレークシティ	つくば	カンヌ
③	キャンベラ	ヴァラナシ	ハイデルベルク	ニース
④	デリー	ケルン	ケンブリッジ	ブラジリア
⑤	ニューヨーク	メッカ	ハンブルク	軽井沢

問4　下線部ⓒに関して，城下町についての記述の中で，誤っているものはどれか，次の①～⑤の中から1つ選べ。

① 領主の居城を中心に建設された町である。

② 景観保護のため町の周囲に濠や土塁をめぐらせている。

③ 身分や職業別による町割りや地名が多い。

④ 現在の日本の多くの県庁所在地の起源となっている。

⑤ 主に戦国時代末期から江戸時代にかけて建設された。

問5　下線部ⓓに関して，行政機関や大企業の本社，金融業などが集中する地区を CBD と呼ぶが，その日本語表記として適切なものを次の①～⑤の中から1つ選べ。

①　中心業務地区　　②　産業中心地区　　③　中央産業地区
④　産業拡大地区　　⑤　核心業務地区

問6　下線部ⓔに関して，ドイツは日本やイギリスなどのように中枢管理機能が首都に集中している一極集中型ではない。連邦制であるドイツの特徴として誤っているものを次の①～④の中から1つ選べ。

①　主な中央省庁がベルリンとボンに分かれている。

②　国会，中央銀行，最高裁判所が別々の都市にある。

③　100万人を超える都市はベルリン，ハンブルク，ミュンヘン，ケルンのみである（2019年）。

④　主要産業である自動車産業の本社はベルリン，フランクフルト，ミュンヘンに点在している。

問7　下線部ⓕに関して，都市部の交通渋滞，環境問題への対策として誤っているものを次の①～⑤の中から1つ選べ。

①　都市中心部における総合的な交通対策としてパークアンドライドを導入。

②　車からの排気ガスを低減させるため路面電車を活用。

③　リユースやリサイクルのしくみを作り，大量に排出される廃棄物の削減を目指す。

④　電気自動車に様々な特権を与えるロードプライシング制度を導入。

⑤　都市の温度上昇を防ぐため，風の道の建設を都市計画に組み込む。

問8　下線部⑧に関して，次の文は都市気候および都市問題についての説明文である。　A　～　E　の中に当てはまる語句として最も適切なものを下の①～⑩の中からそれぞれ1つずつ選べ。

　　都市化が進んだ地域には，周囲とは異なる気候の特徴が見られる。都市部は緑が少なくコンクリートやアスファルトで舗装されているため熱を溜め込む傾向があり，大気中の水蒸気が不足し　A　が生じる。自動車などからの排ガスが紫外線と化学反応を起こし目やのどの痛みを引き起こす　B　も深刻な問題である。オフィスや自動車などから人工的な熱が放射され気温が上昇することで，郊外に比べ都心部で島状に気温が高くなる　C　もみられる。上昇した温度は夜になっても下がりにくく，そのため大気が不安定になり局地的に　D　が発生すると言われている。短時間に大量の雨が降ると，都市では水が一気に下水に入って氾濫し　E　も発生する。

① ダイオキシン　　　　　　　　② ヒートアイランド現象
③ クールアイランド現象　　　　④ 温室効果ガス
⑤ 乾燥化　　　　⑥ 砂漠化　　　　⑦ 光化学スモッグ
⑧ ゲリラ豪雨　　⑨ PM2.5　　　　⑩ 都市型洪水

問9　下線部⑥に関して，プライメートシティ（首位都市）の説明で，適切なものを次の①～⑤の中から1つ選べ。
① 大都市の中でも特に大きな都市圏を形成しているが，政治機能は置いていない都市。
② 規模は大きくないが，首都機能を有している都市。
③ 政治や経済などの機能が集中し，人口規模で2位以下の都市を大きく上回る都市。
④ 計画的に首都を移転させる，あるいは設置した都市。
⑤ 外国企業を積極的に誘致し，税収が2位以下の都市を大きく上回る都市。

問10 下線部⑥に関して，ウォーターフロント開発が行われた都市とその地区の例として誤っているものを次の①～⑤の中から1つ選べ。

	都市名	地区
①	ロンドン	ドックランズ
②	横浜	MM21
③	ハンブルク	ハーフェンシティ
④	パリ	ラ・デファンス
⑤	サンフランシスコ	フィッシャーマンズワーフ

問11 下線部⑦に関して，このための都市政策の一つとしてコンパクトシティの考え方がある。次の文はこのコンパクトシティについての説明文である。コンパクトシティの説明として誤っている箇所を文中の①～⑥の中から1つ選べ。

　都市化に伴って，都心部そして郊外にも様々な弊害が生じた。そのような問題を解決するために ①必要なインフラを整備して都市の中心部を活性化し，また ②都市の郊外への拡大を抑制するコンパクトなまちづくりが注目されている。

　活性化に関しては ③大型ファミリーレストランやショッピングモールを幹線道路沿いに積極的に誘致する政策がとられることが多い。

　以前は郊外化にともなって職住分離の傾向が強まった。遠距離の移動には自動車が不可欠となり移動手段が限られるという問題が生じる。そのため ④コンパクトシティではバスや路面電車など誰もが安心して利用できる交通手段，公共交通が注目されている。

　コンパクトシティは ⑤職住近接や，生活に必要な諸機能の集積化によって利便性を高めて生活の向上を目指す。⑥また移動距離を短くすることで環境への負荷を減らすことも期待されている。

　地域の再生や，住みやすいまちづくり，人にも環境にも優しい持続可能な都市を目指して，新たな試みが模索されている。

⑦　衣食住

[松山大]

衣食住に関する次の文章を読み，設問に答えよ。

　衣服(a)は，人間の生活に密接にかかわっていて，気候の影響を強く反映するものである。たとえば，インドやパキスタン，スリランカなど南アジアの女性の多くは，暑さや湿気をしのぐため　ア　を着用する。現代では，　イ　などの開発によって，安価で機能性の高い衣服が大量に生産され，流通している。一方で，世界各地に地域固有の衣服や民族衣装(b)が，祭りや伝統行事を通じて，今も受け継がれている。

　世界の食文化は，主食によって，米・小麦・いも・雑穀・肉・乳などに大別される(c)。そして，食べ方には地域ごとの特色があり，食事の作法も文化によって異なる。たとえば，イスラム教では食べてよい素材と調理法であることが認められた食品を　ウ　といって，そうでない食品と区別する。一方で，今日では文化の違いを超えて，人びとはかつては口にしなかったものを食べるようになっている。　エ　の流行は，いまや世界の多くの都市生活にみられる現象であり，文化の多様性を楽しむことの1つとして受け入れられている。

　世界各地の住居には，その材料の特色とともに，その土地の気候や生活様式に合わせた様々な形態がみられる(d)。木材や石などの建築材料が得にくい極北の地域で氷雪をドーム型に積み上げてつくる　オ　は，自然環境に適合した住居の一例である。乾燥地で樹木の少ない地域では，土や日干しレンガが用いられる。また，羊毛を圧縮したフェルトと皮革からつくる円形のテントの家は，モンゴルで　カ　と呼ばれている。

設問

1）　空所　ア　，　イ　に入れる語句の組合せとして正しいものを，選択肢から1つ選べ。

①　ア：トーブ　　イ：天然繊維　　　②　ア：トーブ　　イ：化学繊維

③　ア：サリー　　イ：天然繊維　　　④　ア：サリー　　イ：化学繊維

2） 空所 ウ ， エ に入れる語句の組合せとして正しいものを，選択肢から1つ選べ。

① ウ：ハラール　　エ：エスニック料理

② ウ：チャドル　　エ：ファストフード

③ ウ：チャドル　　エ：エスニック料理

④ ウ：ハラール　　エ：ファストフード

3） 空所 オ ， カ に入れる語句の組合せとして正しいものを，選択肢から1つ選べ。

① オ：ヤオトン　　カ：ゲル　　　② オ：ヤオトン　　カ：パオ

③ オ：イグルー　　カ：ゲル　　　④ オ：イグルー　　カ：パオ

4） 下線部分(a)に関連して，衣服と素材の関係についての説明として最も適当なものを，選択肢から1つ選べ。

① 熱帯から温帯にかけての地域では，羊毛などを素材とした毛織物が使われてきた。

② 寒冷地では，保温性と断熱性にすぐれた動物の毛皮を利用した衣服がみられる。

③ 高地や乾燥地では，通気性や吸湿性にすぐれた養蚕による絹を使った衣服がみられる。

④ 現代でも衣服の素材は，自然環境の影響を最も強く受けるため，社会・経済的環境の変化や技術の発達などには影響されない。

5） 下線部分(b)に関連して，地域と伝統的な衣服の組合せとして正しいものを，右の選択肢から1つ選べ。

	地域	伝統的な衣服
①	ケニア	アオザイ
②	韓国	ハンボク
③	ベトナム	デール
④	モンゴル	カンガ

6）　下線部分(c)に関連して，主食と地域性に関する説明として不適当なものを，
下の選択肢から1つ選べ。

① 　米は，日本や中国南部，東南アジアの主食であり，中国のビーフンやベト
ナムのフォーのように，米の粉を麺にした料理がある。

② 　肉や乳は，農耕活動が難しく，伝統的に動物性食品を主食としてきたモン
ゴルや中央アジアの遊牧地域のほか，アメリカ，オーストラリアにも広がっ
ている。

③ 　いも類を主食とする地域は，東南アジアやオセアニアの島じま，南アメリ
カやアフリカに分布する。アンデス地方が原産のじゃがいもは16世紀にヨー
ロッパにもち込まれ，現在ではドイツ人などの主食になっている。

④ 　小麦は，小麦栽培の発祥地である西アジアを中心にヨーロッパ，南アジア，
中国，北アメリカ，オーストラリアにも広がっていて，粉にひいて粥や団子
にしたり，ナンやチャパティ，トルティーヤとして焼いて食べる。

7）　下線部分(d)に関連して，住居と自然環境に関する説明として不適当なものを，
選択肢から1つ選べ。

① 　高温で湿潤な地域では，通気性をよくするために，出入口や窓を広くした
高床式住居が多い。

② 　高温乾燥地域では，日射や外気を遮断するために，壁を石やれんがで厚く
して，開口部を小さくしている。

③ 　降水量の多い地域では，雨水が流れ落ちやすいように屋根を急傾斜にした
り，保湿効果を高めるために壁を厚くしたりする。

④ 　日本の伝統的な住居には，風通しや遮光のために庇を深くしたり簾をかけ
たりするなど，自然環境に対応した工夫がみられる。

8 国家群・貿易

設問に答えよ。

(1) BRICs に関する説明として正しいものはどれか，a〜d から1つ選んで記号をマークせよ。

 a．BRICs という名称は，1970 年代に工業化が進展した4か国の国名の頭文字からつくられている。

 b．BRICs に含まれる国々の人口をあわせると，世界の総人口の5割を超える。

 c．BRICs に含まれる国々では消費地立地型の工業地域が多かったが，現在では原料立地型に変化しつつある。

 d．BRICs には，経済の自由化を進め，外国企業の進出に積極的である国が複数含まれる。

(2) ASEAN に関する説明として誤りを含むものはどれか，a〜d から1つ選んで記号をマークせよ。

 a．ASEAN 加盟国の人口を合計すると，日本の人口の約2倍になる。

 b．ASEAN の設立には，アメリカ合衆国のベトナム政策が影響している。

 c．ASEAN 加盟国は，輸出志向型の工業化を進めてきた。

 d．ASEAN には，現在でも社会主義体制をとる国が複数含まれている。

(3) NAFTA に関する説明として誤りを含むものはどれか，a〜d から1つ選んで記号をマークせよ。

 a．NAFTA の加盟国数は，ASEAN の加盟国数よりも少ない。

 b．NAFTA の設立後，加盟国の1つではマキラドーラという保税輸出加工区が増加した。

 c．NAFTA では，域内における金融や保険，サービス市場の開放なども進められている。

 d．NAFTA の加盟国は，いずれも APEC に加盟している。

⑷　EU に関する説明として正しいものはどれか，a～d から1つ選んで記号を
　マークせよ。

　　a．EU の前身の1つには，石炭や鉄鋼の共同生産・販売をめぐる国際機関が
　　　あった。

　　b．EU には，現在でも社会主義体制をとる国が複数含まれている。

　　c．ヨーロッパにおいて EU に加盟していない国々は，いずれも GDP が低い。

　　d．EU の加盟国は，いずれも国際連合と NATO に加盟している。

⑸　次の表は ASEAN 加盟国，EU 加盟国，MERCOSUR 加盟国，USMCA 加盟国
　それぞれの輸入・輸出額の総計値を示している（2021年）。表中の a～d は
　ASEAN，EU，MERCOSUR，USMCA のいずれかに対応する。USMCA はどれ
　か，a～d から1つ選んで記号をマークせよ。

	a	b	c	d
輸出	66,471	27,567	17,241	3,934
輸入	65,083	39,618	16,212	3,390

単位：億ドル。『世界国勢図会』2023/24年版による。

⑹　次の表は ASEAN 加盟国，BRICs の構成国，EU 加盟国，USMCA 加盟国のう
　ち，それぞれの輸出額上位2か国と，その2か国それぞれの輸出品上位2品目を
　示している（2021年）。表中の a～d は ASEAN，BRICs，EU，USMCA のいず
　れかに対応する。BRICs はどれか，a～d から1つ選んで記号をマークせよ。

	a		b		c		d	
	1位国	2位国	1位国	2位国	1位国	2位国	1位国	2位国
1位品目	機械類	機械類	機械類	機械類	機械類	原油	機械類	機械類
2位品目	自動車	自動車	自動車	石油製品	衣類	石油製品	石油製品	衣類

『世界国勢図会』2023/24年版による。

(7) 次の表は農産物の輸入額から輸出額を差し引いた輸入超過額について，輸入超過額が大きい4か国それぞれの数値を示したものである（2021年，単位：百万ドル）。表中のa～dはイギリス，中国，日本，韓国のいずれかに対応する。日本はどれか，a～dから1つ選んで記号をマークせよ。

	輸入額	輸出額	輸入超過額
a	204,704	61,443	143,261
b	62,736	7,129	55,607
c	62,123	27,199	34,923
d	34,157	7,937	26,220

単位：百万ドル。『日本国勢図会』2023/24年版による。

(8) 世界の貿易に関する説明として誤りを含むものはどれか，a～dから1つ選んで記号をマークせよ。

a．第2次世界大戦前には，主要工業国は経済ブロックを形成し，保護貿易主義をとった。

b．第2次世界大戦後に設立されたIMFやGATTは，自由貿易をおし進める役割を果たした。

c．WTOは主要先進国から構成され，先進国の利益を調整するために定期的に会合を開いている。

d．TPPとは，環太平洋地域の国々による経済の自由化を目ざす経済連携協定のことである。

(9) 日本の貿易に関する説明として正しいものはどれか，a～dから1つ選んで記号をマークせよ。

a．50年前のもっとも主要な輸出品は自動車であった。

b．近年では，機械類と石油が主要な輸入品となっている。

c．第2次オイルショック以降では貿易黒字の状態が続いている。

d．輸入品に緊急輸入制限をかけたことはない。

⑽　次の表は日本との貿易相手国・地域のうち，貿易額（輸出入額の合計値）上位
　　5か国・地域について，それぞれに対する輸出入額を示している（2021年）。表
　　中のa～eはアメリカ合衆国，オーストラリア，韓国，台湾，中国のいずれかに
　　対応する。オーストラリアはどれか，a～eから1つ選んで記号をマークせよ。

	a	b	c	d	e
輸出	179,844	148,315	59,881	57,696	16,745
輸入	203,818	89,156	36,782	35,213	57,533

単位：億円。『日本国勢図会』2023/24年版による。

9　世界の民族・宗教・言語 ［明治大］

次の文章を読み，設問に答えなさい。

　世界の国々において，民族，宗教，言語は歴史的経緯を経て，しばしば多様性を
見せている。
　世界宗教であるキリスト教とイスラームは，例えばアフリカにおいて，複雑な様
相を見せている。イスラームはアフリカにおいては，西アジアとつながる北アフリ
カが典型的に信仰されている地域であるが，それより緯度が南でもイスラームが浸
透を見せている地域がある。アフリカ東岸では，赤道以南でもイスラームの浸透が
見られる。
　多民族，多部族からなる国家では，民族間の対立を避けるため，複数の言語を公
用語としている国が存在する。また，多民族，多部族からなる国家のうち植民地か
ら独立した国では，共通して通じる言語が他にない，あるいは，民族，部族間の対
立を避けるという理由で，旧植民地時代の宗主国の言語を公用語としている国も多
い。世界には，ヨーロッパ系言語以外でも，国境を越えた複数の国家で，共通語，
通商語として用いられる言語が存在する。その一つの例は，アラブ商人やインド商
人が活躍したインド洋交易の歴史の中で形成され，現在もアフリカ東岸の複数の国
で通用するスワヒリ語である。
　帝国主義の時代には，プランテーション，鉱山，鉄道建設などの労働者として，
華僑，印僑といった国境を越えた労働力移動が見られた。そして，1990年以降に
おいては，フィリピン，南アジアなどを送り出し国として，産油国などが，建設労
働者や看護師，サービス業労働者の不足を補うために，多くの外国人労働者を受け
入れた。こうして，現代では，国境を越えた出稼ぎ労働力の移動によって，特定の
国で，少数民族集団が生ずることがある。

問1 クルド人は国家を持たない最大の民族とされるが，21世紀に入ってからの戦争の後，独裁国家から民主国家へと変わり，クルド人自治区においてクルド語を公用語として認めた国家がある。その国の名前として，最も適当なものをA〜Fの中からひとつ選び，その記号をマークしなさい。

A　アルメニア

B　イラク

C　イラン

D　シリア

E　トルクメニスタン

F　トルコ

問2 下の表2はアフリカ大陸の東側に位置するエチオピア，ケニアとタンザニア（宗教的特質が著しく異なる島嶼部のザンジバルを除いた本土のみとする）の宗教比率と公用語を表にしたものである。①〜③の国の組み合わせとして正しいものを，次のA〜Fの中からひとつ選び，その記号をマークしなさい。

表　2

	信仰されている主な宗教				公用語
①	イスラーム 35%	キリスト教 35%	伝統信仰 30%		スワヒリ語 英語
②	キリスト教 62.1%	イスラーム 33.9%	伝統信仰 2.7%		アムハラ語
③	キリスト教 83.0%	イスラーム 11.2%	伝統信仰 1.7%	ヒンドゥー教*	スワヒリ語 英語

出所：『データブック オブ・ザ・ワールド 2023』，二宮書店。
この表では，キリスト教の内訳のカトリック，プロテスタント，諸派は合算してある。
*は，正確なパーセンテージの数値が示せないが，わずかには存在するという意味である。

	①	②	③
A	エチオピア	ケニア	タンザニア
B	エチオピア	タンザニア	ケニア
C	ケニア	エチオピア	タンザニア
D	ケニア	タンザニア	エチオピア
E	タンザニア	エチオピア	ケニア
F	タンザニア	ケニア	エチオピア

問3　下の表3は，東南アジアと南アジアにおいて，仏教が国民の信仰において最大多数の宗教である国のうち代表的な3国（シンガポール，スリランカ，タイ）の宗教分布を表にしたものである。それぞれの国の地理的な民族・宗教・言語分布の背景や欧州列強による植民地支配の有無，独立の経緯，国の成り立ちなどを考慮して，①～③の宗教の組み合わせとして正しいものを，次のA～Fの中からひとつ選び，その記号をマークしなさい。

表　3

	信仰されている主な宗教				
スリランカ	仏教 70%	① 15%	③ 8%	② 7%	
タイ	仏教 83%	② 9%	伝統信仰 2.5%		
シンガポール	仏教 33.3%	③ 18.3%	② 14.7%	道教 10.9%	① 5.1%

出所：『データブック オブ・ザ・ワールド 2023』，二宮書店。

	①	②	③
A	イスラーム	キリスト教	ヒンドゥー教
B	イスラーム	ヒンドゥー教	キリスト教
C	キリスト教	イスラーム	ヒンドゥー教
D	キリスト教	ヒンドゥー教	イスラーム
E	ヒンドゥー教	イスラーム	キリスト教
F	ヒンドゥー教	キリスト教	イスラーム

問4　次の国家と公用語の組み合わせのうち，その国家の公用語にも国語にもなっていないものを，次のA～Fの中からひとつ選び，その記号をマークしなさい。それぞれの国の地理的な民族・宗教分布の背景や独立の経緯や民族政策を考慮すること。

A　イスラエルのヘブライ語　　　B　イランのアラビア語
C　ウクライナのウクライナ語　　D　カザフスタンのロシア語
E　ニュージーランドのマオリ語　F　パキスタンのウルドゥー語

問5　西アジアの国々の宗教分布のうち，キリスト教がある程度の比率を占める国が下の国のように，いくつか存在するが，そのうち，多くのキリスト教徒が存在するに至った成立要因が著しく異なる国が一国存在する。その国を次のA〜Dの中からひとつ選び，その記号をマークしなさい。

A　アラブ首長国連邦　　　　　　B　カタール

C　クウェート　　　　　　　　　D　レバノン

問6　インドの宗教に関する文のうち，正しくないものを次のA〜Fの中からひとつ選び，その記号をマークしなさい。

A　ヒンドゥー教は，古代インドの民族宗教であるバラモン教を元にインド各地の宗教を取り入れながら，長い時間をかけて形成された一神教の宗教である。

B　インドの宗教別人口において，第二位はイスラームである。インドのムスリムの人口は1億人を超えると推計されている。

C　仏教は，バラモン教とカースト制度を批判する宗教としてインドで生まれ，東南アジアや東アジアに伝播したが，インドでは衰退し，近年の調査では信徒の数は人口比において，ヒンドゥー教やイスラームと比べてわずかである。

D　シク教は，ヒンドゥー教を改革するために，イスラームの要素を取り入れた宗教である。信徒の男性は髪を切ったり，ヒゲをそってはならず，ターバンを頭に巻いて生活しているのが特徴の一つである。

E　インドには，仏教の創始者釈迦とほぼ同時代に活躍した人物が開祖であるジャイナ教も存在し，厳格な不殺生，苦行，禁欲などを教義とする。

F　インドでは，ヒンドゥー教に殺生を戒める教義があり，仏教やジャイナ教の影響もあって，ベジタリアン（菜食主義者）が比較的多い。

問7　インドの言語について説明した次の文を読み，下線部A〜Dのうち，正しくないものをひとつ選び，その記号をマークしなさい。

　　　インドにおいて，ヒンディー語が連邦公用語に指定されているが，使用が北部や中部に限定されており，英語が実質的な共通語となっている。インドの北部から中部はベンガル語のようなインド・ヨーロッパ系の言語が大勢を占め，インド南部は，パンジャーブ語のようなドラヴィダ系言語が大勢を占める。インドでは，「言語州」と呼ばれるように，独立後，主要な地域言語を元に州を再編成し，比較的合理的に州の境界線が引かれてきた。

問8　2020年末において，ポルトガル語を公用語の一つとしていない国を次のA〜Dの中からひとつ選び，その記号をマークしなさい。

A　アンゴラ　　　　　　　　　B　東ティモール

C　マダガスカル　　　　　　　D　モザンビーク

問9　2020年末において，フランス語を公用語の一つとしていない国を次のA〜Dの中からひとつ選び，その記号をマークしなさい。

A　アルジェリア

B　カナダ

C　スイス

D　ハイチ

問10　グローバリゼーションの進展やインターネットの普及によって，世界で英語の使用が増える一方，イギリスと旧イギリス植民地から独立した国の多くは，緩やかな連合体として，英連邦（The Commonwealth）というしくみを持っている。英連邦加盟国，あるいは，現在加盟国ではないが，旧植民地で現在も英語を公用語としている国のうち，独立の経緯や国教などの背景から，国家元首をイギリス国王とする国と，独自に国家元首を立てている国とが存在する。下に挙げる国のうち，2020年末，国家元首がイギリスのエリザベス二世女王であった国を次のA〜Dの中からひとつ選び，その記号をマークしなさい。

A　アイルランド　　　　　　　B　カナダ

C　シンガポール　　　　　　　D　マレーシア

⑩　民族問題・領土問題・紛争　　　　　　　　　　［関西学院大］

民族問題・領土問題・紛争に関する以下の設問に答え，最も適当な記号を1つ選んでマークしなさい。

(1)　ベルギーに関する説明として誤りを含むものはどれか。

a．北部はフラマン地域である。

b．東部にはドイツ語地域がある。

c．オランダ語地域の人口が過半数をしめる。

d．ブリュッセルはワロン地域に含まれる。

(2) 分離独立をめぐる問題や紛争に関する説明として誤りを含むものはどれか。

　　a．スペインではバスク地方やカタルーニャ地方で分離独立運動がみられる。

　　b．キプロス北部は「北キプロス・トルコ共和国」として独立を宣言した。

　　c．スコットランドの独立の是非を問う住民投票が実施された。

　　d．激しい紛争を経て東ティモールがパプアニューギニアから独立した。

(3)　右の表は旧ユーゴスラビア7か国における宗教の上位2つまでを示している。表中のa〜dは，クロアチア，コソボ，ボスニア・ヘルツェゴビナ，モンテネグロのいずれかに対応している。コソボはどれか。

国	宗教（％）
a	イスラム教 91.0，正教 5.5
b	イスラム教 40.0，正教 31.0
c	カトリック 87.8，正教 4.4
d	正教 74.2，イスラム教 17.7
北マケドニア	正教 64.8，イスラム教 33.3
スロベニア	カトリック 57.8，イスラム教 2.4
セルビア	正教 85.5，カトリック 5.5

『データブック オブ・ザ・ワールド』2023 年版による。

(4)　南極大陸に関する説明として誤りを含むものはどれか。

　　a．鉄鉱石や石炭など豊富な鉱産資源の埋蔵がある。

　　b．ロシアが領有権を主張している。

　　c．中国は南極大陸に観測基地を置いている。

　　d．南極条約では南極大陸の非軍事化が定められている。

(5)　南沙諸島に関する説明として誤りを含むものはどれか。

　　a．南シナ海に位置し，スプラトリー諸島とも呼ばれる。

　　b．中国・韓国・台湾・フィリピンの間で領有権が争われている。

　　c．周辺海域では海底油田やガス田が確認されている。

　　d．小さな島々から構成され，サンゴ礁がみられる。

(6)　多くの難民が発生しているミャンマーにおける少数集団の名前はどれか。

　　a．サーミ　　　　b．ブミプトラ　　c．ロヒンギャ　　d．ロマ

⑺　パレスチナ問題に関する説明として正しいものはどれか。

　　a．第3次中東戦争でパレスチナ側はガザ地区やヨルダン川西岸地区を奪還した。

　　b．パレスチナ人がイスラエル軍に抵抗する第1次インティファーダが起こった。

　　c．イギリスの仲介によりアラブ人によるパレスチナ暫定自治が合意された。

　　d．パレスチナ側はイスラエルの侵攻に対抗して自治区内に分離壁を建設している。

⑻　クルド人に関する説明として誤りを含むものはどれか。

　　a．居住地域はトルコ・イラン・イラク・シリアにまたがる。

　　b．湾岸戦争の際にイラク政府軍による攻撃で多くの難民が発生した。

　　c．トルコ政府はクルド人に対して同化政策をとっている。

　　d．クルド人自治政府は国際連合へのオブザーバー参加が認められている。

⑼　「アラブの春」に関する説明として誤りを含むものはどれか。

　　a．チュニジアの民主化運動は「ジャスミン革命」と呼ばれる。

　　b．サウジアラビアでは民主化運動を経て立憲君主制へと移行した。

　　c．エジプトでは民主化を要求する市民のデモが相次ぎ，長期政権が倒れた。

　　d．シリアでは政権による民主化運動の弾圧から内戦が起きた。

⑽　難民に関する説明として誤りを含むものはどれか。

　　a．迫害や紛争のほか，災害や環境破壊を原因とする難民もみられる。

　　b．国内避難民の数は他国に逃れた難民の数を上回る。

　　c．国連難民高等弁務官事務所やNGOが難民の保護や支援を行っている。

　　d．日本は中国に次いでアジア第2位の難民受入国である。

11 都市・村落と生活文化 [センター試験地理B/本試]

都市・村落と生活文化に関する次の問い（**問1～5**）に答えよ。

問1 次の写真1中のア～エは，世界の都市でみられる住宅景観を示したものである。写真1中のア～エを説明した文として下線部が**適当でないもの**を，下の①～④のうちから一つ選べ。

ア

イ

ウ

エ

写真　1

① アはモスクワであり，<u>建物が整然と配置された集合住宅地区が郊外に形成されている。</u>

② イはロサンゼルスであり，<u>庭や車庫を持つ低層の戸建て住宅地区が都心部に形成されている。</u>

③ ウはアモイ（中国）であり，<u>さまざまな大きさや高さの建物が高密度に混在している。</u>

④ エはニュルンベルク（ドイツ）であり，<u>教会などの歴史的建築物や高さのそろった中層の建物からなる旧市街が保存されている。</u>

問2　都市や村落の成り立ちについて述べた文として最も適当なものを，次の①〜④のうちから一つ選べ。

① 唐の長安を模して，放射・環状の街路網を特徴とする計画都市が，古代の日本にも建設された。

② 江戸時代の日本では，社会が安定したことで，主要な街道の中継点や分岐点に自治権をもつ自由都市が形成された。

③ 西部開拓時代のアメリカ合衆国では，タウンシップ制のもとで，直交する道路に沿って家屋が隣接する集村が形成された。

④ 近代には，産業革命の進展にともなって，マンチェスターやエッセンなどの工業都市が成長した。

問3　次の図1は，いくつかの国における人口の偏在の度合い＊と1人当たり総生産の国内地域間格差を示したものであり，①〜④は，オーストラリア，オランダ，南アフリカ共和国，メキシコのいずれかである。オーストラリアに該当するものを，図1中の①〜④のうちから一つ選べ。

＊総人口のうち，人口密度の高い上位10％の地域に住む人口の比率。

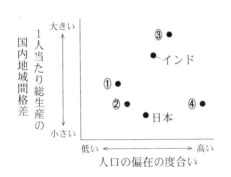

統計年次は，人口の偏在の度合いが2012年，1人当たり総生産の国内地域間格差が2010年。
OECD, *Regions at a Glance 2013* により作成。

図　1

問4 次の図2は，いくつかの時期における東京圏（島嶼部を除く東京都，神奈川県，埼玉県，千葉県）の市区町村別人口増加率を示したものであり，カ～クは，1985年～1990年，1995年～2000年，2005年～2010年のいずれかである。図2中のカ～クについて古いものから年代順に正しく配列したものを，下の①～⑥のうちから一つ選べ。

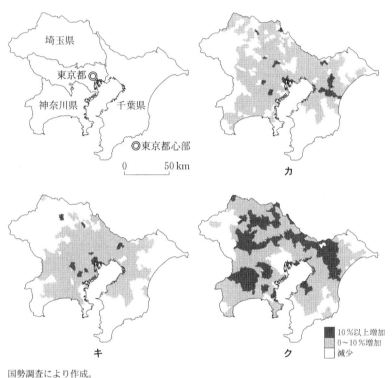

国勢調査により作成。

図　2

① カ→キ→ク　　② カ→ク→キ　　③ キ→カ→ク

④ キ→ク→カ　　⑤ ク→カ→キ　　⑥ ク→キ→カ

問5　次の図3は，老年人口率*，老年人口の増加率，老年人口1,000人当たりの養護老人ホーム**定員数を都道府県別に示したものである。図3に関することがらについて述べた下の文章中の下線部①〜④のうちから，**適当でないもの**を一つ選べ。

*総人口に占める65歳以上の人口の割合。
**自宅での介護が難しい高齢者が入所する介護施設。

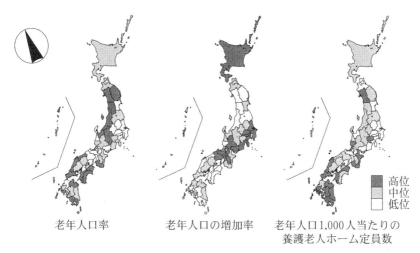

老年人口率　　　　　老年人口の増加率　　　老年人口1,000人当たりの
　　　　　　　　　　　　　　　　　　　　　養護老人ホーム定員数

　　　　　　　　　　　　　　　　　　　　　高位
　　　　　　　　　　　　　　　　　　　　　中位
　　　　　　　　　　　　　　　　　　　　　低位

統計年次は，老年人口率，老年人口1,000人当たりの養護老人ホーム定員数が2010年，
老年人口の増加率が2000〜2010年。
国勢調査などにより作成。

図　　3

　　日本では高齢化が進んでいるが，高齢化の進展には地域差がある。①老年人口率は，三大都市圏よりも非大都市圏で高い。また，非大都市圏に比べ，②老年人口の増加率が高い地域は三大都市圏に多く，③老年人口1,000人当たりの養護老人ホーム定員数も三大都市圏で多い傾向がある。三大都市圏では④高度経済成長期に流入した当時の若年層が高齢期に入り，さらなる老年人口の増加が見込まれる。

第 5 章

地 誌

(12 問)

1 中国地誌

次の図1を見て，中国に関する下の問い（**問1～6**）に答えよ。

図　1

問1　次のア～ウの文は，図1中のA～C付近のいずれかにみられる特徴的な地形について述べたものである。ア～ウとA～Cとの正しい組合せを，下の①～⑥のうちから一つ選べ。

ア　風で運ばれたレスが厚く堆積している高原がみられる。

イ　石灰岩が侵食されたタワーカルストがみられる。

ウ　氷河によって形成されたモレーンがみられる。

	①	②	③	④	⑤	⑥
ア	A	A	B	B	C	C
イ	B	C	A	C	A	B
ウ	C	B	C	A	B	A

問2　次の図2中の①〜④は，図1中のJ〜Mのいずれかの都市における月平均気温と月降水量をハイサーグラフで示したものである。Mに該当するものを，図2中の①〜④のうちから一つ選べ。

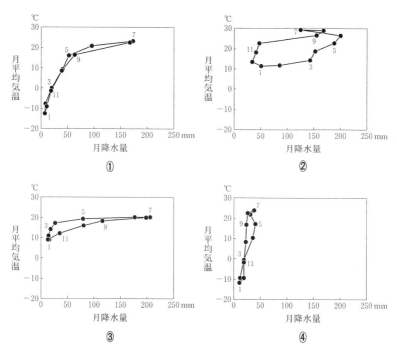

『理科年表』などにより作成。

図　2

問3 次の図3は，いくつかの農作物の作付面積について，中国*全体に占める省**ごとの割合を上位10省まで示したものであり，カ～クはイモ類，茶，野菜のいずれかである。カ～クと品目名との正しい組合せを，下の①～⑥のうちから一つ選べ。

*台湾，ホンコン，マカオを含まない。
**省に相当する市・自治区を含む。

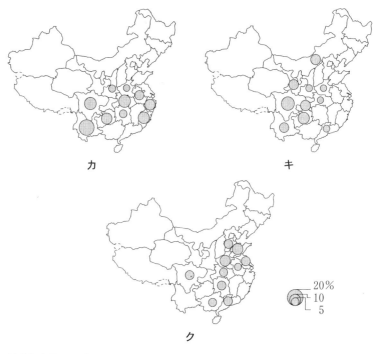

統計年次は2011年。
『中国統計年鑑』により作成。

図　3

	①	②	③	④	⑤	⑥
カ	イモ類	イモ類	茶	茶	野菜	野菜
キ	茶	野菜	イモ類	野菜	イモ類	茶
ク	野菜	茶	野菜	イモ類	茶	イモ類

問4　次の図4は，中国各地の観測地点における，冬季の大気中の硫黄酸化物濃度を示したものである。図4から読み取れることがらとその背景について述べた下の文章中の下線部①～④のうちから，**適当でないもの**を一つ選べ。

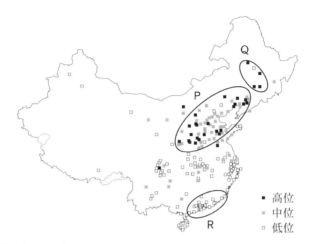

観測値は2015年2月のもの。
Harvard University Center for Geographic Analysis の資料により作成。

図　4

　中国では大気汚染が深刻化しており，原因物質の一つである硫黄酸化物の排出には，石炭の燃焼が大きく影響している。冬季の硫黄酸化物濃度をみると，①古くから重工業が盛んなP地域に値の高い地点が多く，②冬季に暖房の使用が多い寒冷なQ地域にも値の高い地点がみられる。また，経済特区の設備により経済発展が進む③温暖な気候のR地域では値が低い。硫黄酸化物濃度の高い地点から拡散する大気汚染物質は，④貿易風の風下に位置する朝鮮半島や日本列島の降水を酸性化させるなど，国境を越えた影響も引き起こしている。

問5　中国では，沿海部と内陸部の経済発展に違いがある。図1中のシャンハイ（上海）市とチンハイ（青海）省にかかわることがらについて述べた文として最も適当なものを，次の①～④のうちから一つ選べ。

① シャンハイ市では，都市出身者と農村出身者の戸籍の違いによる医療などの社会保障の格差は小さい。

② シャンハイ市の経済成長は著しいが，冷蔵庫やカラーテレビの普及率はいまだに低い。

③ チンハイ省では西部大開発が進み，中国最大の油田から沿海部に石油が供給されている。

④ チンハイ省のシーニン（西寧）とチベット自治区のラサを結ぶ鉄道が開通し，省内の経済活動が活発化しつつある。

問6　中国には，数多くの民族が居住している。少数民族が多く居住する地域にかかわることがらについて述べた文として**適当でないもの**を，次の①～④のうちから一つ選べ。

① 学校教育では，少数民族独自の言語の使用が認められていない。

② 漢族の人口が増加し，少数民族と漢族との摩擦や衝突が発生している。

③ 少数民族の風俗習慣には独自性があり，漢族と異なる信仰や食文化もみられる。

④ 地域独自の自然環境や文化が観光資源となり，観光客が増加している。

2　**東南アジア地誌**　　　　　　　　　　［センター試験地理A/追試］

次の図1を見て，東南アジアに関する下の問い（**問1〜7**）に答えよ。

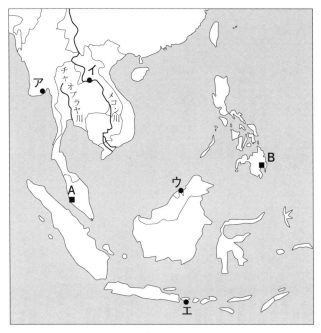

図　1

問1 次の図2中の①～④は，図1中のア～エのいずれかの地点における月平均気温と月降水量を示したものである。地点アに該当するものを，図2中の①～④のうちから一つ選べ。

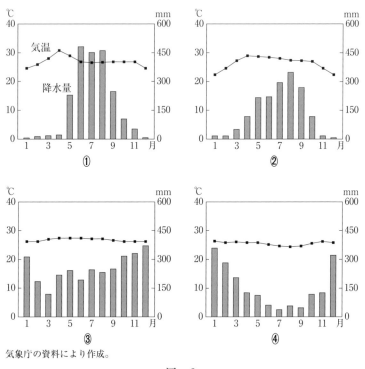

気象庁の資料により作成。

図　2

問2　次の写真1中のカとキは，図1中の地点Aの天然ゴム栽培と，地点Bのバナ
　　　ナ栽培のいずれかを撮影したものであり，下のPとQの文は，いずれかの作物
　　　とその栽培について説明したものである。地点Aに該当する写真と文との正し
　　　い組合せを，下の①〜④のうちから一つ選べ。

カ　　　　　　　　　　　キ

写真　1

P　東南アジアが原産地で古くから自給的に栽培されてきた作物であり，1960
　年代以降，多国籍企業のプランテーションでも栽培されている。

Q　南アメリカが原産地で植民地期に導入された作物であり，水はけの良い丘
　陵地で，主に輸出用に栽培されている。

写　真	①	②	③	④
写　真	カ	カ	キ	キ
文	P	Q	P	Q

問3　東南アジアの稲作と米食について述べた次の文章中の下線部①〜④のうちか
　　　ら，**適当でないもの**を一つ選べ。

　　東南アジアでは古くから稲作が行われ，米が食されてきた。1960年代から
1970年代にかけて，①「緑の革命」とよばれる農業の技術革新が起こり，稲の
生産性が向上した地域がある。チャオプラヤ川の三角州（デルタ）では，②灌
漑によって二期作が行われるところもある。タイでは，③日本の稲に似た，穀
粒の短い種類の稲の栽培が中心である。タイ北部やラオスでは，もち米を蒸し
た強飯（おこわ）が主食とされる。またベトナムでは，フォーのような④米か
らつくられる麺が食されている。

問4 次の図3は，いくつかの国の宗教別人口割合を示したものであり，①〜④は，インドネシア，タイ，フィリピン，マレーシアのいずれかである。タイに該当するものを，図3中の①〜④のうちから一つ選べ。

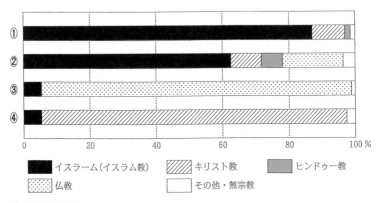

統計年次は2010年。
Pew Research Center の資料により作成。

図　3

問5 東南アジアに居住する中国系住民について述べた文として最も適当なものを，次の①〜④のうちから一つ選べ。

① 1949年の中華人民共和国建国以降に，東南アジアへの移住が始まった。

② 中国からの移民の子孫の中には，現地で生まれ，現地の国籍を取得した人々もいる。

③ 中国の沿岸部より，西部（内陸部）からの移民とその子孫が多い。

④ 都市部ではなく農村部に居住し，第1次産業に従事する人々が大半である。

問6　次の図4は，いくつかの国の人口1人当たり GDP（国内総生産）と，輸出額に占める工業製品の割合の変化を示したものであり，図4中のサ～スは，シンガポール，タイ，ベトナムのいずれかである。国名とサ～スとの正しい組合せを，下の①～⑥のうちから一つ選べ。

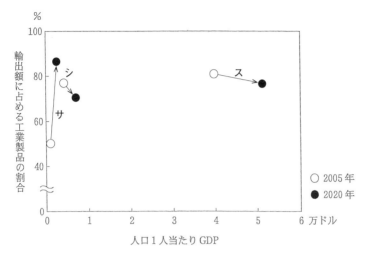

World Development Indicators により作成。

図　4

	①	②	③	④	⑤	⑥
シンガポール	サ	サ	シ	シ	ス	ス
タ　イ	シ	ス	サ	ス	サ	シ
ベトナム	ス	シ	ス	サ	シ	サ

問7　ASEAN（東南アジア諸国連合）について述べた文として**適当でないもの**を，次の①～④のうちから一つ選べ。

①　ASEAN 自由貿易地域が発足し，域内の経済関係を強化している。

②　域内の政治・経済的安定の確保や，社会・文化的発展の促進を目的としている。

③　外交官や閣僚だけではなく，一般の人々もパスポートを提示せずに加盟国間を出入国できる。

④　加盟国間の賃金水準に差が大きいため，国境を越えた労働者の移動がみられる。

③ 南アジア地誌

［関西学院大］

次の地図を見て以下の設問に答えよ。なお，図中のA〜Gは国，w〜zは都市を表している。

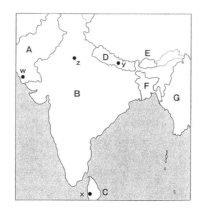

(1) 言語に関する説明のうち誤りを含むものはどれか，a〜dから1つ選んで記号をマークせよ。

a．A国では国語にパンジャービ語のほかフランス語が公用語である。

b．B国ではヒンディー語を使用する人口が最も多い。

c．C国では主としてシンハラ語とタミル語の2つが使われている。

d．F国ではベンガル語が公用語である。

(2) 宗教に関する説明のうち誤りを含むものはどれか，a〜dから1つ選んで記号をマークせよ。

a．C国では仏教徒が多数を占める。

b．D国ではヒンドゥー教徒が多数を占める。

c．E国ではチベット仏教徒が多数を占める。

d．F国ではキリスト教徒が多数を占める。

(3)　次の表は4都市の月別平均気温と月別降水量を示したものである。表中のa〜dは都市w〜zのいずれかに対応している。都市zはどれか，a〜dから1つ選んで記号をマークせよ。

		1月	2月	3月	4月	5月	6月	7月	8月	9月	10月	11月	12月	年
a	気温	13.9	17.6	22.9	29.1	32.7	33.3	31.5	30.4	29.6	26.2	20.5	15.6	25.3
	降水量	20.0	25.6	21.4	13.0	26.1	87.8	199.2	226.1	131.1	17.1	5.4	11.4	782.2
b	気温	19.4	22.1	26.1	29.3	31.2	31.8	30.6	29.4	29.5	29.2	25.2	21.0	27.1
	降水量	9.5	5.8	2.8	1.3	0.2	15.0	59.5	70.0	22.8	2.6	0.7	5.9	196.1
c	気温	10.8	13.6	17.2	20.5	22.6	24.2	24.3	24.4	23.4	20.3	15.9	11.9	19.1
	降水量	16.6	25.0	34.4	45.3	118.5	231.5	374.3	324.4	202.6	65.6	12.2	25.8	1476.2
d	気温	27.2	27.6	28.4	28.6	28.9	28.3	28.1	28.1	27.9	27.5	27.3	27.2	27.9
	降水量	86.7	81.4	111.6	229.4	303.4	198.4	120.4	119.5	263.7	347.4	322.2	187.1	2371.2

上段：平均気温(℃)，下段：降水量(mm)。『理科年表』2022年版による。

(4)　次の表は4か国の農林水産業人口が総就業人口に占める比率（2021年），国土面積に占める農地の割合（2020年），人口密度（2021年）を示したものである。表中のa〜dはB国，D国，E国，F国のいずれかに対応している。D国はどれか，a〜dから1つ選んで記号をマークせよ。

	農林水産業活動人口の総就業人口比(%)	国土面積に占める農地の割合(%)	人口密度(人/km²)
a	62.3	28.0	208
b	56.0	13.4	20
c	44.0	54.5	431
d	37.1	67.1	1153

『世界国勢図会』2023/24年版による。

(5) 次の表は4か国の農産物自給率（2017年）を示したものである。表中のa～dはB国，F国，G国，日本のいずれかに対応している。B国はどれか，a～dから1つ選んで記号をマークせよ。

	小麦	米	とうもろこし	いも類	大豆	肉類
a	101	112	108	102	118	114
b	22	98	78	99	46	100
c	18	106	108	79	94	100
d	13	87	0	85	7	62

単位：％。『世界国勢図会』2020/21年版による。

(6) 次の表は4か国の1人1日あたり食料供給量（2020年）を示したものである。表中のa～dはB国，C国，F国，日本のいずれかに対応している。C国はどれか，a～dから1つ選んで記号をマークせよ。

	穀物	いも類	野菜	肉類	牛乳・乳製品	水産物
a	751	153	127	13	46	73
b	644	57	190	33	45	79
c	513	80	248	13	183	22
d	359	65	258	152	128	129

単位：g。『世界国勢図会』2023/24年版による。

(7) B国の経済に関する説明のうち誤りを含むものはどれか，a～dから1つ選んで記号をマークせよ。

a．独立後，国家主導の計画経済のもとで経済発展を図ってきた。

b．BRICsの一員として経済的成長が世界の注目を集めている。

c．ジャーティによる強固な分業体制が発展の原動力となっている。

d．ソフトウエアを中心とするIT産業の成長がめざましい。

⑻　次の表は 4 か国の自動車生産台数の推移を示したものである。表中の a ～ d は B 国，韓国，中国，日本のいずれかに対応している。B 国はどれか，a ～ d から 1 つ選んで記号をマークせよ。

	1980 年	1990 年	2000 年	2021 年
a	11043	13487	10141	7836
b	217	470	2069	27021
c	113	364	801	5457
d	123	1322	3115	3757

単位：千台。『世界国勢図会』2023/24 年版などによる。

⑼　B 国の人口に関する説明のうち誤りを含むものはどれか，a ～ d から 1 つ選んで記号をマークせよ。

a．政府は人口増加に対して家族計画の普及に努めてきた。

b．21 世紀中ごろには世界第一の人口大国になると予測される。

c．人口ピラミッドは富士山型から変化の兆しがみとめられる。

d．都市人口比率は工業の発展にともなって 50％を超えた。

⑽　次の表は 4 か国の輸出品の上位 5 品目（2021 年）を示したものである。表中の a ～ d は A 国，B 国，C 国，韓国のいずれかに対応している。A 国はどれか，a ～ d から 1 つ選んで記号をマークせよ。

a	b	c	d
衣類	繊維品	石油製品	機械類
茶	衣類	機械類	自動車
ゴム製品	米	ダイヤモンド	石油製品
機械類	野菜・果実	鉄鋼	プラスチック
野菜・果実	銅	繊維品	鉄鋼

『世界国勢図会』2023/24 年版による。

4 中央アジア地誌

[明治大]

中央アジアの国々について述べた以下の(1)～(5)の説明文を読み，問いに答えよ。

(1) この国は，_アオアシス農業が盛んで，アムダリア川流域は あ の産地である。しかし，灌漑用水の過剰な利用により 1 海の縮小という深刻な環境問題も生じた。首都タシケントや，世界遺産に登録された古都サマルカンドはシルクロードの要衝地で，繊維・機械・食品工業などが発達している。

(2) この国は，(1)～(5)の説明文の国々のなかで一人当たり GNI（国民総所得）の値がもっとも大きい。 2 海に面しており，沿岸部では油田開発が進んでいる。ステップと砂漠が広がっているが，北部の黒土地帯は い の主産地である。南部のシルダリア川流域では あ が栽培されている。_イ鉱産資源も豊かで，ウランの生産量は世界第一位（2021 年），クロムの埋蔵量は世界第一位（2022 年）である。

(3) この国は，アムダリア川流域から 2 海にかけて広がっており， 3 砂漠が国土の約 85% を占めている。人口は南部の山沿いやオアシスに集中している。旧ソ連時代には砂漠地帯を貫流する運河によって農耕地が拡大し， あ 生産が増加した。近年は_ウ天然ガス・石油開発が進み，これらの資源の生産と輸出に依存した経済である。

(4) この国は， 4 山脈から 5 高原にかけての山岳地帯に広がっている。西部の河谷沿いの低地や山麓は夏に乾燥し冬に比較的雨量の多い う 気候であるが，山地は寒さの厳しい冷帯気候， 4 山脈の山岳部では高山気候となっている。山岳部では馬，羊，ヤギなどの牧畜が盛んであり，盆地では あ 栽培もおこなわれている。原油，天然ガス，石炭，水銀，タングステンなどの地下資源に恵まれ，近年は特に金の輸出が急速に伸びている。

(5) この国は，国土の大部分が 5 高原とそれに連なる山脈・高原・河谷からなる。民族ではイラン系（ペルシア系）が，宗教ではイスラームの_エスンナ（スンニ）派が主流である。豊富な水力発電をもとに え の生産・輸出が多い。アンチモンなどのレアメタルも産出する。(1)～(5)の説明文の国々のなかでは，一人当たり GNI は最も低い水準にある。

問 1　説明文(3)と説明文(5)に該当する国について，下記の国名（①～⑧）と場所（地図Ⅰのa～h）をそれぞれ1つずつ選びなさい。そのうえで，それらの組み合わせとして正しいものをA～Eのなかから1つ選び，マークしなさい。

① パキスタン　　　② モンゴル　　　③ ウズベキスタン

④ アフガニスタン　⑤ タジキスタン　⑥ キルギス

⑦ トルクメニスタン　⑧ カザフスタン

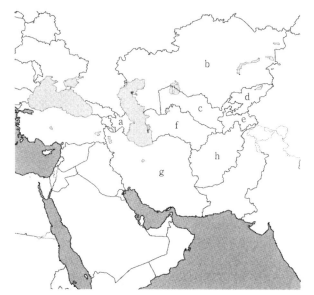

出所：世界地図：http://www.sekaichizu.jp/ をもとに加工

地図　Ⅰ

選択肢 説明文	A	B	C	D	E
(3)	①－a	③－c	⑧－b	⑦－f	④－g
(5)	⑥－d	④－h	②－d	⑤－e	①－a

問2 空欄 $\boxed{1}$ から $\boxed{5}$ にあてはまる最も適切なものを次の①〜⑧の選択肢からそれぞれ1つずつ選びなさい。そのうえで,それらの組み合わせとして正しいものを右のA〜Eのなかから1つ選び,マークしなさい。

選択肢 空欄	A	B	C	D	E
1	①	⑥	⑤	⑤	⑥
2	⑤	⑤	⑥	⑥	⑦
3	⑦	⑦	⑧	②	⑧
4	④	③	③	④	⑤
5	②	④	①	①	②

① パミール

② ゴラン

③ テンシャン　　④ カフカス

⑤ アラル　　　　⑥ カスピ

⑦ キジルクーム　⑧ カラクーム

問3 下線部アに関し,オアシス農業がおこなわれる地域でみられる地下用水路として当てはまらないものを以下の選択肢から1つ選び,マークしなさい。

A　カナート　　　B　カレーズ　　　C　フォガラ　　　D　モレーン

問4 空欄 $\boxed{あ}$ と空欄 $\boxed{い}$ の農作物に当てはまるものを以下の選択肢からそれぞれ1つずつ選び,マークしなさい。

A　とうもろこし　　　　　　B　小麦

C　大麦　　　　　　　　　　D　綿花

問5 下線部イに該当する資源名と生産地(産出地)の組み合わせとして正しいものを以下の選択肢から1つ選び,マークしなさい。

A　鉄鉱石・クリヴォイログ　　　B　石炭・カラガンダ

C　ニッケル・ノリリスク　　　　D　天然ガス・バクー

問6　下線部ウに関し，右の表Ⅱはアメリカ合衆国，中国，ロシア，オーストラリア，イギリスの天然ガスの消費量（2022年）と自給率（2020年）を示したものである。ロシアに当てはまるものを右の選択肢から1つ選び，マークしなさい。

表　Ⅱ

	消費量(単位　億 m^3)	自給率(%)
A	3757	61.8
B	416	335.7
C	8812	109.6
D	4080	145.2
E	720	54.8

注：自給率は消費量に対する生産量の割合を示す。
出所：『世界国勢図会 2023/24』により作成。

問7　空欄　う　に当てはまるものを以下の選択肢から1つ選び，マークしなさい。

A　地中海性　　　B　ステップ　　　C　サバナ　　　D　亜寒帯湿潤

問8　下線部エに関し，スンナ（スンニ）派が多数派を占める国として当てはまるものを以下の選択肢から1つ選び，マークしなさい。

A　スリランカ　　B　イラン　　　C　アルメニア　　D　トルコ

問9　空欄　え　に当てはまるものを以下の選択肢から1つ選び，マークしなさい。

A　ボーキサイト　　　　　　　B　アルミニウム
C　ニッケル　　　　　　　　　D　モリブデン

5 西アジア地誌

西アジアに関する次の問い（**A・B**）に答えよ。

A 西アジアの自然環境や社会経済に関する次の問い（**問1～4**）に答えよ。

問1 次の図1は，西アジアの地形を示したものであり，下の図2は，図1中のD～Gのいずれかの地点における1月と7月の月平均気温および月降水量を示したものである。Fに該当するものを，図2中の①～④のうちから一つ選べ。

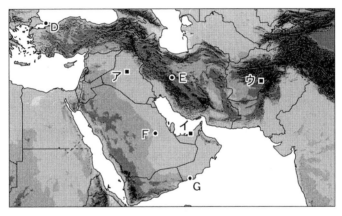

色の濃い部分ほど標高の高い地域を示し，陰影を付けている。

図　1

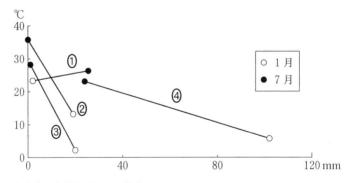

気象庁の資料などにより作成。

図　2

問2　次の写真1中のJ〜Lは，図1中のア〜ウのいずれかの地点における水資源の確保に関する景観を撮影したものである。J〜Lとア〜ウとの正しい組合せを，下の①〜⑥のうちから一つ選べ。

J　外来河川

K　淡水化施設

L　地下水路

写真　1

	①	②	③	④	⑤	⑥
J	ア	ア	イ	イ	ウ	ウ
K	イ	ウ	ア	ウ	ア	イ
L	ウ	イ	ウ	ア	イ	ア

問3 次の図3は，1人当たりのGNI（国民総所得）と1日当たり原油生産量によって西アジアの国々をa～dの4つのグループに分けたものであり，下の図4は，各グループの分布を示したものである。図4中の凡例カ～クは，図3中のa～cのいずれかである。a～cとカ～クとの正しい組合せを，次ページの①～⑥のうちから一つ選べ。

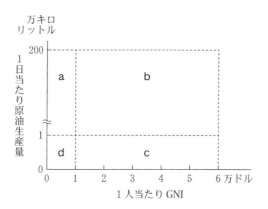

統計年次は2016年。『世界国勢図会』などにより作成。

図　3

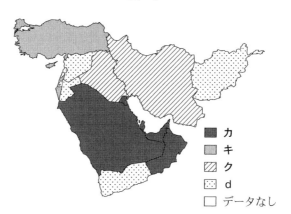

統計年次は2016年。『世界国勢図会』などにより作成。

図　4

	①	②	③	④	⑤	⑥
a	カ	カ	キ	キ	ク	ク
b	キ	ク	カ	ク	カ	キ
c	ク	キ	ク	カ	キ	カ

問4　次の図5は，アラブ首長国連邦のドバイにおける人口の推移を示したものであり，図6は，2015年のドバイにおける人口ピラミッドを示したものである。図5と図6をもとに考えられる，2000年以降のドバイの人口増加に寄与している要因として最も適当なものを，下の①〜④のうちから一つ選べ。

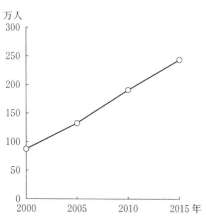

Dubai Statistics Centerの資料により作成。　　　Dubai Statistics Centerの資料により作成。

図　5　　　　　　　　　　　　　　図　6

① イスラーム（イスラム教）の聖地への外国からの巡礼

② 外国出身者における高い出生率

③ 建設工事の増加に伴う外国からの労働者の流入

④ 都市と農村の所得格差に伴う国内の人口移動

B 西アジアのトルコと北アフリカのモロッコは，ともに地中海に面し，ヨーロッパとの結びつきも強い。両国に関する次の問い（**問5・6**）に答えよ。

問5 次の表2は，いくつかの食料品について，トルコとモロッコの1人当たり年間供給量を示したものであり，PとQはナツメヤシと豚肉のいずれか，サとシはトルコとモロッコのいずれかである。ナツメヤシとモロッコとの正しい組合せを，下の①～④のうちから一つ選べ。

表　2

（単位：kg）

		1人当たり年間供給量	
		P	Q
国名	サ	0.01	0.64
	シ	0.01	2.88

統計年次は2013年。FAOSTATにより作成。

	①	②	③	④
ナツメヤシ	P	P	Q	Q
モロッコ	サ	シ	サ	シ

問6 人口の国際移動には，教育・雇用機会の獲得や紛争からの逃避など，様々な背景がある。次ページの図7中の凡例SとTは，ヨーロッパ各国に居住するトルコ人とモロッコ人の数のいずれかを示したものである。また，次ページの図8中のタとチは，トルコとモロッコのいずれかが受けて入れている難民数の推移を示したものである。モロッコに該当する正しい組合せを，次ページの①～④のうちから一つ選べ。

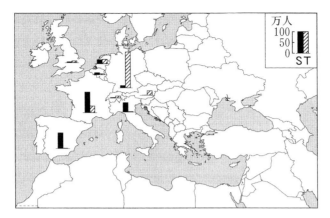

ヨーロッパ各国のうち，居住するトルコ人とモロッコ人の合計が
10万人以上の国を示した。
統計年次は2017年。UN Population Division の資料により作成。

図 7

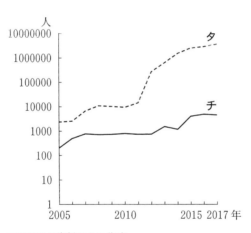

UNHCR の資料により作成。

図 8

	①	②	③	④
ヨーロッパ各国に居住するモロッコ人の数	S	S	T	T
モロッコが受け入れている難民数	タ	チ	タ	チ

6 アフリカ地誌

［センター試験地理B／追試］

次の図1を見て，アフリカに関する下の問い（**問1～6**）に答えよ。

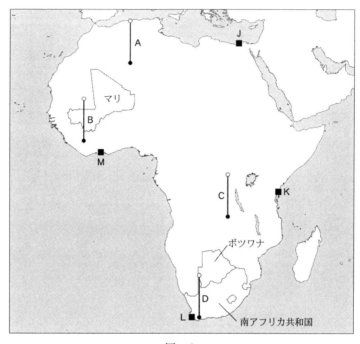

図　1

問1　次の図2中の①〜④は，図1中のA〜Dのいずれかの経線に沿った年降水量を示したものである。Dに該当するものを，図2中の①〜④のうちから一つ選べ。

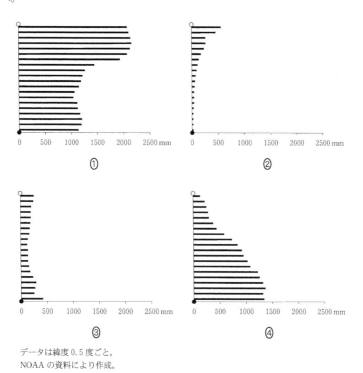

データは緯度0.5度ごと。
NOAAの資料により作成。

図　2

問2　次の図3は，サハラ以南の地域におけるいくつかの鉱産資源の主な産地を示したものであり，①〜④は，金鉱，石油，銅鉱，プラチナ鉱のいずれかである。金鉱に該当するものを，図3中の①〜④のうちから一つ選べ。

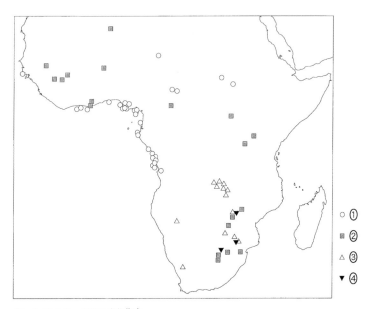

○ ①
▨ ②
△ ③
▼ ④

Diercke Weltatlas, 2015 により作成。

図　3

問 3　アフリカでは，国によって産業構造が大きく異なる。次の図 4 は，図 1 中の
いくつかの国における 1970 年，1993 年，2016 年の GDP（国内総生産）に占
める各産業の割合を示したものであり，ア〜ウは，ボツワナ，マリ，南アフリ
カ共和国のいずれかである。国名とア〜ウとの正しい組合せを，下の①〜⑥の
うちから一つ選べ。

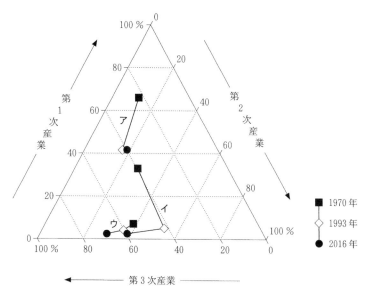

World Development Indicators により作成。

図　4

	①	②	③	④	⑤	⑥
ボツワナ	ア	ア	イ	イ	ウ	ウ
マリ	イ	ウ	ア	ウ	ア	イ
南アフリカ共和国	ウ	イ	ウ	ア	イ	ア

問4 次の図5は、アフリカの地域区分*と、いくつかの国におけるアフリカの各地域からの輸入額を示したものであり、カ〜クは、イギリス、中国**、フランスのいずれかである。国名とカ〜クとの正しい組合せを、下の①〜⑥のうちから一つ選べ。

*マダガスカル以外の島嶼国を除く。
**台湾、ホンコン、マカオを含まない。

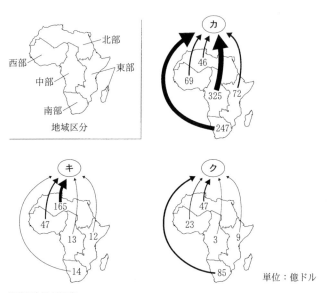

統計年次は2017年。
International Trade Centre の資料により作成。

図　5

	①	②	③	④	⑤	⑥
イギリス	カ	カ	キ	キ	ク	ク
中国	キ	ク	カ	ク	カ	キ
フランス	ク	キ	ク	カ	キ	カ

問 5　港は海路と陸路をつなぐ文化の結節点として機能し，アフリカの言語や宗教の地理的分布に影響を与えてきた。次の①～④の文は，図 1 中の J ～M のいずれかの港湾都市とその周辺地域に関連することがらについて述べたものである。K に該当するものを，次の①～④のうちから一つ選べ。

① 植民地開発における交易の拠点として発展し，旧宗主国の影響からフランス語が広く使われている。

② スエズ運河が開通するまでヨーロッパ・アジア間の交易の主要な中継拠点として栄え，キリスト教徒が多く居住している。

③ 大河川の河口に位置した交易の拠点として発展し，アラビア語を話すムスリム（イスラム教徒）が多く居住している。

④ モンスーン（季節風）を利用した交易の拠点として栄え，アラビア語と現地語が混じりあって形成されたスワヒリ語が広く使われている。

問 6　サハラ以南の国々の経済発展に関連することがらについて述べた次の文章中の空欄サとシに当てはまる語句の正しい組合せを，下の①～④のうちから一つ選べ。

　　サハラ以南の国々の大半に共通する植民地時代の特徴の一つは（　サ　）であった。20 世紀後半に多くの国が独立したが，その後の経済成長の度合いは国際貿易の変化や国内外の紛争の影響などによって国ごとに異なり，（　シ　）問題とよばれる経済的な格差が生じた。

	①	②	③	④
サ	モノカルチャー経済	モノカルチャー経済	輸出指向型の工業化	輸出指向型の工業化
シ	南　南	南　北	南　南	南　北

7 ヨーロッパ地誌 [佛教大]

A・Bの問いに答えよ。

A ヨーロッパに関して，次の図1を見て，以下の問いに答えよ。

図　1

問1 次のア〜ウの文は，図1中のa〜cの各地点に分布する地形の特徴について述べたものである。ア〜ウとa〜cとの組合せとして最も適当なものを，下の①〜⑥の中から一つ選べ。

ア　先カンブリア時代の基盤岩が露出した楯状地が分布している。

イ　古生代の造山運動を受けた地形が侵食されて形成された高原が分布している。

ウ　土砂の運搬作用が強い河川が形成した沖積平野が発達している。

	①	②	③	④	⑤	⑥
ア	a	a	b	b	c	c
イ	b	c	a	c	a	b
ウ	c	b	c	a	b	a

問2　次の表1は，図1中のカ〜ケのいずれかの国における小麦，トマトの生産量
と，牛，羊の飼育頭数を示したものである。キ国に該当するものを，表1中の
①〜④の中から一つ選べ。

表　1

	小麦(万トン)	トマト(万トン)	牛(万頭)	羊(万頭)
①	93	91	369	71
②	110	91	54	826
③	512	15	93	94
④	966	7	962	3270

統計年次は2020年。　　　　　　　　　　　　　　　　　　（FAOSTATにより作成）

問3　図1中のP〜S国の再生可能エネルギーを利用した発電状況に関して述べた
文のうち，Q国に該当するものを，次の①〜④の中から一つ選べ。
①　水資源が豊富なうえ，国土の起伏が比較的大きいことから総発電量に占め
る水力発電の割合がきわめて高い。
②　晴天日が比較的多いことを背景に太陽光発電が盛んなほか，火山が分布す
る南部を中心に地熱発電も実用化されている。
③　国土が低平で全国的に強風が得られることから風力発電が盛んであり，近
年は大規模な洋上発電も行われている。
④　再生可能エネルギーの導入が政策的に推進され，風力発電と太陽光発電の
設備容量はヨーロッパ最大である。

問4　イギリス，スイス，スペイン，フィンランドのいずれかにおける言語の状況
について述べた文のうち，スイスに該当するものを，次の①〜④の中から一つ
選べ。
①　国民の多くはゲルマン語派に属する言語を用いているが，西部や南部では
ラテン語派に属する言語も広く用いられている。
②　ウラル語族に属する言語とゲルマン語派に属する言語が公用語で，北部の
住民が用いる地方言語もウラル語族に属すると考えられている。
③　公用語および複数の地方言語はラテン語派に属するが，北東部では系統不
明の地方言語が伝統的に用いられてきた。
④　ゲルマン語派に属する公用語を用いる人が大半を占めるが，北部や西部に
はケルト語派に属する言語を用いる人も多い。

問5　次の表2は，スイス，ノルウェー，フィンランド，ブルガリアのいずれかの
　　おもな輸出品目と輸出額を示したものである。ブルガリアに該当するものを，
　　表2中の①〜④の中から一つ選べ。

表　2　　　　　　　　　　　（単位　億ドル）

①		②		③		④	
機械類	180	医薬品	1062	機械類	77	天然ガス	672
紙類	73	金(非貨幣用)	870	銅	36	原油	419
自動車	50	機械類	382	衣類	14	魚介類	135
鉄鋼	49	精密機器	361	石油製品	14	機械類	76
石油製品	49	有機化合物	244	小麦	13	石油製品	64
計	815	計	3798	計	414	計	1745

統計年次は2021。計にはその他を含む。　　　（『世界国勢図会　2023/24年版』により作成）

問6　次の文は，2002年よりヨーロッパ連合（EU）加盟国を中心に流通している
　　共通通貨ユーロについて述べたものである。文中の空欄　X　・　Y　に入
　　る都市・国名の組合せとして最も適当なものを，下の①〜⑥の中から一つ選
　　べ。

　　　ユーロ紙幣は　X　に所在するヨーロッパ中央銀行が発行しており，
　　EU加盟国を中心に流通しているが，2013年末現在，　Y　など非導入
　　の国もみられる。

	X	Y
①	ストラスブール	イギリス
②	ストラスブール	オーストリア
③	フランクフルト	オーストリア
④	フランクフルト	デンマーク
⑤	ブリュッセル	デンマーク
⑥	ブリュッセル	イギリス

問7　ヨーロッパ連合（EU）に 2013 年 7 月に新規加盟した国を，次の①〜④の中
から一つ選べ。

① アイスランド　　　　　　② クロアチア
③ コソボ　　　　　　　　　④ ブルガリア

B　フランスに関して，次の図 1 を見て，以下の問いに答えよ。

図　1

問1　図 1 中の A 地域にみられる特徴的な地形として最も適当なものを，次の①〜
④の中から一つ選べ。

① エスチュアリー　　　　　② フィヨルド
③ カール　　　　　　　　　④ モレーン

問2 次の図2は，図1中に示した都市Bの様子を示したものである。図2を参考にして，都市Bについて，文中の下線部が適当でないものを，下の①〜④の中から一つ選べ。

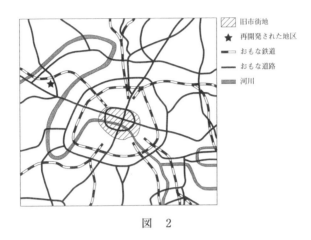

図　2

① 旧市街地は<u>河川の合流点</u>に形成されてきた。

② 城壁跡地を利用することで，<u>環状の道路</u>が形成された。

③ 再開発された地区には，<u>旧市街地と比べて高層建築物が多い</u>。

④ おもな鉄道の起点となる駅は<u>旧市街地の外側</u>に設置されている。

問 3　次の図 3 は，図 1 中に示した各地方を訪れた観光客の延べ宿泊者数を，フランス人と外国人に分けて示したものである。図 1 中のイル・ド・フランス地方とプロヴァンス・コートダジュール地方の宿泊者数の組合せとして最も適当なものを，下の①〜④の中から一つ選べ。

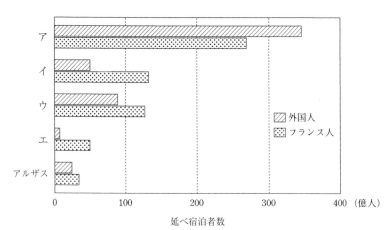

統計年次は2005年。　　　　　　　　　　（(財)　自治体国際化協会『フランスの観光政策』により作成)

図　3

	①	②	③	④
イル・ド・フランス	ア	ア	イ	イ
プロヴァンス・コートダジュール	ウ	エ	ウ	エ

問 4　フランスは，図 1 の範囲外にも多くの海外領土を有している。そのうちの一つであるニューカレドニア島（メラネシア）で多く産出する鉱物資源として最も適当なものを，次の①〜④の中から一つ選べ。

①　ウラン　　　②　ニッケル鉱　　　③　白金族　　　④　すず鉱

問 5 次の図 4 は，フランスの合計特殊出生率の変化（1950 ～ 2010 年）を示した
ものである。図 4 について述べた文として最も適当なものを，下の①～④の中
から一つ選べ。

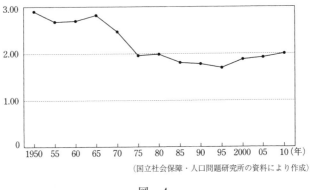

図　4

① 1955 ～ 65 年には，トルコや旧ユーゴスラビアからの移民が多く流入した
ため，合計特殊出生率が上昇した。

② 合計特殊出生率が目立って低下した 1965 ～ 75 年の期間中に，フランスの
人口は減少に転じた。

③ 1980 年代には，出稼ぎ労働者としてペルシア湾岸諸国に向かう人々が増
加したため，合計特殊出生率が低下した。

④ 優遇税制や手当支給といった就労環境の整備などの政策を受けて，2010
年の合計特殊出生率は先進国の中で比較的高い。

⁸ 地中海周辺の地誌　　　　　　　　　　　　　［共通テスト　地理B/追試］

　地中海を囲む北アフリカ，西アジア，ヨーロッパは，経済や歴史・文化など，様々な面で結びついている。地中海周辺の地域に関する次の問い（**A・B**）に答えよ。

A　地中海周辺の地域の自然と社会に関する次の問い（**問1～4**）に答えよ。

問1　地中海周辺の地域では，自然環境をいかして様々な自然エネルギーが発電に利用されている。次の図1は，主な発電施設をエネルギー源別に示したものであり，凡例ア～ウは，水力，地熱，風力のいずれかである。エネルギー源とア～ウとの正しい組合せを，後の①～⑥のうちから一つ選べ。

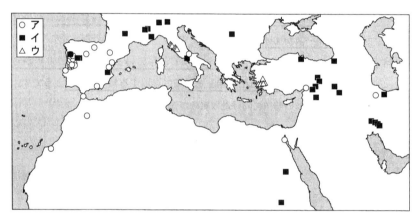

地図の範囲内における発電能力の上位30か所。同種の発電施設が集積している地点は，記号を重ねて示している。Global Power Plant Database により作成。

図　1

	①	②	③	④	⑤	⑥
水力	ア	ア	イ	イ	ウ	ウ
地熱	イ	ウ	ア	ウ	ア	イ
風力	ウ	イ	ウ	ア	イ	ア

問2　北アフリカの農業には，ヨーロッパとの結びつきがみられる。次の図2は，モロッコにおけるトマトの栽培面積と，生産量，輸出量，EU 諸国向け輸出量*の推移を示したものである。図2に関することがらについて述べた文章中の下線部①〜④のうちから，**適当でないもの**を一つ選べ。

*各年における EU 加盟国の合計値。2011 年はデータなし。

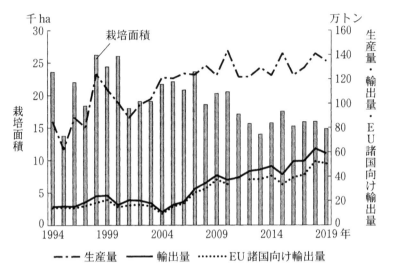

FAOSTAT により作成。

図　2

　モロッコは，世界有数のトマトの輸出国であり，アルプス以北のヨーロッパ諸国に多くの生鮮トマトを輸出している。その背景には，①輸出先との気温や日照時間の違いをいかして，トマトが生産されてきた点があげられる。特に，1990 年代以降に EU やヨーロッパ諸国との経済連携協定の締結が進むと，②国外からの投資が増加し，2000 年代後半以降に輸出量が増えた。

　1994 年と 2019 年を比較すると，モロッコでは，③トマト生産における土地生産性が向上した。また，輸出量全体に対して，④EU 諸国向けの輸出の割合が高まったことがわかる。

問3 次の図3は，2005年と2015年における，いくつかの国の完成乗用車*の1万人当たり輸出台数と輸入台数を示したものであり，D～Fは，イスラエル，スペイン，モロッコのいずれかである。国名とD～Fとの正しい組合せを，後の①～⑥のうちから一つ選べ。

*トラック，バスを除く。

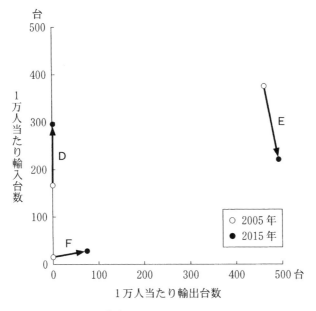

UN Comtrade により作成。

図　3

	①	②	③	④	⑤	⑥
イスラエル	D	D	E	E	F	F
スペイン	E	F	D	F	D	E
モロッコ	F	E	F	D	E	D

問4 地中海周辺の地域の多様なつながりは，人や資金の流れからもみえてくる。次の図4は，北アフリカと西アジアの国々における，イギリスとフランスからの2018年の観光客数と国際援助額について示したものである。図4中のカとキは観光客数と国際援助額のいずれか，凡例JとKはイギリスとフランスのいずれかである。国際援助額とフランスとの正しい組合せを，後の①〜④のうちから一つ選べ。

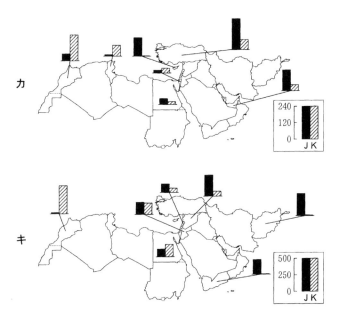

単位は，観光客数は1万人，国際援助額は100万ドル。観光客数と国際援助額について，イギリスとフランスの合計値の上位7か国とその内訳を示している。
UNWTOの資料などにより作成。

図　4

	①	②	③	④
国際援助額	カ	カ	キ	キ
フランス	J	K	J	K

B　地中海に面したスペインとチュニジアは，地中海周辺の地域の文化や経済の特徴が表れている。両国に関する次の問い（**問5～6**）に答えよ。

問5　次の図5に示したスペインのセビリアとチュニジアのチュニスでは，類似した都市景観がみられる。後の写真1は，両都市の旧市街を撮影した景観写真である。両都市の市街地と写真1に関することがらについて述べた文章中の下線部①～④のうちから，**適当でないもの**を一つ選べ。

図　5

写真　1

　セビリアとチュニスは，都市中心部がともに旧市街と新市街に分かれている。両都市の旧市街では，①イスラーム世界における都市形成の歴史を反映して，②衛生環境を向上させるために道の幅を広くし，風通しをよくしている。
　セビリアは，③夏季には冬季よりも多くの国際観光客が訪れる観光地であるとともに，旧市街は市民生活の場となっている。チュニスの旧市街では，④日用品を扱う店舗が立地する市場が現存し，住民の日常生活を支えている。

問6 次の図6は，スペインとチュニジアについて，全就業人口に占める産業別・男女別の就業人口割合の推移を示したものである。チュニジアの第3次産業を示す図に該当するものを，図6中の①〜④のうちから一つ選べ。

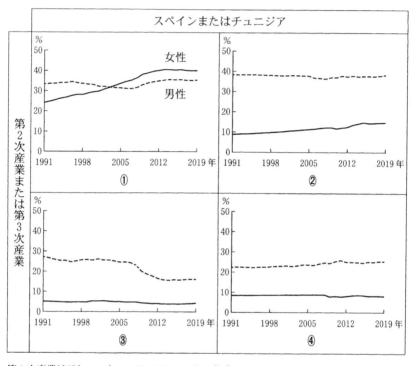

第1次産業は示していない。ILOSTAT により作成。

図　6

9　ユーラシア大陸北部地域，ロシア連邦の地誌　　［佛教大］

A　ユーラシア大陸の北部地域に関して，次の図 1 を見て，以下の問いに答えよ。

国境線は 2013 年末現在。一部の国境線は省略。

図　1

問 1　図 1 中の A～D の地域に分布する地形について説明した文として最も適当な
　　ものを，次の①～④の中から一つ選べ。

　　①　A の地域は，プレートの広がる境界にあたり，大規模な地溝帯に沿った高
　　　　原が見られる。

　　②　B の地域は古期造山帯にあたるが，その後の断層運動により再び隆起して
　　　　標高が高くなった復活山脈が見られる。

　　③　C の地域は，ゴンドワナ大陸から分かれた安定陸塊にあたり，起伏の小さ
　　　　な平原や高原が広がる。

　　④　D の地域は，大陸プレートどうしが衝突する変動帯にあたり，高峻な山地
　　　　が多く分布している。

問2　次のF〜Hの文は，図1中の3つの湖沼（アラル海，バイカル湖，ラドガ湖）のいずれかについて述べたものである。F〜Hと湖沼名との組合せとして最も適当なものを，下の①〜⑥の中から一つ選べ。

F　氷河の作用で形成された淡水湖で，重要な水源や交通路として利用されている。

G　地溝に生じた水深の大きな断層湖で，透明度が高く，多くの固有種が生息する。

H　造陸運動により生じた塩湖で，流入水流の減少により水位の低下が進んでいる。

	F	G	H
①	アラル海	バイカル湖	ラドガ湖
②	アラル海	ラドガ湖	バイカル湖
③	バイカル湖	アラル海	ラドガ湖
④	バイカル湖	ラドガ湖	アラル海
⑤	ラドガ湖	アラル海	バイカル湖
⑥	ラドガ湖	バイカル湖	アラル海

問3　次の図2は，図1中の4つの都市（アスタナ，サンクトペテルブルク，チ
　　　タ，ディクソン）のいずれかの月平均気温と月降水量を示したハイサーグラフ
　　　である。アスタナに該当するものを，図2中の①〜④の中から一つ選べ。

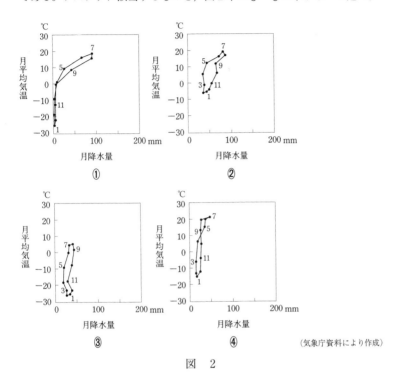

（気象庁資料により作成）

図　2

問4 次の表1は，図1中のJ〜Mのいずれかの国における小麦，綿花，木材の生産量と羊の飼育頭数を示したものである。K国に該当するものを，表1中の①〜④の中から一つ選べ。

表　1

	小麦(万トン)	綿花(万トン)	木材(万 m³)	羊(万頭)
①	1,426	11	50	1,775
②	266	…	1,535	9
③	616	83	2	1,883
④	2,491	…	1,677	66

統計年次は2020年。

（『データブック オブ・ザ・ワールド 2023』により作成）

問5 次の文は，図1中のP国で広く信仰されている宗教や用いられている言語に関して述べたものである。文中の下線部㋐・㋑の正誤を正しく表しているものを，下の①〜④の中から一つ選べ。

> 伝統的なシャーマニズムや㋐チベット仏教を信仰する人が多く，㋑シナ＝チベット諸語に属する公用語は，ロシア語などと同様のキリル文字などで表記される。

	①	②	③	④
㋐	正	正	誤	誤
㋑	正	誤	正	誤

問6　次の表2は，1991年以前にソビエト連邦を構成していたウクライナ，エストニア，グルジア（ジョージア）の近況についてまとめたものである。表2中のX〜Zに該当する国名の組合せとして最も適当なものを，下の①〜⑥の中から一つ選べ。

表　2

年月		出来事
1991年	9月	X など3か国は，ソビエト連邦から独立した。
	12月	ソビエト連邦が消滅し，CIS（独立国家共同体）が創設された。
2004年	5月	X など3か国は，EU（欧州連合）に加盟した。
	10〜12月	大統領選挙をめぐり，Y でオレンジ革命とよばれる政治革命が起こった。
2008年	8月	Z とロシアの間に，南オセチア紛争が勃発した。
2009年	8月	Z がCISを脱退した。
2014年	3月	領土問題でロシアと対立した Y で，内戦状態となった。

	X	Y	Z
①	ウクライナ	エストニア	グルジア
②	ウクライナ	グルジア	エストニア
③	エストニア	ウクライナ	グルジア
④	エストニア	グルジア	ウクライナ
⑤	グルジア	ウクライナ	エストニア
⑥	グルジア	エストニア	ウクライナ

B ロシア連邦に関して，次の図1を見て，以下の問いに答えよ。

図　1

問1　次の図2は，図1中のPの範囲に設定されてきたロシアと日本との4つの国境線を示したものである。このうちa～cの国境線が初めて設定されたのは，1855年，1875年，1905年のいずれかである。国境線a～cと設定年との組合せとして最も適当なものを，下の①～⑥の中から一つ選べ。

図　2

	①	②	③	④	⑤	⑥
1855年	a	a	b	b	c	c
1875年	b	c	a	c	a	b
1905年	c	b	c	a	b	a

問2　ロシアは，多くの州，共和国，自治管区などからなる連邦国家であり，その一つに，イスラム教徒（ムスリム）が多く，1990年代より独立問題をめぐる紛争が見られたチェチェン共和国がある。図1中に示した①〜④のうち，チェチェン共和国の位置を示しているものを一つ選べ。

問3　図1中の4つの都市（モスクワ，ブラーツク，ヤクーツク，ウラジオストク）のいずれかについて述べた次の①〜④の文のうち，下線部が適当でないものを一つ選べ。

①　モスクワは，放射環状路型の街路網をもつ歴史の古い都市で，ロシアの政治・経済の中心となっている。

②　ブラーツクでは，森林資源を背景にパルプ工業が立地するほか，水力発電所が建設されて以降，アルミニウム精錬業も発達した。

③　ヤクーツクは，石炭，天然ガス，金，ダイヤモンドなどさまざまな地下資源を埋蔵するサハ共和国の中心都市である。

④　ウラジオストクは，アムール川河口に位置する港湾都市で，シベリア鉄道の起点になっている。

問4　ロシアの人々の暮らしについて述べた文として最も適当なものを，次の①〜④の中から一つ選べ。

①　都市住民の中には，郊外地域に整備された別荘で週末などを過ごす人も多い。

②　農村地域では，日干しレンガ造りの伝統的な家屋で民宿を営んでいる人も多い。

③　国土の西部では，永久凍土が広く分布し，床を高く上げた住居で暮らす人が多い。

④　寒さが厳しい北極海の沿岸地域では，半地下式の丸太小屋で暮らす人が多い。

問5 次の図3は，BRICSとよばれる5か国（ブラジル，ロシア，インド，中国，南アフリカ共和国）のエネルギー自給率と製造業のGDP（国内総生産）に占める割合を示したものである。ロシアに該当するものを，図3中の①〜④の中から一つ選べ。

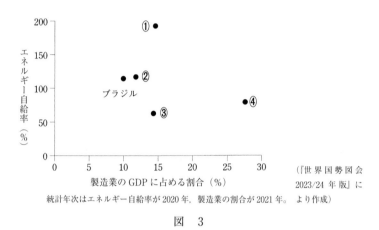

統計年次はエネルギー自給率が2020年，製造業の割合が2021年。

（『世界国勢図会 2023/24年版』により作成）

図　3

問6 次の表1は，ロシアの主な貿易相手国を示しており，P・Qは輸出，輸入のいずれか，X・Yは中国，ドイツのいずれかである。PとXに該当する内容，国名の組合せとして最も適当なものを，右の①〜④の中から一つ選べ。

表　1

（単位：百万ドル）

P		Q	
X	56,951	X	68,292
Y	17,784	オランダ	42,858
アメリカ合衆国	12,272	トルコ	35,355
ベラルーシ	10,908	Y	30,025
イタリア	7,898	イタリア	26,579

	P	X
①	輸出	中国
②	輸出	ドイツ
③	輸入	中国
④	輸入	ドイツ

統計年次は2022年。

（『世界国勢図会　2023/24年版』により作成）

10 北アメリカ地誌

[獨協大]

北アメリカに関して，以下の問に答えよ。

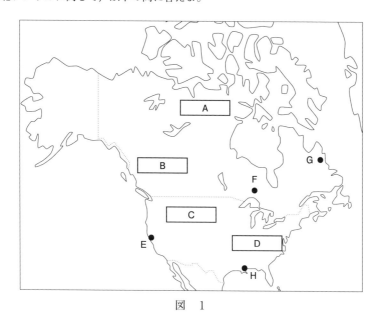

図 1

問1 次の図2中の①〜④は，図1中のA〜Dのいずれかの地域における標高のよ
うすを示したものである。Dに該当するものを，図2中の①〜④の中から1つ
選べ。

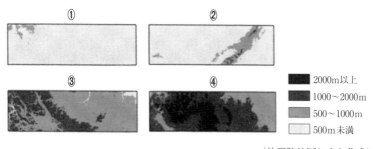

（地理院地図により作成）

図 2

問2 北アメリカではさまざまな自然災害が発生する。図1中のE〜H地点で過去に発生した自然災害の説明として**誤っているもの**を，次の①〜④の中から1つ選べ。

① E地点では，断層運動によるマグニチュード7クラスの地震が発生し，建物の倒壊や火災が発生した。

② F地点では，冬季の強い寒波の襲来により，気温が−40℃以下まで低下した。

③ G地点では，火山噴火に伴う山体崩壊により，崩壊した大量の土砂が流下した。

④ H地点では，巨大ハリケーンの上陸によって複数箇所で堤防が決壊し，都市の広い範囲が冠水した。

問3 次ページの図4中の①〜④は，次の図3中のア〜エのいずれかの地点における雨温図を示したものである。**イ**の地点に該当するものを，図4中の①〜④の中から1つ選べ。

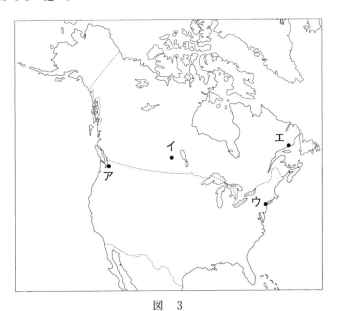

図 3

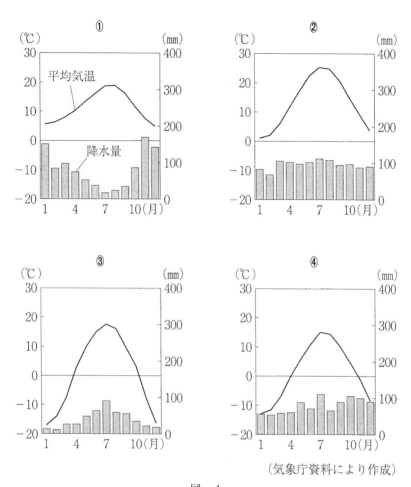

（気象庁資料により作成）

図　4

問4 次の図5中のカ～ケ付近で広く行われている農牧業について述べた文として誤っているものを，下の①～④の中から1つ選べ。

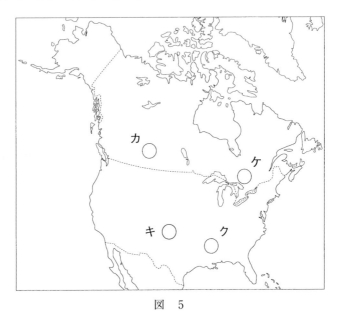

図　5

① カでは，広大な農地で企業的な春小麦の栽培が行われている。

② キでは，広大なフィードロットで肉牛の肥育が行われている。

③ クでは，プランテーション農業に起源を持つ綿花の栽培が行われている。

④ ケでは，地下水を用いたセンターピボット灌漑で冬小麦が栽培されている。

問5 次の図6は，アメリカ合衆国とカナダにおける原油生産量と原油輸出量の推移を示したものであり，図6中のサ・シとス・セは，それぞれアメリカ合衆国・カナダのいずれかである。アメリカ合衆国に該当するものの組み合わせとして最も適切なものを，右の①～④の中から1つ選べ。

	①	②	③	④
生産量	サ	サ	シ	シ
輸出量	ス	セ	ス	セ

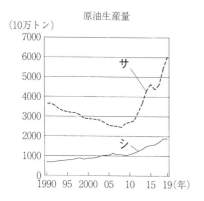

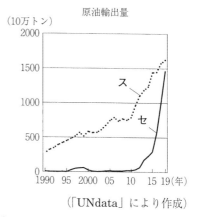

(「UNdata」により作成)

図　6

問6　次の図7は，下の図8に示したアメリカ合衆国の地域別の製造品出荷額と製造品出荷額全体に占める割合について，1971年（◆）から2016年（○）の変化を示したものである。南部に該当するものを，図7中の①〜④の中から1つ選べ。

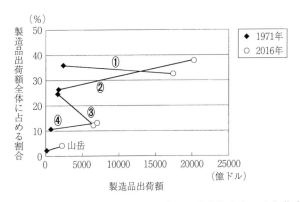

（『データブック オブ・ザ・ワールド2021年版』などにより作成）

図　7

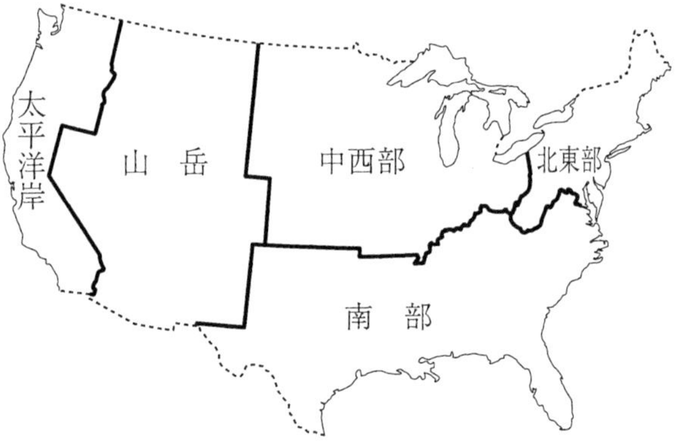

図　8

アラスカ州，ハワイ州は太平洋岸に属する。

問7　次の表1中のJ・Kは，アメリカ合衆国とカナダのいずれかにおける1人あたり貿易額と貿易依存度を示したものであり，表1中のタ・チは，輸出・輸入のいずれかである。カナダと輸出に該当するものの組み合わせとして最も適切なものを，右の①〜④の中から1つ選べ。

表　1

	1人あたり貿易額（ドル）		貿易依存度（%）	
	タ	チ	タ	チ
J	6,104	9,980	8.1	13.3
K	15,537	15,126	27.9	27.2

	①	②	③	④
カナダ	J	J	K	K
輸出	タ	チ	タ	チ

貿易依存度はGDPに対する輸出額および輸入額の割合。
統計年次は2022年。

（『世界国勢図会2023/24年版』により作成）

問8　次のL〜Oの文は，アメリカ合衆国とカナダにある世界遺産について説明したものである。このうち，説明されている世界遺産とそれらが存在する州の組み合わせとして最も適切なものを，下の①〜④の中から1つ選べ。

L　亜熱帯地域に広がる全米最大の湿原地域。湿原下流の海岸地帯にはマングローブが広がっているが，水質汚染によって2度にわたり危機遺産登録されている。

M　1886年にアメリカ独立100周年を祝ってフランスから贈られた像。右手には希望を意味するたいまつが掲げられ，左手には独立宣言書が抱えられている。

N　アングロアメリカにおける最初のヨーロッパ人の入植地とされ，1000年頃に渡来したヴァイキングの集落跡が復元されている。

O　カナディアン・ロッキーの南東部，周辺の中心都市カルガリーから2時間ほどに位置する荒涼とした原野。白亜紀の地層からティラノサウルスやトリケラトプスの化石が発掘されている。

①　L：エヴァーグレーズ国立公園／カリフォルニア州（アメリカ合衆国）

②　M：自由の女神像／ニュージャージー州（アメリカ合衆国）

③　N：ランス・オー・メドー国立歴史公園／マサチューセッツ州（アメリカ合衆国）

④　O：ダイナソール州立公園／アルバータ州（カナダ）

問9　次の図9は，アメリカ合衆国とカナダにおける移民について，2020年の出身国・地域の内訳と，上位4つの出身国・地域別の推移を示したものであり，図9中のP・Qはアメリカ合衆国・カナダのいずれか，Rは下のナ〜ヌのいずれかである。カナダに該当するグラフと，Rに該当する国の組み合わせとして最も適切なものを，下の①〜⑥の中から1つ選べ。

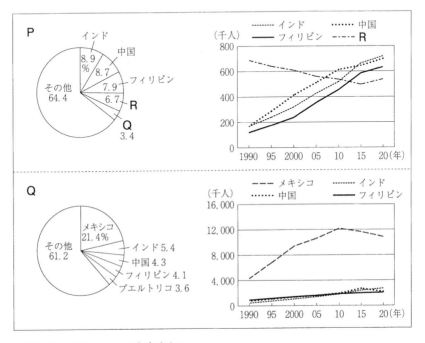

中国には，香港，マカオを含まない。

（「International Migrant Stock 2020」により作成）

図　9

ナ　イギリス　　ニ　オーストラリア　　ヌ　シリア

	①	②	③	④	⑤	⑥
カナダ	P	P	P	Q	Q	Q
R	ナ	ニ	ヌ	ナ	ニ	ヌ

問10 次の表2は，下の図10中に示した4つの州における人種・民族構成を示したものであり，表2中のX〜Zはアラバマ州，カリフォルニア州，テキサス州のいずれか，ハ・ヒは黒人・ヒスパニックのいずれかである。テキサス州とヒスパニックに該当するものの組み合わせとして最も適切なものを，下の①〜⑥の中から1つ選べ。

表　2

	白人	ハ	ヒ	アジア系
X	77.9	40.2	13.2	5.5
Y	71.1	40.2	6.5	15.9
Z	68.9	4.8	26.8	1.6
ルイジアナ州	62.4	5.6	33.0	1.9

単位は％。ヒスパニックは人種の区分ではなく，スペイン語系の人々であるため，各州の合計は100％にはならない。統計年次は2021年。

（『データブック オブ・ザ・ワールド 2023年版』により作成）

図　10

	①	②	③	④	⑤	⑥
テキサス州	X	X	Y	Y	Z	Z
ヒスパニック	ハ	ヒ	ハ	ヒ	ハ	ヒ

[11] ラテンアメリカ地誌

[関西学院大]

地図をみて，中央アメリカと南アメリカに関する以下の設問に答え，最も適当な記号を1つ選んでマークしなさい。

(1)　下の図 a ～ d は，都市 p ～ s の月平均気温と月降水量を示したものである。都市 p はどれか。

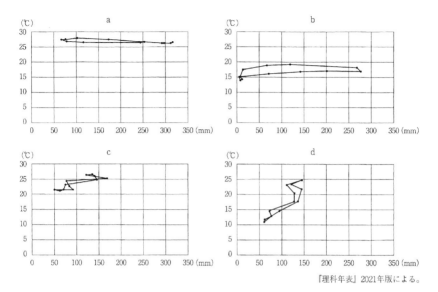

『理科年表』2021年版による。

(2)　アンデス地方の自然と文化に関する説明として誤りを含むものはどれか。

　　a．最高峰は標高5000メートルを超える。

　　b．ツンドラ気候がみられる。

　　c．アルパカやリャマが飼育されている。

　　d．カンガとよばれる衣服が発達した。

(3)　a ～ d の説明は，西インド諸島のイ国・ウ国・エ国・オ国のいずれかに対応している。オ国に当てはまるものはどれか。

　　a．英語を公用語とし，レゲエ音楽発祥の地で観光産業がさかんである。

　　b．スペイン語を公用語とし，経済はほぼ全般にわたり国有化されている。

　　c．スペイン語を公用語とし，民族構成ではムラートが過半数を占めている。

　　d．フランス語を公用語とし，西インド諸島で最初に独立を果たした。

⑷　ア国・コ国・ス国・セ国に関する説明として誤りを含むものはどれか。

　　a．ア国はアメリカ合衆国やカナダと自由貿易協定を結んでいる。

　　b．コ国には東アジアからの移民が多く，日系人の大統領を輩出した。

　　c．ス国はメスチソと白人が多数を占め，ワインの生産量が多い。

　　d．セ国は大西洋の島々の領有をめぐってイギリスと戦火を交えた。

⑸　キ国・ク国・ケ国・コ国の首都に関する説明として誤りを含むものはどれか。

　　a．キ国の首都は太平洋に面し，国際運河の付近に位置している。

　　b．ク国の首都は世界で最も標高の高い首都である。

　　c．ケ国の首都はほとんど降水のない砂漠気候区に属する。

　　d．コ国の首都は高原地帯に開発された計画都市である。

⑹　ア国・ケ国・コ国・サ国の鉱業に関する説明として正しいものはどれか。

　　a．ア国は銀鉱の生産が世界で最も多い。

　　b．ケ国は金鉱の生産が世界で最も多い。

　　c．コ国はボーキサイトの生産が世界で最も多い。

　　d．サ国はすず鉱の生産が世界で最も多い。

⑺　カ国・ク国・コ国・シ国の農業に関する説明として誤りを含むものはどれか。

　　a．カ国はパイナップルの生産が世界で最も多い。

　　b．ク国はバナナの輸出が世界で最も多い。

　　c．コ国はコーヒー豆の生産が世界で最も多い。

　　d．シ国は大豆の輸出が世界で最も多い。

(8) 下の表は，4か国の輸出上位5品目を示したものであり，表中のa～dは，ア
国・コ国・ス国・セ国のいずれかに対応している。セ国はどれか。

順位	a		b		c		d	
1	鉄鉱石	447	機械類	1,711	銅鉱	298	とうもろこし	84
2	大豆	386	自動車	1,117	銅	238	植物性油かす	74
3	原油	306	自動車部品	307	野菜・果実	76	大豆油	54
4	肉類	195	原油	240	魚介類	62	自動車	46
5	機械類	147	野菜・果実	186	パルプ・古紙	28	肉類	33

数値は2021年。単位：億ドル。『世界国勢図会』2023/24年版による。

12 オセアニア地誌 　　　　　　　　　　　　　　　　　　　　　［獨協大］

オセアニア及び太平洋の周辺地域に関して，以下の問に答えよ。

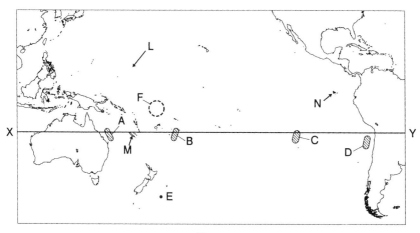

図 1

問1 図1中のA～Dのうち，水深が6,000mよりも深い地点を含む水域の組み合
わせとして適切なものを，次の①～④の中から1つ選べ。

　　① AとB　　　　　② AとC　　　　　③ BとC　　　　　④ BとD

問2　図1中のEは，海洋面積が最大となるように地球を半球に分けた水半球の中心を示しており，その位置は，およそ南緯48度，西経179.5度にあたる。その対蹠点にあたる陸半球の中心のおよその緯度・経度の組み合わせとして適切なものを，次の①〜④の中から1つ選べ。

	①	②	③	④
緯度	北緯 42 度	北緯 42 度	北緯 48 度	北緯 48 度
経度	東経 0.5 度	東経 179.5 度	東経 0.5 度	東経 179.5 度

問3　図1中のX－Yの緯度として適切なものはどれか。次の①〜④の中から1つ選べ。

① 赤道　　　　② 南緯10度　　③ 南緯20度　　④ 南緯30度

問4　図1中のFに位置するツバルでは，地球温暖化によって様々な環境問題が生じている。ツバルで起こっている問題として適切なものを，次の①〜④の中から1つ選べ。

① 地下水への海水の流入。

② 異常乾燥による山火事の発生。

③ 津波による浸水被害の発生。

④ オゾン層の減少による農作物への被害。

問5　次のア〜ウの文は，図1中のL〜Nのいずれかの島々について述べたものである。L〜Nとア〜ウの組み合わせとして適切なものを，右の①〜⑥の中から1つ選べ。

	①	②	③	④	⑤	⑥
L	ア	ア	イ	イ	ウ	ウ
M	イ	ウ	ア	ウ	ア	イ
N	ウ	イ	ウ	ア	イ	ア

ア　ゾウガメ，イグアナなど，独自の進化をとげた生物が多い。

イ　フランス領の海洋リゾート地で，ニッケルの産地としても有名である。

ウ　アメリカ合衆国によって核実験が行われ，日本の漁船も被曝した。

問 6　環太平洋の多くの国・地域が加盟している APEC（アジア太平洋経済協力会議）に関して，次の(1)・(2)に答えよ。

(1)　次のカ〜クの文のうち，APEC について正しく述べているものの組み合わせとして適切なものを，下の①〜⑥の中から 1 つ選べ。

　カ　域内の平和や安定，経済協力をめざして，1960 年代に結成された。

　キ　域内では関税を撤廃し，域外に対する共通関税を設定している。

　ク　日本やオーストラリアなどに加え，中国やロシアも加盟している。

　①　カのみ　　　　②　キのみ　　　　③　クのみ　　　　④　カとキ

　⑤　カとク　　　　⑥　キとク

(2)　次の表 1 は，APEC に加盟しているいくつかの国・地域について，輸出額の上位 4 品目と輸出総額に占める割合を示したものであり，表 1 中のサ〜スは，台湾，ニュージーランド，ペルーのいずれかである。国・地域名とサ〜スの組み合わせとして適切なものを，右の①〜⑥の中から 1 つ選べ。

	①	②	③	④	⑤	⑥
台湾	サ	サ	シ	シ	ス	ス
ニュージーランド	シ	ス	サ	ス	サ	シ
ペルー	ス	シ	ス	サ	シ	サ

表　1

サ	機械類	59.5	プラスチック	5.0	精密機械	4.4	金属製品	3.4
シ	銅鉱	27.1	金	13.7	野菜・果実	10.8	銅	5.3
ス	酪農品	27.3	肉類	14.4	木材	8.0	野菜・果実	7.5

単位は％。統計年次は，2021 年。（『世界国勢図会』2023/24 年版により作成）

問7 下の図3中の①～④は，次の図2中のP～Sのいずれかの地点における月降水量を示したものである。Pに該当するものを，図3中の①～④の中から1つ選べ。

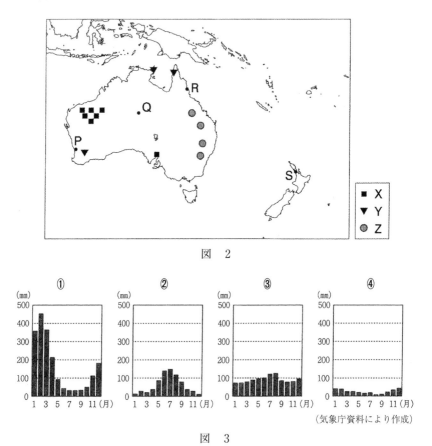

図　2

図　3

(気象庁資料により作成)

問8 オーストラリアとニュージーランドの農牧業についての説明として誤っているものを，次の①〜④の中から1つ選べ。

① オーストラリア内陸部のグレートアーテジアン（大鑽井）盆地では，豊富な地下水を利用して集約的に肉牛の飼育が行われている。

② オーストラリア南東部と南西部では，小麦などの穀物を中心に大規模経営の農業が行われている。

③ ニュージーランド南島の東部は西部より降水量が少ないため，草原を利用した羊の放牧が行われている。

④ ニュージーランドではかぼちゃの日本向け輸出が盛んであり，日本の冬から春にあたる時期に多く輸出されている。

問9 次の図4中のタ〜ツは，図2中のX〜Zが主な産地となっているいずれかの資源について，産出量上位4か国と世界計に占める割合を示したものであり，X〜Zは，石炭，鉄鉱石，ボーキサイトのいずれかである。X〜Zとタ〜ツの組み合わせとして適切なものを，右の①〜⑥の中から1つ選べ。

	①	②	③	④	⑤	⑥
X	タ	タ	チ	チ	ツ	ツ
Y	チ	ツ	タ	ツ	タ	チ
Z	ツ	チ	ツ	タ	チ	タ

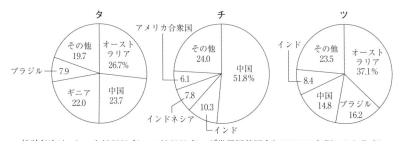

統計年次は，タ・チが2020年，ツが2022年。（『世界国勢図会』2023/24年版により作成）

図 4

問10 オーストラリアとニュージーランドの多文化社会について述べた次の文章中の下線部①〜④の中から，誤っているものを1つ選べ。

オーストラリアでは，①20世紀の初頭から白人を優遇する政策が行われ，ヨーロッパ系以外の移民の制限が行われていた。その政策は段階的に撤廃され，アジアなどからの移民受け入れを進め，②先住民サーミの文化を尊重するなど，多文化主義を積極的に推進するようになった。

ニュージーランドでは，③ポリネシア系の先住民であるマオリの伝統的な文化や言語を保存するための取り組みが行われており，④マオリ語も公用語の1つに採用されている。

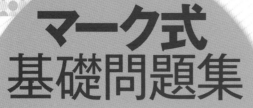

河合塾 SERIES

マーク式
基礎問題集

地理総合,
地理探究

解答・解説編

河合出版

第 1 章　地図と地理的技能

1　地図・地図投影法

解　答

A　(1)　c　　(2)　b　　(3)　c　　(4)　c　　(5)　d
B　(1)　d　　(2)　c　　(3)　b　　(4)　c　　(5)　a

A

■(1)　5 万分の 1 地形図は，実測図の 2 万 5000 分の 1 地形図をもとにした編集図である。実測図は空中写真や現地測量などをもとに作成され，国土地理院発行の 2500 分の 1 （都市部）および 5000 分の 1 （農村部）の国土基本図と 2 万 5000 分の 1 地形図が該当し，5 万分の 1 地形図，20 万分の 1 地勢図，50 万分の 1 地方図は編集図である。なお，近年は国土地理院が電子国土基本図の整備を進め，インターネット上の地理院地図で提供される電子地形図 25000 は，これをもとにした編集図となっている。

■(2)　統計地図は，絶対値を示した絶対分布図と，単位面積当たりや人口 1 人当たりなどの相対値を示した相対分布図に大別でき，ｂの高齢者人口比率は相対値なので，階級区分図が適している。ドットマップは，等値線図や図形表現図と同じ絶対分布図である。

■(3)　ａは正しい。中世のヨーロッパではキリスト教的世界観により地球球体説から地球円盤説に後退し，エルサレムを中心とする TO マップが作成された。ｂは正しい。地球球体説は紀元前 4 世紀にアリストテレスが唱え，2 世紀にプトレマイオスは球体である地球を円錐面に投影する方法を考案した。ｃは誤り。伊能忠敬は江戸時代中期に全国を測量して歩き，精度の高い日本全図を作成した。俵状に描いた地方を積み重ねた地図は，奈良時代に行基が描いた日本最古の地図の行基図である。ｄは正しい。メソポタミアで発見された古代のバビロニアの地図は，粘土板に描かれている。

■(4)　ａは正しい。風車や老人ホームなどの地図記号は，2006 年に加えられた。ｂは正しい。三角測量の基準点となる三角点は，見通しのよい山頂などに設置されている。ｃは誤り。太い実線の計曲線は，2 万 5000 分の 1 地形図では 50 m 間隔，5 万分の 1 地形図では 100 m 間隔である。ｄは正しい。土地利用図は，5 万分の 1 に続いて 2 万 5000 分の 1 が作成されている。

■(5)　ａ～ｃは基本事項で正しいが，ｄは誤りで，日付変更線は，直線ではなく，東経・西経 180 度の経線が通るロシア東部では，東側に折り曲げられ，赤道付近のキリバスなどでも東側に折れ曲がっている。

B

■(1)　地図投影法は，投影する面の違いから平面図法，円錐図法，円筒図法に分けられ，平面図法は，中心からの方位が正しいため方位図法とも呼ばれる。平面図法では地球が円形で表され（A），円錐図法では，地球は扇型で表される（B）。Aはランベルト正積方位

図法で，面積を正しくするために緯線間隔が中心から離れるほど狭くなっている。Bはランベルト正角円錐図法で，中緯度付近でひずみが少ないが，そこから離れるにつれてひずみが大きくなるので，世界全図には適さず，地方図に適している。しかし，Bは正距図法ではないので，dは誤っている。なお，距離が正しい正距図法は，経線方向の距離が正しいが，任意の二点間の距離が正しく表される図法はない。

■(2)　C，Dとも経緯線が直交しているので，円筒図法である。Cは正角図法のメルカトル図法で，任意の二点を結ぶ直線が等角航路（経線に対して同じ角度を保つ航路）を表すため，羅針盤を利用していた大航海時代に海図として利用された。メルカトル図法では極を表すことはできないが，Dのミラー図法では極が描けるように工夫され，高緯度のひずみはメルカトル図法より小さい。しかし，角は正しくないので，cが誤りであり，分布図には正積図法が適している。

■(3)　E，Fとも円錐図法で，Eのボンヌ図法は，緯線が等間隔で，緯線の長さを実長に合わせた正積図法である。Fは正距円錐図法で，緯線が等間隔で，経線沿いの距離は正しいが，緯線の長さは実際とは異なるので面積は正しくない。よって，bが誤りである。面積，角，距離，方位を地図の4要素といい，正距方位図法のように最大2要素までは正しく表現できるが，面積と角の両方を正しく表現することはできない。球面上では緯線と経線は直交しているが，ボンヌ図法では，中央経線から離れるに従って，緯線と経線のなす角が徐々に小さくなり，角のひずみが大きくなっている。

■(4)　G，Hともに緯線は直線で円筒図法と同じであるが，経線にはさまざまな曲線を用いており，擬円筒図法と呼ばれる。Gはサンソン図法で，緯線は等間隔で実長に合わせた正積図法であり，経線は正弦曲線となる。高緯度では緯線と経線のなす角が小さくなってひずみが大きくなるが，Hのモルワイデ図法では，経線を楕円曲線にすることで，高緯度のひずみを小さくしている。しかし，高緯度ほど緯線の長さは実長より長くなるので，面積を正しくするために，緯線間隔は高緯度ほど狭くなっている。よって，cが誤りである。

■(5)　Iは正積図法のエケルト図法で，極を赤道の半分の長さで表し，中高緯度で緯線と経線のなす角を直角に近づけてひずみを小さくしているが，面積を正しくするために，緯線間隔は高緯度ほど狭くなっている。経線には正弦曲線を使用している。よって，aが誤りである。Jは正積図法のグード（ホモロサイン）図法で，低緯度地方のひずみが小さいGのサンソン図法と，高緯度地方のひずみが小さいHのモルワイデ図法を，緯度40度44分で接合し，さらに大陸の形状のひずみを少なくするために，中央経線を複数とり，海洋で断裂させている。

② 正距方位図法

（解答）

問1　③　　問2　②

■**問1**　正距方位図法は，図の中心からの距離と方位が正しく，中心と任意の地点を結んだ直線は，最短経路の大圏航路（大圏コース）を示す。方位は，図の中心を通る経線の上が北，下が南で，その経線と中心で直交する直線の右が東，左が西なので，東京からみたサンフランシスコの方位は北東である。

■**問2**　正距方位図法で描かれた世界全図では，外周円は中心の対蹠点（地球の真裏の地点）で，地球1周は約4万kmなので，半径は約2万kmである。東京とサンフランシスコを結んだ直線を外周円まで延ばすと約2万kmで，サンフランシスコまでの長さはその半分弱なので，距離は約8000kmである。大圏航路は，大円（地球の中心を通る面で切ったときにできる円）上の航路で，地球を切ったときにできるその他の円（小円）より直線に近いので，最短経路となる。

③ メルカトル図法，時差，地図

（解答）

問1　①　　問2　③　　問3　③　　問4　①　　問5　④

■**問1**　成田とロンドン間の最短経路である大圏航路は，②の東京を中心とした正距方位図法で，東京とロンドンを結ぶ直線にほぼ対応し，ロシアの北極海沿岸付近を通過するアが該当する。

■**問2**　緯線は赤道が最長で約4万kmなので，Mが該当し，経度間隔30度だから，40000×30／360＝3333kmとなる。

■**問3**　1日は日付変更線から始まり，経度差15度で1時間の時差が生じるので，東京が午後6時のとき午前3時の都市は，時差が15時間，すなわち経度差は225度である。東京の標準時子午線は東経135度なので，その都市の標準時子午線は西経90度であり，経度0度を標準時子午線とするロンドンより6時間遅れている。よって，③が正解である。

■**問4**　①誤り。縮尺の大小は，縮尺の分数の値の大小に従うので，世界地図は小縮尺図，国土基本図は大縮尺図である。②正しい。メンタルマップは頭の中の地図で，実際の地図とは異なり，人によってさまざまである。③正しい。数値地図は，人口や標高などをメッシュ単位に数値化した地図で，コンピュータを用いて地図を作成するGISなどに利用される。④正しい。土地利用図や土壌図のように，特定のテーマについて地理情報を表現した地図は主題図で，地形図や地図帳の世界や日本の各地の地図のように，多くの地理情報を網羅した地図は一般図である。

■問5 ①正しい。インターネットでは地図や空中写真を見ることができる。②正しい。カーナビゲーションシステムは，複数の人工衛星からの信号を使って地上の位置を正確に知ることができる GPS（全地球測位システム）を利用している。③正しい。GIS により，さまざまな統計情報をコンピュータで地図化できる。④誤り。リモートセンシング（遠隔探査）は，人工衛星や飛行機などに搭載したセンサーで地表からの電磁波などをとらえ，地球のようすを知ることができるが，計画の有無に関するデータは得られない。

④ 尾根・谷・集水域

┌─ 解 答 ──────────────────────────┐
問1 ② 問2 ②
└──────────────────────────────┘

■問1 ①正しい。サの両端には閉曲線で囲まれた山頂があり，標高点もある。山頂の間には鞍部があり，両側に谷が下っている。②誤り。尾根線は，等高線が標高の高い方から低い方に向かって張り出したところをたどればよいが，シは低い方から高い方に向かって張り出しているので，谷線である。南端付近には灰色で示された池がみられる。③正しい。スは，破線の上の 532 m の小さな山頂から等高線が低い方に向かって張り出しているので尾根線であり，東側には谷線が並行し，河川が流れている。④正しい。セの北半分は等高線の間隔が狭いので傾斜が急であり，南半分は間隔が広いのでゆるやかである。
■問2 地点 X に雨水が流れ込む範囲，すなわち集水域（流域）は，尾根で囲まれた範囲になるので，右上の水垣内山の山頂の三角点から尾根線を描くと，Q 地点だけが X の集水域に含まれることがわかる。

⑤ 地形図読図

┌─ 解 答 ──────────────────────────┐
問1 ② 問2 ② 問3 ④ 問4 ① 問5 ② 問6 ③
問7 ③ 問8 ⑤ 問9 ④ 問10 ②
└──────────────────────────────┘

■問1 右下の飯野山の等高線をみると，太い実線の計曲線が 50 m 間隔なので，2 万 5 千分の 1 とわかる。全国をカバーする地形図の縮尺は 2 万 5 千分の 1 と 5 万分の 1 で，5 万分の 1 では，計曲線は 100 m 間隔である。
■問2 平均勾配は，問題に書かれているように標高差÷水平距離で計算できる。山頂は 421.9 m，「山根」の神社は約 40 m で標高差は約 382 m，水平距離は約 3 cm，すなわち 750 m（2 万 5 千分の 1 地形図では，1 cm が 250 m）なので，平均勾配は，382÷750 で，0.5 に最も近い。
■問3 宮池は，ほぼ正方形で一辺が約 1 cm なので，250 m×250 m＝62500 m^2 に最も近い。

■問4 ①正しい。土器川沿いの標高をみると，北西部には2.9mの水準点，南部には16mの標高点があるので，南東から北西に向かって流れていることがわかる。②誤り。河川敷には荒地の記号がみられる。③誤り。発電所ではなく工場がみられる。④誤り。高等学校ではなく小・中学校がみられる。

■問5 ①誤り。山頂には三角点がみられる。②正しい。針葉樹林が多いが，広葉樹林もみられる。③誤り。果樹園は標高100m以上にもみられる。④誤り。採鉱地はみられない。

■問6 郡市界は，飯野山の山頂から北東方向と北北西方向に延びており，異なる市に属しているのは，飯野山北麓の③「山田」と「池の下」である。その他はすべて同じ市に属している。

■問7 池は平坦な水田地帯にあり，堤防で囲まれていることから，人工的に造成されたため池とわかる。図の地域は瀬戸内気候で降水量が少なく，古くから農業用水のためにため池が造られてきた。

■問8 ⑤老人ホームとともに，③図書館，④博物館も新しく追加された記号で，②市役所は，町村役場の記号との違いを知っておこう。①観光案内所の記号はない。

■問9 A地点は50m，飯野山を通る最高地点は200m，B地点は94mなので，④である。

■問10 ②境港市は鳥取県で日本海に面している。その他の都市はすべて瀬戸内海に面している。

6 地域調査

（解答）

| 問1 | ⑥ | 問2 | ③ | 問3 | ④ | 問4 | ④ | 問5 | ② | 問6 | ② |

■問1 気温の年較差は沿岸部より内陸部で大きい。冬季の日照時間は，冬型気圧配置で降雪の多い日本海側で短く，太平洋側では長い。よって，気温の年較差が最大のウが高山市，冬季の日照時間が最長のアが浜松市，最短のイが富山市である。

■問2 ①正しい。人口密度はJR高山本線が通る旧高山市など盆地に位置する中心部とその隣接地域で高い。②正しい。中心部から離れた標高の高い地域では過疎化が進み，老年人口割合が高い。③誤り。中心部では雇用が多いため，核家族世帯や単身世帯の割合が高い。④正しい。縁辺部では，過疎化にともなう若年層の流出や高齢者の死亡にともなう世帯人員の減少が進んでいる。

■問3 カ：「現在は大都市圏を中心に出荷されていますが，交通網の整備される以前には，近郊の農家にとって朝市は農産物を販売する重要な場所でした」という会話から，域内が該当する。キ：「高山まで運ばれたブリは，標高1000mを超える山脈の峠を越え，海の魚を食べることが困難な地域にも運ばれていました」ということから，内陸に位置

し，高山市との間にある高峻な飛騨山脈の峠を越えて行くことができる松本が該当する。

■**問4**　①正しい。上二之町の南側には丁字路，北側には屈曲路がみられるが，このような街路形態は，遠方の見通しを悪くすることで，敵の移動を遅らせる防御的機能をもっていた。②正しい。宮川沿いの市街地の水準点，三角点，標高点や等高線から，南側より北側が低いことが読み取れるので，南から北へ流れていることがわかる。③正しい。城下町には寺院が集中した寺町があり，吹屋町の東側には天性寺町など寺院に由来する町名がみられる。④誤り。苔川に並行する西側の中央分離帯のある幹線道路沿いには，工場が集積した工業団地はみられない。

■**問5**　岐阜県全体では日帰り客数に比べて宿泊客数は非常に少ないが，図4から，高山市の旅行者数に占める宿泊客数の割合は2015年で4割程度と読み取れ，通過型観光地としての性格は強くないので，②が誤りである。図4の高山市の宿泊客数は約130万人，表2の外国人旅行者数は26.8万人なので，③は正しい。④も表2から正しいと読み取れる。①は図表からは読み取れないが，旅行者数は観光資源によるところが大きく，正しい。

■**問6**　本州中部では，海岸沿いの低地から高山にかけて，植生は常緑広葉樹林，落葉広葉樹林，針葉樹林と変化し，森林限界を超えるとハイマツや高山植物が分布する高山帯となる。よって，Aは森林が見られないので，森林限界を超えた高山帯である。Bは広葉樹林なので標高の低い山地帯，Cは針葉樹林なので標高の高い亜高山帯である。

第 2 章　自然環境

1　世界の地形

解　答

問 1	アジア：②	ヨーロッパ：⑤	問 2　②	問 3　①	問 4　①
問 5　④	問 6　③	問 7　①	問 8　②	問 9　①	問10　①
問11　④	問12　④	問13　③	問14　⑤		

■問 1　アジアには世界最高峰のエベレスト山など 8000 m を超えるヒマラヤ山脈や標高 4000 m 前後の広大なチベット高原などがあるので，3000 m 以上の割合が最も高い②が該当する。ヨーロッパは，東ヨーロッパ平原や北ドイツ平原，フランス平原など低地の占める割合が高いので，200 m 未満の割合が最も高い⑤である。一方，アフリカは，沿岸部に低地が少なく，台地状の大陸なので，200 m 未満の割合が南極に次いで低い①である。アジアについで 3000 m 以上の割合が高い③は，標高 6000 m 前後の高山が南北に連なるアンデス山脈のある南アメリカであるが，低平なアマゾン盆地も広がるため，200 m 未満の割合も高い。④はオーストラリアで，ニューギニアやニュージーランドなどは新期造山帯で高峻な山脈がみられるが，大陸には新期造山帯はなく，最高峰は 2000 m 程度なので，2000 m 以上の割合は最も低い。平均高度はヨーロッパとともに最も低い。北アメリカのロッキー山脈はアンデス山脈ほど高くないが，西部には新期造山帯の山脈や高原が広がるので，南アメリカに比べると 1000 m 以上の割合が高い。南極は厚さが約 2000 m の大陸氷河（氷床）に覆われているため，低地は少なく，平均高度は最も高い。

■問 2　①正しい。a はプレートの広がる境界の大西洋中央海嶺で，海底火山がみられる。②誤り。b はプレートの広がる境界のアフリカ大地溝帯で，エチオピア高原がある。③正しい。c はプレートの広がる境界のインド洋中央海嶺である。④正しい。d はプレートの狭まる境界のスンダ海溝で，付近ではスマトラ地震などの巨大地震が発生している。

■問 3　①正しい。e は安定陸塊のカナダ楯状地に位置するラブラドル高原で，カナダ最大の鉄鉱石産地である。②誤り。f は安定陸塊のブラジル楯状地に位置するブラジル高原である。③誤り。g はパリ盆地で構造平野のケスタがみられるが，新期造山帯はアルプス山脈以南で，付近は安定陸塊である。④誤り。h は安定陸塊で，グレートアーテジアン盆地が広がっており，大河川は流れていない。

■問 4　アのアパラチア山脈，イのウラル山脈，ウのドラケンスバーグ山脈はいずれも古期造山帯である。

■問 5　①誤り。p は安定陸塊のシベリア卓状地に位置する構造平野の西シベリア低地であるが，ボーキサイトは熱帯・亜熱帯地域に多く埋蔵され，この地域にはみられない。②誤り。q は，古期造山帯のテンシャン山脈で，インド・オーストラリアプレートとユーラシアプレートの衝突の影響による断層作用で再隆起して最高峰は 7000 m に達するが，銅

は産出しない。③誤り。rは新期造山帯のヒマラヤ山脈であるが，石炭は埋蔵されていない。④正しい。sは安定陸塊のデカン高原で，シングブームなどの鉄山がある。

■問6 ①誤り。カはハイチとドミニカ共和国が位置するイスパニョーラ島で，プレートの狭まる境界に位置し，環太平洋造山帯に属するが，火山はみられない。②誤り。キのグレートブリテン島は，古期造山帯に属しており，原油は東方の北海で産出される。③正しい。クのマダガスカル島は安定陸塊に属しているので，地殻変動はほとんどみられない。④誤り。ケのタスマニア島は古期造山帯で低平ではなく，冷涼なためサンゴ礁はみられない。

■問7 Yのスカンディナヴィア半島はかつて大陸氷河に覆われ，②〜⑤の氷河地形がみられるが，①の海岸平野は離水海岸で氷河地形ではない。

■問8 ①誤り。沿岸流による土砂の堆積地形は砂州や砂嘴である。②正しい。沿岸流により砂州がのびて島と繋がったものはトンボロ（陸繋砂州）とよばれる。③誤り。ワジは砂漠にみられる涸れ川で，これはラグーン（潟湖）である。④誤り。海岸段丘は，海食崖と海食台が離水して形成されたものである。

■問9 ①アマゾン川は熱帯を流れ，砂漠を流れる外来河川ではない。

■問10 ①エルベ川は河口部がラッパ状のエスチュアリで，ドイツ最大の貿易港であるハンブルクが位置している。②〜⑤の河川の河口部は三角州である。

■問11 北アメリカプレートとユーラシアプレートの境界にはフォッサマグナが形成され，西縁は④糸魚川・静岡構造線である。①日本海溝は太平洋プレートと北アメリカプレートの狭まる境界，②南海トラフはフィリピン海プレートとユーラシアプレートの狭まる境界，③伊豆・小笠原海溝は太平洋プレートとフィリピン海プレートの狭まる境界である。⑤日本列島はフォッサマグナにより東北日本と西南日本に分けられ，西南日本は諏訪湖付近から紀伊半島，四国，九州にかけて走る中央構造線により，南側の外帯と北側の内帯に分けられる。

■問12 ①誤り。雲仙岳（普賢岳）は1991年の噴火で粘性の大きいマグマによる溶岩ドームが形成され（平成新山），一部が崩壊して火砕流が発生し，多くの犠牲者を出した。②誤り。噴火の際に陥没してできた凹地はカルデラである。③誤り。シラス台地は溶岩台地ではなく，火砕流堆積物や火山灰によって形成された。④正しい。日光の中禅寺湖は，男体山の噴火による噴出物で河川がせきとめられて形成された堰止湖である。

■問13 火砕流には河川水や水，溶岩は含まれず，高速で流下する。

■問14 ①エトナ山はイタリアのシチリア島，②ピナトゥボ山はフィリピンのルソン島，⑤ヴェズヴィオ山はイタリアのナポリ付近に位置する火山である。③マッターホルン山と④モンブラン山はアルプス山脈の高峰で，火山ではない。

2 世界の気候

解　答

問1　(1) ④　　(2) ①　　(3) ①　　(4) ③　　(5) ①

問2　(6) ②　　(7) ③　　(8) ④　　(9) ②　　(10) ①

■問1

(1) コリオリの力（転向力）は，地球の自転によって生じ，北半球では右向き，南半球では左向きの力が働くため，高気圧から吹き出す風は，北半球では右回り（時計回り），南半球では左回り（反時計回り）になる。赤道低圧帯（熱帯収束帯）は，太陽の回帰により，北半球の夏（高日季）には北半球側に，冬（低日季）には南半球側に移動し，その高緯度側の中緯度（亜熱帯）高圧帯も同様に移動する。よって，Aの地域では，高日季が雨季，低日季が乾季のサバナ気候（Aw）となる。

(2) Bの地域は，冬季に亜寒帯低圧帯の影響圏で雨季，夏季に中緯度高圧帯の影響圏で乾季となる地中海性気候（Cs）なので，①が該当する。②は冬が乾季の温暖冬季少雨気候（Cw），③は温暖湿潤気候（Cfa），④はサバナ気候（Aw）である。

(3) Cは中緯度高圧帯から亜寒帯低圧帯に吹く①偏西風である。②極東風は極高圧帯から亜寒帯低圧帯に吹く風。貿易風は中緯度高圧帯から赤道低圧帯に吹く風で，北半球では③北東貿易風，南半球では④南東貿易風となる。

(4) Dの地域にみられるのは冷帯（亜寒帯）気候で，南半球では緯度50〜60度に大陸の広がりがないため存在しない。たとえば，南アメリカ大陸南端のフエゴ島のウスワイア（55°S付近）では，海洋の影響が強く，夏は冷涼で最暖月平均気温が9.7℃であるが，冬は気温低下が小さいため最寒月平均気温は1.7℃で，ツンドラ気候（ET）となっている。

(5) 南回帰線付近の南アメリカ大陸西岸にはアタカマ砂漠，アフリカ大陸西岸にはナミブ砂漠があり，年中中緯度高圧帯の影響圏に位置することに加え，沖合を北上する寒流のペルー海流，ベンゲラ海流の影響を受けている。これは，冷たい海水に接する空気が冷却されて大気が安定し，上昇気流が生じにくくなるためである。寒流の影響はEの地域より低緯度まで及び，南緯10度付近のペルーの首都リマも砂漠気候（BW）となっている。

■問2

(6) ケッペンの仮想大陸の気候区は，地図帳で気候区の分布をみて理解することが重要である。アは赤道付近にみられる熱帯雨林気候（Af）で，海岸部にみられる植生は②マングローブである。①のバオバブはマダガスカルなどアフリカのサバナにみられる樹種。③のセルバはアマゾン盆地，④のジャングルは東南アジアの熱帯雨林の名称である。

(7) エは砂漠気候で，③の日干しレンガを利用した住居が該当する。①は北極海沿岸に居住するイヌイット（エスキモー）の冬の住居のイグルー，②はヨーロッパ中央部でみられる木骨づくりの住居，④はモンゴルの遊牧民の移動式住居のゲルである。

(8) アは Af，イは Am，ウは Aw，エは BW，オは BS，カは Cs，キは Cw，クは Cfb，

ケは Cfa, コは Df, サは Dw, シは ET, スは EF である。

(9) 冷帯に分布する土壌は灰白色のポドゾルである。ラトソルは熱帯, 栗色土とチェルノーゼム（黒色土）は, それぞれステップ気候で乾燥が強い地域と弱い地域にみられる。

(10) ① グリーンランド島内陸部は氷雪気候で, シのツンドラ気候はみられない。ツンドラ気候は極周辺だけでなく, チベット高原やアンデス山脈などの高地にもみられる。

③ 日本の自然環境と文化

```
┌（解 答）
│ 問1  2・5    問2  J ア  K エ  L オ  M イ  N ウ
│ 問3  P ク    Q ケ    R カ    S キ    問4  3・5・8
│ 問5  U 2    V 3    W 4    X 1
└
```

■**問1** 1は誤り。Aは日高山脈で, カールなどの氷河地形はみられるが, 最高峰は幌尻岳（2052 m）で, 北海道最高峰も大雪山旭岳（2291 m）で, 2500 m を超えてはいない。2は正しい。Bは北上高地で, 福島県東部の阿武隈高地とともに, 険しい山々の多い山脈でなく高原状の隆起準平原である。山麓の放牧場で乳牛と肉牛が飼育され, 酪農と畜産に比重を置いた開発がなされている。3は誤り。Cは南アルプスの赤石山脈で, 東部にはフォッサマグナ西縁の糸魚川・静岡構造線が南北に走っており, 西側の伊那山地との間には諏訪湖から三河湾に延びる中央構造線が走っているが, 活火山はみられない。4は誤り。Dは四国山地で, 中央構造線は北側の吉野川沿いを東西に走り, 南側は外帯, 北側は内帯なので, 外帯に属している。5．Eは九州山地で, 降雨に恵まれて水力発電所が多いが, 2020年7月には南西部の熊本県の球磨川流域で集中豪雨による大きな水害が発生した。

■**問2** J（旭川）は, 緯度が高く内陸なので年較差が最も大きいア, 年降水量は少ない。次に緯度が高いK（高田）は, 年較差が2番目のエで, 冬の北西季節風による豪雪地帯なので年降水量は非常に多い。L（尾鷲）は, 夏の南東季節風に対して背後の紀伊山地の風上側に位置し, 国内の気象観測所で最も年降水量が多く, 外洋沿いで年較差が小さいので, オが該当する。M（高松）は, 夏と冬の季節風に対して南側の四国山地, 北側の中国山地の風下側で降水量が少ない瀬戸内式気候なので, 年降水量が少ないイが該当する。N（鹿児島）は, 緯度が低いので年較差が小さく, 降水量は季節風に対して九州山地の風上側の九州南東部よりは少ないので, オより年降水量が少ないウが該当する。

■**問3** カは, 海岸沿いに扇状地が, その背後には山地がみられるので, 飛騨山脈から富山湾に流れ込む黒部川河口部のRである。キは, 海岸沿いに山地があり, 入江が多いので, 河食によるV字谷が沈水したリアス海岸のある志摩半島南部の英虞湾のSである。クは, 海岸沿いの急斜面の海食崖がみられるので, 山地が海にせまる積丹半島のPである。ケは, 海岸沿いに平野がみられるので, 仙台平野の南側のQで, 東北地方太平洋沖地震で

は津波の大被害を受けた。

■問4 3の秋田平野には雄物川が流れており，最上川は山形県の庄内平野を流れている。5の濃尾平野には木曽三川（木曽川，長良川，揖斐川）が流れており，信濃川は越後平野を流れている。8の熊本平野には白川と緑川が流れており，球磨川は南側の八代平野を流れている。

■問5 Uは，北海道・北東北の縄文遺跡群で，2が該当する。Vは，富岡製糸場と絹産業遺産群で，3が該当する。Wは，石見銀山遺跡とその文化的景観で，4が該当する。Xは，奄美大島，徳之島，沖縄島北部及び西表島で，1が該当する。

---

④ 河川

┌─ 解 答 ─────────────────────────────────┐

問1 (ウ)　問2 (オ)　問3 (イ)　問4 (ウ)　問5 (カ)

問6 (イ)　問7 (イ)　問8 (オ)　問9 (ア)　問10 (ウ)

└──────────────────────────────────────┘

■問1 地球上の水の97.4％は海水，2.6％は陸水で，陸水に占める割合は，高い順に氷河76.42％，地下水22.79％，塩水湖0.297％，淡水湖0.286％，土壌水0.206％，河川水0.005％で，河川水が地球上の水全量に占める割合は0.0001％しかない。

■問2 地下水には，地表面に一番近い不透水層の上にある(イ)自由地下水，二つの不透水層の間に挟まれた(オ)被圧地下水，局地的な不透水層の上にある(ウ)宙水がある。井戸の位置が被圧地下水面より低い場合，井戸は自噴し，自噴井となるので，深い掘り抜き井戸で自噴することもあるのは被圧地下水である。(ア)化石水は，地層中に閉じ込められ，現在の水収支から取り残された地下水で，太古に海だった地域において，長い年月を経て陸地となった際，海水が地中に残存して地下水になったものなどがある。(エ)伏流水は，川の流水が地下に浸透して水脈を保っている地下水で，扇状地では砂礫からなる扇央で河川水が伏流して水無川となり，伏流水は扇端で地表に湧出して湧水帯となる。

■問3 霞ヶ浦は海跡湖で，面積は琵琶湖に次ぐ2位の168 km^{2}で広いが，最大水深は12 mで小さい。十和田湖はカルデラ湖で，面積は61 km^{2}で狭いが，最大水深は田沢湖に次ぐ2位の327 mで大きい。琵琶湖は断層湖で，面積は最大の669 km^2，最大水深は104 mである。

■問4 アマゾン川は，長さは2位で6516 km，流域面積は1位で70500百 km^{2}だから(ウ)，ナイル川は，長さは1位で6695 km，流域面積は3位で33490百 km^{2}だから(イ)，メコン川は，長さは4425 km，流域面積は8100百 km^{2}だから(ア)。

■問5 上流は山間部で河川沿いに等高線が多く，温泉もあるC，中流は網状流路と砂れき地の河原のあるB，下流は利根川との合流点に近く，北側の右岸に畑と集落のある自然堤防，その背後に水田のある後背湿地がみられる氾濫原のAである。

■問6 ポー川は，アルプス山脈を源としてイタリア半島北側のパダノ＝ヴェネタ平野を流

れ，付近は温暖湿潤気候なので，流量が安定している(イ)である。エニセイ川は，シベリア中央部を北極海に流出し，春の融雪期に流量が多くなる(ア)である。メコン川は，チベット高原を源としてインドシナ半島を流れ，季節風の影響を受けるため，多雨の夏季に流量が多い(ウ)である。

■問7　(ウ)は，流量が少ないので，降水量が少ない瀬戸内式気候地域の高梁川で，梅雨期と秋雨期に流量が多い。(ア)は，3〜4月に流量が多いので，融雪水が流入する日本海型気候地域の最上川である。(イ)は，利根川で，東日本では梅雨期より秋雨期の方が多雨になるので9月に流量が多いが，2016年には梅雨期の流量が非常に少ない。

■問8　乾燥帯は，蒸発量が降水量より多く，土壌水分が不足して樹林が生育できない気候帯なので，乾燥限界値は，蒸発量に関係する(オ)年平均気温から算出される。

■問9　乾燥帯で湿潤地帯から流れ出してくるのはナイル川などの(ア)外来河川である。(イ)国際河川は，複数の国の領域を流れ，外国船舶の自由航行ができる河川。(ウ)蛇行河川は，沖積平野などで流路が屈曲した河川。(エ)天井川は，扇状地の扇央などで堤防間の河床が周囲より高くなった河川。

■問10　イタリアのテヴェレ川はローマを流れ，河口部にはカスプ（尖）状三角州がみられるので，Bが該当する。イギリスのテムズ川はロンドンを流れ，河口が沈水してできたラッパ状の入江のエスチュアリー（三角江）がみられるので，Aが該当する。アメリカ合衆国のミシシッピ川の河口部には鳥趾状三角州がみられるので，Cが該当する。

⑤　環境問題

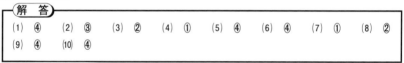

解　答

| (1) ④ | (2) ③ | (3) ② | (4) ① | (5) ④ | (6) ④ | (7) ① | (8) ② |
| (9) ④ | (10) ④ | | | | | | |

■(1) 温室効果ガス排出量の増減率が高いのは，経済成長が続く発展途上国で，経済水準の高い中国の方が増減率と1人あたりの排出量が多いAで，Bはインドである。先進国は1人あたり排出量が多く，特にエネルギー消費量の多いアメリカ合衆国はCで，省エネルギーを進め，増減率の低いDはドイツである。GDP 1ドルあたりの排出量は，早くから省エネルギーで生産効率を高めている先進国で少なく，発展途上国では多い。

■(2) アメリカ合衆国は中国に次いでエネルギー消費量が多く，大気汚染物質の排出量が多いEが該当し，ロシアはFである。硫黄酸化物は，石炭や石油など化石燃料に含まれる硫黄が燃焼により酸素と化合して生成されるが，脱硫技術の進化によって排出量はかなり減少している。一方，窒素酸化物は，空気中の窒素が燃焼によって酸素と化合して生成されるものが多く，工場や自動車などから排出され，硫黄酸化物に比べると排出量の削減は難しいので，大幅に減少しているXが硫黄酸化物で，Yが窒素酸化物である。

■(3) ①誤り。ヨーロッパでは，工業化が進んだ西ヨーロッパで酸性雨の原因物質である

硫黄酸化物や窒素酸化物の排出量が多いが，偏西風で東に運ばれて北ヨーロッパや東ヨーロッパで酸性雨の被害が大きくなっている。また，東ヨーロッパでは，汚染物質の排出量が多い亜炭・褐炭の使用が多いことや，公害対策の遅れなども酸性雨の被害拡大につながっていた。②正しい。北アメリカのカナダとアメリカ合衆国では，工業化が進んだ五大湖周辺で酸性雨の被害が大きい。③誤り。石炭の方が石油より硫黄を多く含むため，酸性雨の被害が大きくなる。④誤り。石炭の消費量が多い中国では酸性雨の被害も大きいが，アマゾン川流域では工業化は進んでいないため被害は拡大していない。

■(4) 温室効果ガスには，二酸化炭素，メタン，フロン，一酸化二窒素などがあるが，二酸化硫黄（硫黄酸化物）は温室効果ガスではない。また，メタンは近年の温暖化による永久凍土の融解で放出が懸念されているので，①が正しい。

■(5) オゾン層は成層圏にあり，太陽からの紫外線を吸収しているが，冷蔵庫やクーラーの冷媒などに使用されていたフロンにより破壊され，南極上空にはオゾン層の薄いオゾンホールが1984年に発見された。その後，オゾン層保護のためのモントリオール議定書（1989年発効）によりフロンの生産と輸出が規制され，オゾンホールは2000年代に入って縮小傾向にあるが，大きくは縮小していない。また，オゾン層破壊による紫外線の増加は，皮膚がんなど人体に悪影響をおよぼす。よって，④が正しい。

■(6) ①誤り。サヘル地帯はサハラ砂漠南縁で，砂漠化の原因としては，異常気象による降水量の減少という自然的要因に加え，人口増加にともなう過耕作，過放牧，過伐採による植生破壊という人為的要因が大きい。焼畑は熱帯で行われ，熱帯林破壊の原因である。②誤り。ロシア東部では，山火事で針葉樹林が失われると，地表が露出し日射にさらされ永久凍土が融解して温室効果ガスのメタンが放出されるが，亜寒帯気候で砂漠化はみられない。③誤り。コンゴ盆地は熱帯雨林気候で，砂漠化はみられない。④正しい。中国では，農地開発や過放牧による草地の減少で，タクラマカン砂漠やゴビ砂漠の周辺で砂漠化が進んでおり，対策として植林を行い，森林面積は増加している。

■(7) ①スマトラ島では焼畑や油やしプランテーションの拡大で熱帯林破壊が進んでいる。②アイスランド島と南アメリカ南端の④フエゴ島にはツンドラ気候と西岸海洋性気候が広がり，森林は少なく森林破壊はみられない。③グリーンランドには氷雪気候とツンドラ気候が広がり，森林はみられない。

■(8) ①誤り。1967年に公害対策基本法が制定され，1993年に環境基本法に移行した。②正しい。クールビズとウォームビズは，28℃と20℃の室温で快適にすごせる服装にする取組みで，冷暖房温度を緩和することで地球温暖化対策となる。③誤り。家電リサイクル法は2001年から施行され，エアコン，テレビ，冷蔵庫，洗濯機についてリサイクルが義務化された。④誤り。2021年の発電量割合は，火力80.0％，水力9.0％，原子力7.0％，太陽光2.9％，風力0.8％，地熱0.2％であり，先進国の中では再生可能エネルギーの割合は低い。

■(9) ①誤り。アには油田はなく，原油流出事故はメキシコ湾で起きている。②誤り。イには原子力発電所はなく，チェルノブイリ原発事故はウクライナで発生した。③誤り。ウ

のアラル海は面積が縮小している。④正しい。エの中国では石炭がエネルギー消費の中心で，硫黄酸化物の排出が多く，近年は都市部でPM2.5（微小粒子状物質）の増加により大気汚染が深刻化している。

■⑽　①誤り。国連人間環境会議は，1972年にストックホルムで開催され，「かけがえのない地球」がスローガンとされた。②誤り。1992年にリオデジャネイロで開催された国連環境開発会議（地球サミット）のスローガンは「持続可能な開発」である。③誤り。地球サミットで採択された気候変動枠組条約にはアメリカ合衆国も中国も参加していたが，1997年に先進国の温室効果ガスの削減数値目標が設定された京都議定書から，アメリカ合衆国は2001年に離脱した。2015年に採択されたパリ協定では，すべての国が削減目標の提出を義務づけられたが，アメリカ合衆国ではトランプ大統領が2017年に離脱を表明したものの，2021年にバイデン大統領が復帰した。④正しい。ナイロビに本部のある国連環境計画（UNEP）は，国連人間環境会議で設立が決定された。

⑥　自然環境と自然災害

```
┌─ 解　答 ─────────────────────────────────────────┐
│  問1　②　　問2　①　　問3　②　　問4　①・⑤　　問5　⑤　　問6　④  │
└─────────────────────────────────────────────────┘
```

■問1　①は時間スケールが1か月以内で短いので，短期間に移動する低気圧・台風であり，移動する空間スケールも狭い。②は時間スケールが1年以内なので，夏と冬で風向が反対になるモンスーン（季節風）であり，モンスーンが発達する東～南アジアのように空間スケールは広くなる。③はエルニーニョ・ラニーニャ現象で，赤道付近の東太平洋海域で貿易風が弱くなり，海面水温が平年より高くなるエルニーニョ現象と，逆に貿易風が強くなり，海面水温が平年より低くなるラニーニャ現象は，半年から1年半くらい続くので，時間スケールはやや長い。また太平洋西部では海面水温の高低が東部と反対となり，広域に異常気象が発生するので，空間スケールも広い。④は地球温暖化で，温室効果ガスの排出により長期間続き，地球全域で発生するので，時間スケールと空間スケールはどちらも最大である。

■問2　サンゴ礁は寒流の流れる海面水温の低い海域ではみられないので，北半球で寒流のカリフォルニア海流が南下し，南半球で寒流のペルー海流が北上する太平洋側にほとんど分布していない図2のイが該当する。また，サンゴ礁は水が濁らない海底にのみ形成され，河川の土砂が流れつく河口付近などにはみられないので，アマゾン川の河口付近にも分布していない。マングローブは熱帯の海岸部で満潮時に海水が進入して海水の塩分が少ない潮間帯に広がる森林で，図2のアが該当するが，ペルー海流沿いの南アメリカ大陸低緯度の太平洋岸では，下層の空気が冷やされて上昇気流が発生しないため少雨で海岸砂漠が広がっているので，マングローブはみられない。海流は，大気大循環により海面付近で卓越する貿易風や偏西風の影響を受けて流れる吹送流が中心で，北半球では時計回り，南

半球では反時計回りなので，図3の海流の向きはAからBで，大西洋ではギアナ海流（北赤道海流）が北上し，ブラジル海流が南下している。

■問3 東京は8月が最暖月であるが，カは2月が最暖月なので，南半球のオーストラリア南西岸のパースである。キは気温の年較差より日較差の方が大きいので，低緯度のアンデス山脈の高地に位置するボリビアのラパスである。クは7月が最暖月で気温の年較差が非常に大きいので，冬季寒冷なシベリア東部のロシアのヤクーツクである。

■問4 ①のカリブ海東部は，北アメリカプレートと南アメリカプレートがカリブプレートの下に沈み込むプレートのせばまる境界で，プエルトリコ海溝があり，火山がみられる。また，カリブ海では熱帯低気圧のハリケーンが襲来するので，JとKの両方が当てはまる。②のブラジル南部は安定陸塊のブラジル楯状地で火山はなく，南半球の大西洋では熱帯低気圧が発生しないので，JとKのどちらも当てはまらない。③と④のアフリカ大陸南西岸と北西岸は安定陸塊のアフリカ楯状地で火山はなく，沖合を寒流のベンゲラ海流とカナリア海流が低緯度側に流れて熱帯低気圧は発生しないので，JとKのどちらも当てはまらない。⑤のイタリア半島付近は，地中海でアフリカプレートがユーラシアプレートの下に沈み込むプレートのせばまる境界なので，イタリア半島南部のナポリの近くのヴェズヴィオ山やシチリア島のエトナ山などの火山がみられる。しかし，地中海には熱帯低気圧は襲来しないので，Jのみが当てはまる。

■問5 地震の震源は，海溝型地震ではプレートの沈み込む境界面に沿って分布するので浅いところから深いところまで斜めにみられ，直下型地震では活断層のある浅いところにみられるので，海溝型地震が東と西にみられるタは，伊豆・小笠原海溝と南西諸島海溝が位置するRが該当する。チとツの図は類似しているが，チは海溝型地震の発生する海溝が東端付近にみられるので千島・カムチャツカ海溝が位置するPが該当し，北海道で直下型地震が発生している。ツは日本海溝が位置するQで，幅の広い本州で直下型地震が多く発生している。

■問6 都市化が進むと，森林や農地が減少して地表面がアスファルトやコンクリートで覆われるので，雨水が浸透しなくなり，下水道の氾濫も起こりやすくなるため，河川が早く増水し水位も高くなる都市型水害が発生する。よって，図8のYは都市化の前，Xは都市化の後で，空欄マにはYからX，空欄ミにはnが当てはまる。

⑦ 世界の自然環境と自然災害

```
解 答
問1 ③    問2 ⑤    問3 ④    問4 ③    問5 ②    問6 ④
```

■問1 Aには，プレートの広がる境界に形成された大西洋中央海嶺が位置するので，中央部が盛り上がった④が該当する。Aの北方のアイスランド島は，大西洋中央海嶺上に噴出した火山島である。日本列島の南方のBには，プレートのせばまる境界に形成された伊

豆・小笠原海溝が位置するので，水深の大きな**③**が該当する。Cはオーストラリア大陸と
ニューギニア島の間のアラフラ海で，水深200m未満の大陸棚が広がっており，**①**が該
当する。Dの太平洋北東部は，水深5000m前後の大洋底が広がる**②**が該当する。海洋の
大部分はこのような大洋底が占めている。地図帳でプレート境界とともに海底地形を確認
しておこう。

■問2　海氷に覆われにくい海域は，海水温の高い海域，すなわち暖流が流れる海域なの
で，北大西洋海流が北上するKと，北太平洋海流から続くアラスカ海流が北上するMが該
当する。K付近のスカンディナヴィア半島沿岸部とM付近のアラスカ沿岸部は暖流の影響
を受け冬季温和で，西岸海洋性気候（Cfb）が分布している。また，スカンディナヴィア
半島では北端まで不凍港がみられる。Jには東グリーンランド海流，Lには親潮（千島海
流）から分かれた海流が流れ，どちらも寒流で，流氷がみられる。

■問3　ア～エはほぼ同緯度に位置するが，気候は大きく異なる。PとQは，冬季の降水
量が多く，夏季は乾燥していることから，大陸西岸に分布する地中海性気候（Cs）の特
徴がみられる。よって，地中海付近のアか北アメリカ大陸太平洋岸のウのどちらかである
が，ウは，沖合を寒流のカリフォルニア海流が南下し，夏季の気温が低いことからPが該
当し，アはQである。Rは夏季も冬季も降水量が少なく，気温の年較差（最暖月と最寒月
の平均気温の差）が大きいので，大陸内部の中央アジアに位置するイである。Sは年中多
雨で最暖月平均気温が22℃を超える温暖湿潤気候（Cfa）なので，大陸東岸のエである。

■問4　**①**正しい。砂州は，海岸線に並行して流れる沿岸流によって運ばれた砂や泥など
が直線状に堆積した地形で，嘴状に堆積すると砂嘴になる。**②**正しい。砂州によって外洋
から切り離された水域は潟湖（ラグーン）と呼ばれる。**③**誤り。陸繋島は，陸繋砂州（ト
ンボロ）によって陸地と繋がった島であるが，クには河川が流れており，問題文にあるよ
うに，河川が運搬した砂や泥などによって形成された三角州である。**④**正しい。砂や泥が
干潮時に現れるのは干潟であるが，ケの島々に立地するヴェネツィアの旧市街地が干潟の
高まりを利用して形成されたことは知らなくてよい。

■問5　X～Zの発生件数には大きな差はないが，被害額と被災者数の差は大きい。Xは，
被災者数が世界の89％を占めることから，世界人口の約6割が居住するアジアと判定す
る。Yは，被災者数は3％と少ないが被害額は35％と多く，ヨーロッパと同様の傾向が
みられることから，先進国のアメリカ合衆国やカナダが含まれる南北アメリカと判定す
る。一方，Zは，被災者数が7％に対して，被害額が1％と少ないことから，発展途上地
域のアフリカである。

■問6　**①**正しい。図6には，年間に最も多い風向の場合に予想される降灰範囲と厚さが
示されているが，火山噴火が生じるときの風向が東寄りであればサにも火山灰が降り，農
作物に被害が出る可能性はある。**②**正しい。シは土石流が及ぶところに位置している。**③**
正しい。スは火砕流の熱風部が及ぶ範囲に位置している。**④**誤り。セは土石流が及ぶ範囲
と火砕流の本体が及ぶ範囲の両方に位置している。

第3章　資源と産業

1　農業地域区分

(解答)

問1　エ　　問2　ア　　問3　イ　　問4　ア　　問5　エ　　問6　ウ

問7　a　オ　　b　ア　　問8　イ　　問9　ア　　問10　ウ

問11　①　ア　　②　エ　　③　ア　　問12　ウ

■問1　豚は放牧に適さず，遊牧には利用されない。遊牧は農耕のできない寒冷地域や乾燥地域で行われ，トナカイは北極海周辺，山羊と羊は乾燥地域，リャマはアンデス地方で飼育されている。

■問2　企業的牧畜で飼育されるのは，牛か羊である。

■問3　中世に夏作物，冬作物，休閑地のローテーションを行っていた三圃式農業から混合農業は発展し，休閑地に根菜類と牧草を栽培して夏作物と冬作物との輪作を行い，休閑地はなくなった。舎飼いする家畜の厩肥を肥料とし，機械化も進められた。

■問4　大規模経営の企業的牧畜では家畜は放牧される。移牧はアルプス地方など山岳地域で行われ，冬は山麓で舎飼いされ，夏は高地の草原で放牧される。

■問5　遊牧は自給的農業で，発展途上国を中心に行われるが，先進国でもスカンディナヴィア半島北部のラップランドでは，先住民のサーミがトナカイの遊牧を行っている。コロラド高原のあるアメリカ合衆国では行われていない。

■問6　企業的牧畜は，ステップ気候の乾燥パンパやオーストラリア南西部，サバナ気候のカンポなどで行われているが，プレーリーは温帯草原で乾燥地域ではないため小麦やトウモロコシが栽培されている。プレーリーの西側のグレートベースンはステップ気候なので企業的牧畜が行われている。

■問7　フィードロット（肥育場）は，企業的牧畜で放牧されていた家畜に，出荷前に穀物を中心とした濃厚飼料を与え肉質を向上させるための施設である。ゲルはモンゴル，パオは中国で遊牧民が利用しているテント式の移動式住居である。

■問8　天然ゴムは赤道直下のアマゾン地方が原産地で，現在の生産の中心は東南アジアのタイ，インドネシアで，北緯15度以南の地域で栽培されている。茶は中国南東部が原産地で，日本など温帯でも栽培が盛んである。サトウキビの原産地はニューギニア島であるが，南西諸島でも栽培されている。バナナの原産地は東南アジアで，台湾など回帰線付近でも栽培されている。コーヒーはエチオピア高原が原産地で，南緯20度付近のブラジル高原南部が世界一の生産地である。

■問9　19世紀にドイツの経済学者チューネンが「孤立国」という書物で，農業形態は都市（市場）からの距離による輸送費の違いにより同心円状に変わり，内側から自由式農業（園芸，酪農），林業，集約的穀物農業（輪栽式農業），穀草式農業，三圃式農業，牧畜の

順に配列するとした。よって，輪栽式の混合農業が該当する。

■**問10** アメリカ合衆国の西経100度付近は年降水量500mm前後で，肥沃なプレーリー土が分布し，企業的穀物農業が行われているが，農業地域と牧畜地域の境界で企業的牧畜も行われ，近年はセンターピボット方式で牛の飼料となるトウモロコシが栽培されている。

■**問11** ①土地生産性，労働生産性ともに高いαには，集約的な混合農業が該当する。②土地生産性は低いが労働生産性は高いβには，大規模経営の企業的穀物農業が該当する。③労働生産性は低いが土地生産性は高いδには，モンスーンアジアで行われる労働集約的な集約的稲作農業が該当する。熱帯の自給的農業である粗放的な焼畑農業はγに該当し，商業的農業の園芸農業はαに該当する。

■**問12** 資本集約的農業は，大量の資本を投下するので，大規模経営の企業的農業が行われる新大陸に典型的にみられる。

② 資源と産業

解答

問1 ②	問2 ③	問3 ④	問4 ④	問5 ③	問6 ③

■**問1** ①誤り。教会と集落の周りには濠はみられない。②正しい。ヨーロッパの農業は，古代には耕地を二つに分けて耕作と休閑（地力の消耗を防ぐため）を1年ごとに繰り返す二圃式農業，中世には耕地を夏穀物・冬穀物・休閑の三つに分けて3年周期で一巡する三圃式農業が行われ，近世以降には休閑地に飼料作物の根菜類や牧草を導入し，家畜飼育を増加させる混合農業へと発展した。図1中の耕作地には春耕地，秋耕地，休閑地があり，輪作していたことが読み取れる。③誤り。耕作地を短冊上に分割していたのは，各農家用の耕作地にするためであり，土壌侵食を防ぐためには耕作地を平坦にするなどの対策が必要である。④誤り。集落は南部にあり，耕作地に隣接した場所には家屋はみられない。

■**問2** 東アジアでは，人口が多く小規模な農地に多くの労働力を投下する労働集約的な農業が行われて土地生産性が高く，大量の水が必要で灌漑が行われる稲作が盛んなので，1ha当たりの穀物収量が最も高く，耕作地に占める灌漑面積の割合も高い③が該当する。アフリカでは，焼畑農業のような労働力や資本の投下が少ない粗放的農業が中心で灌漑も少ないため，耕作地に占める灌漑面積の割合も1ha当たりの穀物収量も低い①が該当する。中央・西アジアでは，乾燥地域で農業が行われるので，耕作地に占める灌漑面積の割合は最も高いが1ha当たりの穀物収量は低い④が該当する。ヨーロッパは資本集約的な畑作が中心なので，耕作地に占める灌漑面積の割合は低いが，1ha当たりの穀物収量は高い②が該当する。

■**問3** ①誤り。遺伝子組み換え作物には，除草剤耐性品種と害虫抵抗性品種があり，雑草だけを枯らすために農薬の除草剤がまかれる。②誤り。OECD（経済協力開発機構）の

加盟国は先進国が大部分で，栽培国にはアメリカ合衆国やカナダ，オーストラリア，スペインなど加盟国は少なく，加盟していないアジアやアフリカ，南アメリカの発展途上国の方が多い。③誤り。企業的な大規模農業が中心に行われているのは新大陸の国々が中心で，上位5か国の中には南北アメリカの4か国が入っているが，自給的農業が中心のインドも入っている。④正しい。栽培作物の中には食用の作物でない綿花だけを栽培している国があり，栽培自体を行わない国も多くみられる。

■問4　Aは羊肉で，生産量と輸出量が多いニュージーランドが高位であることや，羊の飼育に適した乾燥帯の西・中央アジアや北アフリカの国が多く入っていることから判定できる。Bは牛肉で，牛肉生産量が少ないインドが高位であるのは，図4の注に，牛肉には，水牛，ヤクなどの肉を含むと書いてあり，インドは水牛の頭数世界一で，ヤクはヒマラヤ山脈付近で飼育され，これらの肉の輸出が多いためである。また，下の表①・②から読み取れるように，オーストラリアやアルゼンチンは高位である。Cは鶏肉で，表②の輸出量上位国の，ブラジルやポーランド，トルコなどが高位であり，鶏肉輸入量世界4位（2020年）の日本の輸入先1位のブラジルに次ぐ2位のタイも高位である。

表①　牛肉・鶏肉・羊肉の生産量上位国　　　　　（単位：万t）

	牛肉		鶏肉		羊肉	
1位	アメリカ合衆国	1,235	アメリカ合衆国	2,017	中国	246
2位	ブラジル	1,020	中国	1,476	オーストラリア	73
3位	中国	599	ブラジル	1,352	ニュージーランド	45
4位	アルゼンチン	314	ロシア	461	アルジェリア	33
5位	オーストラリア	235	インド	418	イギリス	31

表②　牛肉・鶏肉・羊肉の輸出量上位国　　　　　（単位：万t）

	牛肉		鶏肉		羊肉	
1位	ブラジル	157	ブラジル	395	オーストラリア	50
2位	オーストラリア	131	アメリカ合衆国	334	ニュージーランド	39
3位	アメリカ合衆国	97	オランダ	129	イギリス	10
4位	アルゼンチン	56	ポーランド	92	アイルランド	5
5位	オランダ	49	トルコ	48	スペイン	4

統計年次は2019年。『世界国勢図会』により作成。

■問5　図5はEU域外への輸送手段別割合で，EU非加盟国（2019年）は，西ヨーロッパではスイス，ノルウェー，アイスランド，東ヨーロッパでは旧ユーゴスラビアのセルビア，ボスニア・ヘルツェゴビナ，モンテネグロ，コソボ，北マケドニアとアルバニアで，ポルトガルはスペインとだけ国境を接し，非加盟国への距離が遠く，フランスはスイスと隣接しているので，道路輸送の割合が高いアがフランス，低いイがポルトガルである。輸出額と輸出量の判定は，大量の貨物を安価に運べる海上輸送は，輸出量の割合の方が高

く，貨物の輸送量が高価な航空輸送は輸出額の割合の方が高いので，海上輸送の割合が高いEが輸出量，航空輸送の割合が高いFが輸出額である。

■**問6**　紙の生産に使用されるパルプと古紙の消費量の合計は国の人口にほぼ対応するので，カはアメリカ合衆国，キはドイツ，クはカナダである。パルプ生産量が少ない国では古紙の再生利用が盛んなので，パルプ生産・輸出量（2020年）が世界1・3位のアメリカ合衆国と4・2位のカナダで消費量の割合が高いXはパルプである。日本とドイツで消費量の割合が高いYは古紙で，パルプの生産量が少なく輸入量が多いドイツでは，古紙の消費量が多い。

③　漁業・林業

解　答

問1 ②	問2 ③	問3 ④	問4 ②	問5 ⑤	問6 ②
問7 ①	問8 ①	問9 ②	問10 ②	問11 ①	問12 ②
問13 ①					

■**問1**　排他的経済水域は沿岸200海里まで，領海は沿岸3海里までである。

■**問2**　北東大西洋漁場には，イギリスの東側の北海に③ドッガーバンクがある。①グランドバンクは北西大西洋漁場のカナダのニューファンドランド島の南東部にあり，②ジョージバンクは，アメリカ合衆国北東部のボストン付近の東部にある。④大和堆は，日本海中央部の日本の排他的経済水域内にある。

■**問3**　北西大西洋漁場でぶつかり合う海流は，④寒流のラブラドル海流と暖流のメキシコ湾流である。①北赤道海流は，大西洋と太平洋の赤道の北側を東から西に流れる暖流で，カナリア海流は，ヨーロッパ南西部からアフリカ北西部に南下する寒流である。②北大西洋海流は，メキシコ湾流から続くヨーロッパの西側をスカンディナビア半島の北側まで北上する暖流で，カリフォルニア海流は，北アメリカ大陸西側を南下する寒流である。③フンボルト海流は，ペルー海流とも呼ばれ，南アメリカ大陸の西側を北上する寒流で，フォークランド海流は，南アメリカ大陸南東部のアルゼンチンの沖合を北上する寒流である。

■**問4**　栽培漁業は，②卵から育てた稚魚を放流し，育ったものを捕獲する漁業で，魚種としてはヒラメ，マダイ，クルマエビなどがある。①，③，④は養殖業である。

■**問5**　日本の海面漁業の生産量は，多い順にアが沖合漁業，イが沿岸漁業，ウが遠洋漁業である。

■**問6**　世界の水産物輸出額上位5か国（2020年）は，中国，ノルウェー，ベトナム，チリ，インド。

■**問7**　世界の水産物輸入額上位5か国（2020年）は，アメリカ，中国，日本，スペイン，フランス。

■問 8 ①正しい。乱獲による資源の枯渇に対して，水産資源保護が取り組まれているが，公海では漁業をどこの国でも行え，発展途上国の漁獲量は増加しているため，漁獲量の減少は進んでいない。②誤り。養殖業生産量は 2013 年から漁獲量より多くなっている。③誤り。漁獲量は 1980 年代まで増加を続けたが，1990 年代からは停滞している。④誤り。野生動植物の保護に関するワシントン条約は 1975 年に発効され，2010 年の第 15 回ワシントン条約締約国会議では，大西洋クロマグロの国際的な取引を一時的に禁止すべきという提案が否決された。

■問 9　陸地面積に占める割合は，森林は 31.1%，耕地・樹園地は 12.0%，牧場・牧草地は 24.4% である（2020 年）。

■問10　日本の国土面積（3,779 万 ha）の約 7 割の森林面積（2,505 万 ha）のうち，人工林面積は約 4 割の 1,020 万 ha であり，人工林面積の約 7 割はスギ・ヒノキ林である（2017 年）。

■問11　熱帯林保全のため，森林伐採後に植林をして，木が育つまで樹間で作物を栽培する農業と林業の複合として①アグロフォレストリーが行われている。②グリーンレボリューションは緑の革命，③ディープエコロジーは深い生態学，④バイオマスシステムは生物資源を利用するシステム。

■問12　日本の木材輸入先上位 5 か国（2021 年）は，カナダ 29.8%，アメリカ合衆国 17.0%，ロシア 13.1%，スウェーデン 9.2%，フィンランド 8.0% で，針葉樹が中心である。

■問13　①正しい。発展途上国では薪炭材の割合が高く，先進国では用材の割合が高い。②誤り。世界の木材生産量は 3,967 百万 ㎥，輸出量は 316 百万 ㎥ である（2021 年）。③誤り。チークはタイ・ミャンマーなどで産出され，高級家具や船舶用材などに使われ，ラワンはフィリピン，カリマンタン島などで産出され，合板材などに使われる。④誤り。冷帯林はタイガ（針葉樹林帯）とも呼ばれ，針葉樹は建築用材やパルプ用材などに使われる。

④　エネルギー・鉱産資源

解答

| (1) | c | (2) | b | (3) | a | (4) | c | (5) | ① | c | ② | b | (6) | c |
| (7) | d | (8) | d | (9) | c |

■(1)　原油生産上位 3 か国は，順位の入れ替わりはあるものの固定されており，サウジアラビアと b のロシアは輸出 1，2 位，a のアメリカ合衆国は輸入 2 位である。輸出 3 位の c はイラクで，輸入 3 位の d は近年経済発展しているインドである。

■(2)　イはサウジアラビアのガワール油田（A）で，埋蔵量の多い油田は中東に多い。ロはベネズエラのマラカイボ油田（C）で，沖合のオランダ領のアルバ島，キュラソー島で精油されている。ハはカナダのアルバータ州エドモントン付近のロッキー山地油田（B）

で，カナダではオイルサンドの生産も盛んである。

■(3) 石炭の生産量は中国が世界全体の50.4％（2020年）を占め，2位のaインドとともに近年は輸入も増加し，世界1，2位の輸入国となっている。両国ともに一次エネルギー供給に占める石炭の割合が高い。輸出量2位のbはオーストラリアであるが，近年はインドネシアが輸出量の増加で1位となっている。cは南アフリカ共和国で，古期造山帯のドラケンスバーグ山脈の北側に炭田があり，石炭生産量は世界7位でアフリカで最も多い。輸入量3位のdは日本で，2010年までは世界一の輸入国であった。

■(4) Dのルール炭田は，ライン川の支流のルール川沿いに位置し，ヨーロッパ最大の工業地域であるルール工業地帯の鉄鋼業の背景となった。Eのシロンスク炭田はポーランド南部に位置し，付近では鉄鋼業が発達している。ポーランドの石炭生産は世界10位（2020年）で，ヨーロッパではロシアに次いでいる。Fのカラガンダ炭田はカザフスタンにあり，付近には鉄山もあり，鉄鋼業が発達している。クリヴォイログ鉄山と結ばれたのは，ウクライナのドネツ炭田なので，この文が誤りである。Gのフーシュン炭田は，戦前の満州時代に日本によって開発され，鉄山のある付近のアンシャンで鉄鋼業が発達した。

■(5) 銅鉱はチリが世界一の生産国なのでcである。銅鉱はアンデス山脈とロッキー山脈付近で生産が多いので，Yはペルーである。4位のコンゴ民主共和国と南隣のザンビアとの国境付近はカッパーベルトとして知られている。dはメキシコが1位なので銀鉱である。bはブラジルが2位であることから鉄鉱石と判定し，1位のXはオーストラリアである。aは金鉱で，2006年までは南アフリカ共和国が世界一の生産国であったが，近年は減少し，2021年は8位となっている。

■(6) Hはスウェーデンのキルナ鉄山で，夏はボスニア湾に面する自国のルレオから搬出されるが，冬は凍結するため，暖流が北上し不凍港である隣国のノルウェーのナルビクから搬出される。Iはオーストラリアのピルバラ地区のマウントホエールバック鉄山で，トラックと鉄道で積出港のポートヘッドランドまで輸送される。Jはアメリカ合衆国のメサビ鉄山で，スペリオル湖のダルースから積み出されるので，この文が誤りである。オンタリオ湖は五大湖の東端の湖で，カナダ最大の都市トロントが面している。Kはブラジルのカラジャス鉄山で，カラジャス鉄道で大西洋岸の積出港サンルイスまで輸送されている。

■(7) aは中国，bはブラジル，cはジャマイカ，dはカナダである。ボーキサイトは熱帯・亜熱帯に埋蔵が多く，3位のギニアと7位のジャマイカは判定のヒントになるので覚えておこう。アルミニウムは精錬時に大量の電力を必要とし，水力発電が盛んなカナダ，ノルウェーや，原油・天然ガスの生産が多く火力発電が盛んなアラブ首長国連邦，バーレーンではボーキサイトを輸入して精錬が行われている。

■(8) 水力中心のaはブラジル，原子力中心のbはフランスであるが，アメリカ合衆国とドイツの判定はその他から行う。ドイツでは風力発電，太陽光発電が盛んで，その他の割合が高いdであり，アメリカ合衆国はcである。ヨーロッパでは，スペインやイタリアなどでも再生可能エネルギーの割合が高い。

■(9) a．正しい。原油の輸入先は中東が91.9％（2021年）を占めるが，天然ガスは，

オーストラリアやマレーシア, ブルネイなど東南アジアからの輸入が多い。b. 正しい。日本には多種の鉱産資源が分布し, 閉山した鉱山も多く自給率も低いが, 石炭, 原油, 天然ガス, 金鉱, 銀鉱, 銅鉱などは現在も生産されている。c. 誤り。石炭は自給率が0.4%(2019 年)にすぎない。自給できる唯一の鉱産資源は石灰石で, 産地にはセメント工場が立地している。d. 正しい。熱水鉱床は海底火山にみられ, 海底面に噴出する高温の熱水から沈殿した銅, 亜鉛, 鉛, 金, 銀などを含んでいる。メタンハイドレートはメタン分子と水分子が低温や高圧の状態で結合した氷状の物質で,「燃える氷」とも呼ばれ, 日本近海に大量に埋蔵されている。

5　**資源と産業**

解　答

| 問 1 | ④ | 問 2 | ③ | 問 3 | ⑥ | 問 4 | ② | 問 5 | ③ | 問 6 | ② |

■**問 1** 図 1 中の凡例アは, 古期造山帯のオーストラリアのグレートディヴァイディング山脈などにみられるので炭田であり, 凡例イは, アラビア半島付近に多いので油田である。Aは世界最大の生産国と消費国が同一であるとされているが, 表①・②からわかるように石炭も石油も同じである。しかし, 石炭は生産上位国の占める割合が高いので, 石炭が該当する。Bは石油で, 世界のエネルギー供給量に占める割合(2022 年)は 31.6% と最大で(石炭は 26.7%), 埋蔵量の約 50% は中東である。

表①　石炭の生産量・消費量・埋蔵量　　　　　　　　(単位:%)

	生産量 (2022 年)		消費量 (2022 年)		埋蔵量 (2020 年)	
1 位	中国	51.8	中国	54.8	アメリカ合衆国	23.2
2 位	インド	10.3	インド	12.4	ロシア	15.1
3 位	インドネシア	7.8	アメリカ合衆国	6.1	オーストラリア	14.0
4 位	アメリカ合衆国	6.1	日本	3.0	中国	13.3
5 位	オーストラリア	5.0	インドネシア	2.7	インド	10.3

表②　石油の生産量・消費量・埋蔵量　　　　　　　　(単位:%)

	生産量 (2022 年)		消費量 (2022 年)		埋蔵量 (2020 年)	
1 位	アメリカ合衆国	18.9	アメリカ合衆国	19.7	ベネズエラ	17.5
2 位	サウジアラビア	12.9	中国	14.7	サウジアラビア	17.2
3 位	ロシア	11.9	インド	5.3	カナダ	9.7
4 位	カナダ	5.9	サウジアラビア	4.0	イラン	9.1
5 位	イラク	4.8	ロシア	3.7	イラク	8.4

『世界国勢図会』により作成。

■**問2** 図2の世界の人口で，人口増加が多いカはアフリカで，人口増加が少ないキは
ヨーロッパである。世界の1次エネルギー消費量は，経済水準が低いカのアフリカはとて
も少なく，経済水準が高いキのヨーロッパはとても多い。文章の空欄Xは，図2でアジア
では人口よりも1次エネルギー消費量の方が増加しているので，1人当たり1次エネル
ギー消費量は増えていることが読み取れる。

■**問3** 図3の1人当たりGDPから，aは発展途上国で，1人当たりGDPが上昇してい
るので，中国のように工業化が進んだ新興国を示したスが該当し，エネルギー消費量の増
加で1人当たり二酸化炭素排出量も増加している。bも先進国ではないが，1人当たり
GDPが高く，1人当たり二酸化炭素排出量も多いので，サウジアラビアのような産油国
を示したシが該当し，21世紀に入って中国やインドなどの新興国の経済成長で資源需要
が高まり，資源価格が上昇したため経済成長が進んだ。1人当たりGDPが高く，1人当
たり二酸化炭素排出量が減少しているcは先進国で，第3次産業が発達して脱工業化が進
み，地球温暖化対策で二酸化炭素排出がない風力発電や太陽光発電などの再生可能エネル
ギーを普及させたドイツのようなヨーロッパの国を示したサが該当する。

■**問4** 下線部eは，化石燃料による発電量が最大の中国が，二酸化炭素排出量が世界一
なので正しい。下線部fは，人口を考えると，アメリカ合衆国が1人当たりの化石燃料に
よる発電量が最大となるので正しい。下線部gは，水力発電量が総発電量の約6割を占め
るカナダが，再生可能エネルギーが総発電量に占める割合が最も高いので誤っている。

■**問5** 木材伐採量上位国は，アメリカ合衆国・インド・中国・ブラジル・ロシア，木材
輸出量上位国は，ロシア・カナダ・ニュージーランド・ドイツ・チェコ（2020年）なの
で，Kはロシア，Lはブラジルであり，国土面積の小さいエチオピアはMである。発展途
上国では用材より薪炭材の割合が高いので，タが薪炭材，チが用材である。森林面積の減
少率は，農牧地の開発や薪炭材の伐採などが行われる熱帯林地域で高く，アマゾン川流域
の熱帯林（セルバ）の破壊が進んでいるブラジルは森林減少面積が世界最大である。

■**問6** ①正しい。インドでは牛の頭数は多く，ヒンドゥー教徒は牛肉を食べないが，糞
尿は肥料として多く利用されており，資源を有効活用することになる。また，肥料は，窒
素やリン鉱石などを利用する化学肥料より，家畜の糞尿を利用する有機肥料の方が二酸化
炭素排出量は少ない。②誤り。熱帯・亜熱帯の沿岸部に分布するマングローブ林は，東南
アジアや南アジアでは，伐採してエビの養殖池に転換されることが多いので激減してお
り，伐採により海岸侵食や高潮の被害が発生する。③正しい。パソコンや携帯電話などの
電子機器に多く使われているレアメタルや貴金属は，リサイクルによって資源が回収され
るため，使用済み資源である都市での廃棄物を鉱山とした都市鉱山と呼ばれており，資源
を有効活用できる。④正しい。ペットボトルは石油からつくられるポリエチレンを原料と
しており，回収によってリサイクルができるので，返却金導入制度により資源の消費量を
減らすことができる。

6 工業

解答

問1　ア　②　　イ　②　　問2　④　　問3　②　　問4　②　　問5　①
問6　④　　問7　④　　問8　⑤　　問9　④　　問10　②

■**問1**　アは鉄山立地型のアンシャンで，石炭は付近のフーシュン炭田を利用している。イはアメリカ合衆国の自動車産業の中心のデトロイトである。

■**問2**　労働生産性は，生産量や生産額を労働投入量で割った比率で，労働投入量は労働者数もしくは延べ労働時間で表すため，単位労働時間あたりの生産量（④）が正解である。農業では労働者1人あたりの生産量で表され，⑤単位土地面積あたりの生産量を表す土地生産性とともに重要な指標である。

■**問3**　1872年に創業した群馬県の富岡製糸場は，周辺での養蚕業が盛んで原料の繭が多く確保できたことが立地要因で，当時はフランスから繰糸器を導入していた。

■**問4**　ルール地方は，ドイツ北西部のライン川沿いの②である。旧東ドイツの炭田地域である③のザクセン地方，ベルリン，ハンブルクに次ぐドイツ第三の都市で自動車工業や先端技術産業が発達したミュンヘンの位置する④のバイエルン地方も重要である。

■**問5**　①リーズは産業革命期のイギリスで毛織物工業が発達したヨークシャー地方の中心都市で，ペニン山脈東麓の内陸に位置するため誤りである。②イタリアのタラントは，南部開発のために製鉄所が建設されたイタリア半島南部の都市である。③フランスのマルセイユは地中海岸，④オランダのロッテルダムはライン川の河口付近，⑤フランスのルアーヴルはセーヌ川の河口の貿易港で，輸入原油を利用した石油化学工業が発達している。

■**問6**　Aは製造品出荷額等が最も多い中京で，自動車工業などが盛んなため機械の割合が高い。Bは阪神で，金属の割合が高い。Cは京浜で，近年は東京からの工場の移転が進み，製造品出荷額等は関東内陸の方が多い。Dは京葉で，国内最大の石油化学工業都市の市原が位置し，化学の割合が高い。

■**問7**　①は綿花，②は羊毛で，繊維工業は海外移転が進み，原料の輸入額は少なくなっている。③はパルプで，世界の輸出上位3か国（2021年）のブラジル，カナダ，アメリカ合衆国が上位を占めている。④の輸入相手先のベトナム，バングラデシュ，カンボジアは⑤の輸入相手先より経済水準が低く，安価な労働力を背景に外資の進出が盛んな衣類製造業とわかるので，衣類である。⑤は電算機類（含周辺機器）で，近年は外資が進出しているタイからも輸入されている。

■**問8**　Aは臨海地域だけに立地しているので石油化学である。Bは愛知県に多いので自動車である。Cは三大都市や札幌や仙台，福岡などの大都市付近に立地しているので，市場立地型のビールである。Dはセメントで，原料の石灰石産地に多く立地している。

■**問9**　発展途上国の工業化は，外国から輸入していた繊維や雑貨などの消費財を国内向

けに生産し，外貨を節約する輸入代替工業化から，安価で豊富な労働力を背景に，免税特典のある輸出加工区を設置して外国の資本・技術を導入する輸出指向型工業化へと転換する。よって，④が正しい。①労働集約型の産業が中心である。②輸出指向型工業化である。③直接投資は外国への企業進出である。⑤外国企業が生産のために必要なものを輸入する際に関税を免除することで誘致を促している。

■問10　①東南アジア諸国連合，③北米自由貿易協定，④南米南部共同市場，⑤環太平洋経済連携協定。

7 経済のサービス化

解答

問1	③	問2	①	問3	③	問4	③	問5	⑥	問6	③
問7	①	問8	②	問9	②	問10	⑥			

■問1　訪日外国人数は2012年以降急増し，2015年には日本人海外旅行者数を上回り，2016年には2404万人，2019年には3188万人に達している。訪日外国人数上位（2019年）は，中国，韓国，台湾，ホンコン，アメリカ合衆国，タイ，オーストラリアである。

■問2　工業化が早くから始まった国から第1次産業人口割合は低下するので，①はイギリス，③は日本，②はメキシコ，④は中国である。

■問3　問2で③の日本の第3次産業人口割合は約7割と読み取れるので，③約72%が正解である（2020年は第1次が1%，第2次が29%，第3次が70%）。工業化の進展とともに進む産業構造の変化がほぼ最終段階に達した先進国では，産業別人口の割合と産業別国内総生産の割合がほぼ対応するが，産業構造の変化が進行中の発展途上国では，国内総生産の割合が人口の割合に対して第1次産業では非常に低く，第2，3次産業では高いので，これからも転職が続いていく。

■問4　卸売業は，日本の商業販売額の3／4を占め，東京，大阪，名古屋，福岡など流通の拠点となる各地域の中心都市で発達する。一方，小売業販売額は地域の人口にほぼ対応する。2022年の人口は，大阪府878万人，千葉県627万人，福岡県512万人，岡山県186万人で，小売業の販売額はこの順であり，卸売業の販売額は大阪府と福岡県で多いので，①は大阪府，②は福岡県，③は千葉県，④は岡山県である。

■問5　従業員1人当たりの年間商品販売額が最も多いアは，高価な商品を扱う百貨店，最も少ないウは安価な商品を扱うコンビニエンスストアで，売場面積当たりの従業員数は最も多い。イは総合スーパーで，従業員数，販売額，売場面積は百貨店を上回っている。

■問6　労働時間は，経済発展とともに短くなる傾向があり，特にヨーロッパでは短くなっているので，①は韓国，②は日本で，③，④はドイツかフランスである。フランスでは少子高齢化対策で手厚い福祉・雇用政策が行われ，企業の人件費負担は相当大きく新規雇用が少ないことなどから若年層を中心に失業者が多く，失業率が高くなっているので③

が該当し，ドイツは④である。

■問7　カは勤労者世帯で割合が高いので，通勤費などを含む交通・通信である。キとクは高齢無職世帯で割合が高いが，無職で在宅時間が長いため光熱・水道の支出が多く，キが該当し，クは保健医療である。

■問8　エコツーリズムは自然環境を学び，グリーンツーリズム（農村観光）は農林漁村に滞在する。アーバンツーリズムは都市観光，ヘルスツーリズムは健康回復や健康増進を図る旅行，マスツーリズムは一般大衆を対象とした集団的旅行である。

■問9　観光支出は，経済水準と人口に関係するので，多い順にAがアメリカ合衆国，Bがドイツ，Cがイタリアである。ヨーロッパでは，夏のバカンスで冷涼な北部の国から陽光あふれる地中海周辺への旅行者が多く，ドイツやイギリスは旅行収支が赤字であり，フランス（訪問観光客数は世界一）やイタリア，スペインは黒字である。

■問10　福岡県は，距離的に近く船舶航路もある韓国が1位のQ，北海道は，雪景色などの自然景観を見に訪れるアジアの温暖な国からの観光客が多いPであり，Rの広島県は，世界遺産の原爆ドームや宮島の厳島神社などを訪れる欧米からの観光客が多い。

8　交通・通信・貿易

（解　答）

問1　②　　問2　③　　問3　③　　問4　④　　問5　④　　問6　①
問7　③　　問8　(1)②　(2)③　　問9　⑤　　問10　②　　問11　①

■問1　表1の定期輸送は，通勤・通学などで利用する人が中心なので，定期輸送の割合が低く，定期外輸送の割合が高いAは，営業距離が長く，遠くまで移動する人が多いJRで，Bは営業距離が短いJR以外の民間鉄道である。表2では，旅客数量（人）の増加率より旅客輸送量（人キロ）の増加率の方が高いので，新幹線利用者の1人あたり平均乗車距離が伸びていると考えられる。

■問2　①正しい。鉄道は定時制が高い。②正しい。温室効果ガスの二酸化炭素排出量は，自動車はガソリンなどを使用し排ガスによる排出量が多いが，鉄道は電化されており排出量が少ない。③誤り。自動車は戸口輸送が可能であるが，鉄道は線路上の移動しかできないので，経路選択に弾力性はない。④正しい。鉄道は自動車より長距離・大量輸送に向いており，輸送量の増大に対して台数と運転手が増加する自動車に比べると，必要な人員（運転手）の確保が難しくない。

■問3　Dは，アメリカ合衆国に次いで自動車保有台数が多いことから中国。Fは，1km²あたり乗用車台数，1km²あたり道路延長が大きく，舗装率が高いので，面積の狭い先進国のフランス。Eは，インドである。

■問4　百世帯あたり乗用車保有台数の上位5都道府県は，福井県，富山県，山形県，群馬県，栃木県で，下位5都道府県は，東京都，大阪府，神奈川県，京都府，兵庫県であ

り，公共交通機関の少ない地方で多く，公共交通機関の多い大都市圏では少ない。よって，Gは富山県，Hは愛知県，Iは神奈川県であり，全国平均は，世帯数が大都市圏で多いのでイである。

■**問5**　空港間の旅客数は，鉄道や自動車よりはるかに短時間に移動できる遠距離の都市との間で多く，東京からの旅客数が多い順に，Kは札幌，Jは福岡，Lは大阪であり，大都市の大阪からは札幌への旅客数も多い。

■**問6**　カはアラブ首長国連邦で，国家面積が小さいので国内・国際合計と国際定期輸送の輸送人員の差が小さく，ドバイ空港はハブ空港として国際便乗降客数が世界一で遠距離の国際便が多いため旅客輸送量が多い。キはドイツで，ハブ空港のフランクフルトでの国際便が多く，国内線の輸送人員はあまり多くない。クは，国内便の旅客輸送量が多いので，国家面積が大きいロシアである。

■**問7**　通過する国または沿岸国は，Qが誤りで，スエズ運河はエジプト国内である。特徴はTが誤りで，パナマ運河は閘門式運河で複数の水門があり，スエズ運河は水門を持たない。Uは正しく，マラッカ海峡は水路の幅が狭く水深が浅いため大型船舶には難所で，周辺海域では海賊などの海上犯罪が発生してきた。ホルムズ海峡はイランが敵対国の輸送船に対する海峡封鎖やタンカーへの攻撃を行うこともある。

■**問8**　(1)　①誤り。プサンは韓国，ドバイはアラブ首長国連邦で，東南アジアではない。②正しい。ロッテルダムはオランダ，アントウェルペンはベルギー，ハンブルクはドイツで，EU加盟国の港湾である。③誤り。中国は工業化が進み，コンテナ取扱量上位港湾数は増加している。④誤り。ヨーロッパよりアジアの港湾の取扱量の伸び率が大きい。

　　(2)　ロッテルダムはライン川，ハンブルクはエルベ川の河口付近に立地している。テムズ川の河口はイギリス，ドナウ川の河口はルーマニアである。

■**問9**　固定電話契約数，インターネット利用者率は経済水準の高い国で高いから，高い順にXは日本，Yはロシア，Zはブラジルである。

■**問10**　中国は輸出額が世界一なのでシ，アメリカ合衆国は輸入額が世界一なのでス，ASEANはサである。

■**問11**　日本は，関税やサービス貿易の自由化を行うFTA（自由貿易協定）ではなく，人材，知的財産権の保護，投資などの連携も含むEPA（経済連携協定）を結んでおり，2002年のシンガポールをはじめとして，メキシコやチリ，マレーシアやタイ，インドネシア，フィリピン，ベトナムなどの発展途上国に続き，2015年にはオーストラリア，2019年にはEUとEPAを発効させているが，韓国や中国，アメリカ合衆国とは結んでいない。

第4章　人口，村落・都市，生活文化，民族・宗教

1　人口と人の移動

（解答）

(1) b	(2) c	(3) b	(4) c	(5) b	(6) c	(7) c	(8) d

■(1) aは世界人口の約6割を占めるアジア。bは近年人口の増加率が低いことから少子高齢化が進んでいるヨーロッパ。cは人口増加率が最も高いアフリカで，2000年以降はヨーロッパを上回っている。dは北アメリカで，アメリカ合衆国とカナダの2国だけだから人口は少なく，人口増加率も低い。

■(2) 年平均人口増加率と乳児死亡率が高いのは発展途上国で，年平均人口増加率が近年やや低下しているアはバングラデシュで，年平均人口増加率が増加し続け乳児死亡率が最も高いイはナイジェリアである。先進国では，移民の流入が多い新大陸の国々で人口増加率が高いので，ウがアメリカ合衆国，エがスペインである。

■(3) aは韓国で，経済成長とともに合計特殊出生率の低下が進み，近年は世界最低水準で2020年には0.84になっている。bはオーストラリアで，移民が多いからやや高い。cはイタリアで，少子化が進み低くなっている。dはデンマークで，少子化が早くから進んだため少子化対策がとられて少し上昇している。

■(4) 下の表①に示したように，在留外国人の多い上位5か国（2020年）は，中国，ベトナム，韓国，フィリピン，ブラジルで，ブラジル人は製造業労働者が多いので，日本最大の中京工業地帯と自動車工業が盛んな静岡県，群馬県に多いcで，東京は含まれない。韓国人は戦前から阪神工業地帯に多かったので，大阪と兵庫が入っているbである。中国人は東京大都市圏中心でa，フィリピン人は愛知県にも多いdである。

表①　在留外国人数　　　　　　（単位：人）

	中国		ベトナム		韓国		フィリピン		ブラジル	
1位	東京	223,883	愛知	43,504	大阪	94,447	愛知	39,142	愛知	60,181
2位	埼玉	74,826	大阪	39,184	東京	89,773	東京	33,736	静岡	31,009
3位	神奈川	72,782	東京	37,289	兵庫	37,451	神奈川	23,202	三重	13,837
4位	大阪	67,229	埼玉	30,557	愛知	28,506	埼玉	21,400	群馬	13,279
5位	千葉	54,776	神奈川	26,535	神奈川	27,660	千葉	19,820	岐阜	12,088
全国		778,112		448,053		426,908		279,660		208,538

統計年次は2020年。『データでみる県勢』により作成。

■(5) 増加率が高いaはベトナム籍，性比が低く女性が多いbはフィリピン籍，増加率が減少になり高齢者の割合が高いdは早くから入国していた韓国籍で，cはブラジル籍である。

■(6) aはブラジルで，かつて日系人が多かったが減少が進んでいる。bはアメリカ合衆国で，日本企業進出が増加した1980年代から多くなっている。cはドイツで，ヨーロッパではイギリスに次いで多い。dはオーストラリアで，1972年に白豪主義政策が廃止された後，1980年にワーキングホリデー制度が開始され，留学生も増加した。

■(7) 自然増加率が高いaは出生率が全国一の沖縄県，社会増加率が高いbは東京都，自然増加率・社会増加率ともに低いdは高齢化が全国一の秋田県，自然増加率より社会増加率が高いcは九州の中心の福岡県である。

■(8) aは正しく，2021年の中国の人口は14億44百万人で世界人口78億75百万人の約5分の1である。bは正しく，1978年に改革開放政策に転換した後に外資が進出して工業化が進んだ沿海部の都市へ内陸部の農村から大量の労働者が流入した。cは正しく，1979年からの一人っ子政策は高齢化対策のために2015年に廃止され，2016年には二人，2021年には三人まで認められるようになった。dは誤りで，漢民族は人口の約9割で，55の少数民族より多い。

② 移民

```
解　答
1) ①    2) ①    3) ③    4) ③    5) ④    6) ②    7) ②
8) ③
```

■1) 近年流入が増加しているのは，スペイン語を話すヒスパニックで，2021年には人口の18.9%で，13.6%の黒人より多い。図1のAメキシコとBキューバの公用語はスペイン語，CギニアとDコートジボワールの公用語はフランス語。

■2) カナダは高緯度なので，ウは，タラ漁や毛皮の交易で，イギリス系の人びとが入植したエは，ハドソン湾やニューファンドランド島周辺の海岸部である。フォックス湾はハドソン湾の北にあるバフィン島とメルヴィル半島の間の海域。フランス系の人びとがさかのぼって入植したオは，五大湖から流れ出すセントローレンス川で，河川沿いのケベック州はフランス系住民が多い。ハドソン川は河口部にニューヨークがある。

■3) カナダの公用語は英語とフランス語で，移民の流入によって民族構成が多様化しているので，カは多文化主義である。多数のフランス系住民が居住するキは，入植したセントローレンス川沿いのケベック州で，図2のFである。首都のオタワは英語圏の中心であるEのオンタリオ州のケベック州との境界に位置している。

■4) ラテンアメリカへの最大の集団移住先のケはブラジルで，図3の位置はH，クはブラジルが生産世界一のコーヒー農園である。

■5) バブル経済期の労働力不足で，1990年に出入国管理法が改正されて日系人の単純労働が認められたため，ブラジル人などの流入が増加し，製造業の自動車関連工場(コ)などで働き，図4では愛知県豊田市はJでないので，サにはLの群馬県大泉町が該当する。静

岡県浜松市にも自動車関連工場はあるが，Kではない。

■6）下線部(a)のニューイングランド地方は，北東部のボストンの位置する②マサチューセッツ州など6州である。

■7）②アシエンダは，ラテンアメリカの多くの国における大土地所有制の農牧場で，ブラジルではファゼンダ，アルゼンチンではエスタンシアと呼ばれる。アメリカ合衆国では，18世紀後半に公有地を分割して入植を進めた①タウンシップ制（土地区画制）や，19世紀後半からの③ホームステッド法（自営農地法）で開拓前線が西部に進み，東部から西部に向かう人口移動現象の④西漸運動がみられた。

■8）①正しい。黒人奴隷が南部のプランテーション農業の綿花，たばこ，サトウキビ栽培などの労働者として連れてこられ，現在も南部には黒人が多い。②正しい。19世紀に流入した移民のほとんどは，アイルランド，ドイツ，イギリスなどのヨーロッパ出身である。③誤り。20世紀になって増加したのはラテンアメリカからの移民で，オセアニアからの移民は少ない。④正しい。1965年に改正移民法が制定され，従来の国別割り当てとアジア系移民に対する排他的措置が廃止された。

③　人口と都市

【解　答】
問1　③　　問2　⑤　　問3　③　　問4　③　　問5　⑥

■問1　表1で人口密度が高い①と②は，アラビア半島小国のカタールか人口が1億人に近いベトナムで，人口増加率が低下している①は，経済成長により出生率が低下しているベトナム，上昇している②は，1人当たりGNIが高い産油国で外国人労働者の流入が多く，人口（269万人，2021年）の約9割が外国人のカタールである。人口密度が低い③と④は，アフリカで面積最大で，国土の大半が砂漠のアルジェリアか，人口が513万人で少ないニュージーランドで，人口増加率が高い③がアルジェリア，低い④がニュージーランドである。

■問2　図1で死亡数が多くなっているAは高齢化が進行している日本，少なくなっているCは経済成長により医療が発達しているフィリピン，ほぼ変化のないBは早くから経済水準が高く移民の流入により高齢化の進行が遅いアメリカ合衆国である。図2で高齢者の割合が高い国は死亡率が高く，低い順にアはフィリピン，イはアメリカ合衆国，ウは日本である。

■問3　都市人口は工業化とともに増加し，人口は先進国より発展途上国で多いので，①が発展途上国の都市人口，②が発展途上国の農村人口，③が先進国の都市人口，④が先進国の農村人口である。

■問4　都市人口の増加は発展途上国で多いので，発展途上国の都市に多いEは加わった都市，先進国の都市に多いFは外れた都市である。世界都市には国際金融や情報の中心機

能が集まるので，（　a　）には金融業の取引拠点が当てはまる。

■問5　ニュータウンには若年夫婦が主に入居を始めるので，その年代の割合が高いKが1975年，その後の高齢化の進行でLが1995年，Jが2015年である。1975年の文はシで，住宅建設の集中で子どもが増加したため学校が新設・増設された。1995年の文はサで，入居で生まれ育った人たちが高卒後に転出し，学校の生徒数が減少したため学校の統廃合の議論が活発化した。2015年の文はスで，ニュータウンの高齢化により，住宅の老朽化や空き家の発生などが生じた。

④　日本の人口や都市

解　答

問1　①　　問2　⑤　　問3　⑥　　問4　②　　問5　①　　問6　①

■問1　1960年は高度経済成長期で，地方から工業化が進んだ三大都市圏への人口移動が急増したが，当時は交通機関が現在のように発達しておらず，遠方への移動は困難だったので，割合の高いBは九州地方，四国地方から近い大阪圏である。2018年に割合が高くなっているAは東京圏で，近年は航空機での移動も多い。九州からは1960年にも東京への国鉄路線があり，2018年には新幹線もつながっているが，四国と本州を結ぶ連絡橋の全線開通は，鉄道も通る瀬戸大橋が1988年，神戸・鳴門ルート（明石海峡大橋と大鳴門橋で淡路島経由）が1998年，しまなみ海道が1999年で，四国からは近くの大阪圏への移動が多いので，アが九州地方，イが四国地方である。

■問2　東京都は工業化が早くから進み，1970年には製造品出荷額が日本一であったが，その後周辺で工業化が進行して，製造品出荷額は減少し，2019年には関東地方の都県で最も少なくなっているので，指数が低下しているクが工業地区の面積である。住宅地の平均地価は，円高が進んだプラザ合意の1985年から1991年まで続いた好景気のバブル経済期に地価が高騰し，バブル経済崩壊後には下落したので，カが該当する。地価の下落で東京の都心周辺では高層マンションなどの住宅供給が増加したため，人口の都心回帰現象が始まり，石油危機による景気低迷後に人口の社会減少が続いていた東京都では社会増加に転じて人口増加率が国内最高レベルとなった。よって，4階以上の建築物数は，増加を続けているキが該当する。

■問3　Dは，鉄道駅に近く幹線道路が走っている道路網の密な都市中心部なので，スが該当する。公共交通機関や徒歩を前提として駅前に立地していた百貨店やスーパーマーケットなどの駅前商店街は，自動車の普及や郊外の幹線道路沿いでのショッピングセンターの立地などによって衰退し，シャッターが閉まったままの店舗もみられる。Eは，都市中心部から離れたところで道路網がみられる新興住宅地なので，シが該当する。Fは，幹線道路が走っているが，道路網がないため，広い駐車場のある大型ショッピングセンターが立地しているので，サが該当する。なお，この都市は鹿児島県の薩摩川内市であ

る。

■**問4**　①正しい。過疎市町村の面積が都道府県面積に占める割合は，三大都市圏の東京圏，名古屋圏，大阪圏では低い。②誤り。高齢者は人口移動がほとんどなく，三大都市圏への流入は非常に少ないので，老年人口の増加傾向の主な原因ではない。老年人口の増加率が，過疎市町村の面積が都道府県面積割合に占める割合の高い県で低く，割合の低い三大都市圏で高いのは，過疎市町村では生産年齢人口の割合が低く，早くから高齢化が進んで老年人口の割合が高くなっているが，三大都市圏では生産年齢人口の割合が高く，老年人口の割合が低いので，生産年齢人口の高齢化によって老年人口数が多くなっているからである。ちなみに，老年人口割合は，最も高い秋田県は 37.2% であるが，東京都は 22.7%で，出生率が最高で老年人口割合が最も低い 22.3%の沖縄県に次いで低い（2021年）。③正しい。過疎化が進んだ農山村地域では，高齢化が進行して，食料品などの日常の買い物に困る人々が増え，買い物難民，買物弱者と呼ばれるようになった。これは，農山村地域では，人口減少や高齢化による売り上げの減少で集落から食料品店などの閉店や撤退が進み，買い物ができる店舗が遠いところになること，人口減少で路線バスなどの公共交通機関が廃止され，高齢化により自動車を保有しなくなって交通手段を利用できなくなることなどによるものである。公共交通機関が少ないため，傾斜の大きな集落では，自動車運転ができなくなり食料品店へのアクセスが困難な高齢者が多くなっているので，食料品を積んで集落を回る移動販売車がある。④正しい。大都市圏では，高度経済成長期に人口流入が進んだため，1970 年代前後に大都市周辺にベッドタウンとしてニュータウンの開発が始まったが，近年は高齢化が進み，ニュータウンのオールドタウン化が問題視されている。駅から離れた丘陵地では，買い物に行くのに急な坂を通らなければいけないため高齢者には辛くなっており，山間部にも村落がある三大都市圏の神奈川県や三重県，奈良県では，老年人口に占める食料品へのアクセスが困難な人口の割合が上位となっている。

■**問5**　従属人口指数は，生産年齢人口（15 〜 64 歳）に対する年少人口（14 歳以下）と老年人口（65 歳以上）の和の比率で，その推移は人口動態に関係している。人口動態は，経済発展とともに，多産多死型から，医薬学の発展で死亡率が低下して多産少死型へと移行し，さらに工業化による経済成長が進むと，家族計画が普及して出生率が低下し，少産少死型へと移行する。少子化によって生産年齢人口の割合が高くなる時期は，労働力が多くなり経済発展を促すことになるので，人口ボーナスと呼ばれ，従属人口指数は低下していくが，その後，高齢化が進むと老年人口の割合が上昇し，従属人口指数は上昇していく。図5中の①〜④のうち，近年，従属人口指数が上昇している①〜③は，高齢化が進行している日本，中国，フランスのいずれかで，低下している④は，近年出生率が低下するようになったエチオピアである。表③には，4 か国の年齢別人口割合と従属人口指数を示したが，経済水準の低いエチオピアでは，出生率が高いため年少人口の割合が高く，従属人口指数が最も高い。先進国では少子化に続いて高齢化が進行して老年人口の割合が高まるので，従属人口指数が上昇に転じる。①〜③のうち，従属人口指数の上昇が著しい①は

日本で，1947～1949年の第一次ベビーブーム後に多産少死型から少産少死型に移行して生産年齢人口割合が高くなり従属人口指数は低下したが，死亡率は1980年代後半から上昇して高齢化が進み，近年は老年人口の割合が世界最高水準となっているので，従属人口指数の上昇が著しい。❷は高齢化が日本より早かったフランスで，日本より早くから従属人口指数が上昇しているが，近年は少子化対策で出生率が少し高くなっているので，従属人口指数は日本より低くなっている。❸は中国で，1979年から始まった一人っ子政策による出生率の低下で生産年齢人口割合が高くなり経済成長が続いていたが，少子化の進行で近年は高齢化が始まり，従属人口指数は上昇に転じている。

表③　4か国の年齢別人口割合（単位：％）と従属人口指数

	年少人口	生産年齢人口	老年人口	従属人口指数
エチオピア	38.1	58.8	3.1	70.1
日本	11.9	59.5	28.6	68.1
中国	17.9	68.6	13.5	45.8
フランス	17.7	61.7	20.6	62.1

統計年次は2020年。『世界国勢図会』により作成。

■問6　1990年に1位のマは，隣国のアイルランドで，アイルランドでは先端技術産業などの発展で経済成長が進み，21世紀に入ってからはイギリスより1人当たりGNIが高くなったため，人口移動は減少している。ミは，パキスタンと同じ旧イギリス領のインドで，高賃金を求める労働者が増加している。ムはポーランドで，2004年のEU加盟後には域内での人口移動ができるようになったため，労働者の流入が進んだ。

5　集落

解答

問1　(1)　❸　　(2)　❷　　(3)　①　　(4)　❷　　(5)　❷
問2　(6)　❸　　(7)　❷　　(8)　❷
問3　(9)　①　　(10)　❸　　(11)　①　　(12)　❷

■問1

(1) 図1は，北西部の上兵村からわかるように明治時代に開拓された北海道の屯田兵村で，格子状の土地区画はアメリカ合衆国やカナダの❸タウンシップ制をモデルにしている。①ザミンダール制は，イギリス統治下の北インドを中心に実施されていた土地所有・徴税制度。②分益小作農制は，16世紀のヨーロッパの一部で行われた小作制度で，地主が農地を小作農に貸して収穫量の一定割合を徴収する制度。④条坊制は，唐の長安にならった碁盤目状の区画制で，平城京，平安京でみられる。

(2) ①正しい。標高が50～60m前後の平坦地であるが，畑が広がっていることから，水

が得にくい台地と判定できる。江戸時代に開拓された農地（水田や畑）に成立した集落は新田集落で，図2は埼玉県の武蔵野台地である。②誤り。道路に沿って家屋が列状に並ぶ路村がみられるが，林地村は，ドイツやポーランドなどで森林を開拓して成立した路村である。③正しい。道路で囲まれた長方形の土地が短冊状の地割である。④正しい。道路沿いの樹木に囲まれた居住地と針葉樹林や広葉樹林の記号から屋敷林が読み取れ，その背後には畑，平地林（針葉樹林，広葉樹林の記号）がみられる。

(3) ①誤り。一面に水田が広がっているので，水利の便はよく，南東から北西に流れる水路が何本かみられる。②正しい。家屋が離れている散村がみられ，周囲に耕地を配置できるため，開墾や耕作に便利である。③正しい。家屋が離れているので，火災時に延焼をまぬかれることができる。④正しい。集村とちがい散村では家屋が離れているため上下水道や電話を引く際に経費がかかる。図3は富山県の砺波平野である。

(4) 水田が広がっているので，②水田灌漑用が正解である。図4は奈良盆地で，南六条町などの地名や格子状の道路などから古代の条里制のなごりが読み取れる。

(5) 図5は千葉県の九十九里浜で，海岸部には漁具をしまうための納屋が建設され，そこに定住することで②納屋集落ができた。北西部の粟生岡から海岸に向けて粟生新田，粟生納屋と並んでおり，地名から親村・子村の関係が読み取れる。①丘上集落は，ヨーロッパ南部の外敵や疫病に対する防御のために丘の上に立地した集落。③日向集落は，山間部で日当たりのよい南側斜面に立地した集落。④輪中集落は，濃尾平野の木曽川，長良川，揖斐川の下流域にみられる洪水防止のために周囲を輪中とよばれる堤防で囲んだ集落。

■問2

(6) 1は都心の中心業務地区（CBD），2は漸移帯でインナーシティにあたり，卸売業や軽工業，スラムなどがみられる。3は労働者（一般）住宅地区，4は優良（高級）住宅地区，5は郊外で，アメリカ合衆国では市街地の外縁に敷地の広い一戸建ての高級住宅地区がみられる。

(7) ①メトロポリスは巨大都市で，ボストンからニューヨーク，フィラデルフィア，ボルティモア，ワシントンに至る巨大都市が帯状に連続した都市群が最初に②メガロポリス（巨帯都市）と名づけられた。京浜から阪神に至る地域は東海道メガロポリスとよばれる。④コナーベーションは，複数の都市の市街地が拡大して連続した都市化地域で，ルール地方や東京湾岸などにみられる。③エキュメノポリスは世界都市で，グローバルシティともいわれる。

(8) Aのオーストラリア，Cのナイジェリア，Dのカザフスタンは正しいが，Bのブラジルの旧首都はサンパウロではなくリオデジャネイロである。

■問3

(9) 先進国の中でも，日本は第二次世界大戦後に都市化が進行したため，比率が上昇しているAが東京で，2010年の都市圏人口は3,683万人である。Bはパリとともに比率が高いのでロンドン。Cはニューヨークで1,837万人であるが，国内人口が多いため比率は低い。Dはベルリンで，連邦国家のドイツでは比率が低い。

⑽ 田園都市構想に基づいて1903年に建設された最初の田園都市は③レッチワースである。①クローリー，②ウェリンガーデンシティは，田園都市構想を反映して行われた1944年の大ロンドン計画で市街地を取り囲むグリーンベルトの外側に建設された職住近接型のニュータウンである。④ブリストルはイギリス南西部の港湾都市である。

⑾ ①誤り。インナーシティは都心部の旧市街地で，居住環境の悪化などで高所得者や若者が郊外へ流出し，人口減少や高齢化，移民や低所得者の流入がみられる。②正しい。老朽化した建物のスラム化や，事業所の移転による失業者の増加がみられる。③正しい。人口減少にともなう地域コミュニティの崩壊や，移民，低所得者の流入による治安の悪化がみられる。④正しい。産業の衰退による税収減，高齢化による社会保障費の増加が生じる。

⑿ ①幕張新都心は千葉県の東京湾岸，③ダーリングハーバー地区はシドニーの港湾地区，④ドックランズはロンドンのテムズ川沿いの旧港湾地区で，ウォーターフロント開発が行われている。②マレ地区は，パリの都心近くの歴史的地区で，伝統的な建造物の景観保全のため修復・保全型の再開発が行われた。

⑥ 都市

┌─ 解 答 ─────────────────────────────────
問1　ア ③　　イ ②　　ウ ⑥　　エ ④　　オ ⑦
問2　③　　問3　③　　問4　②　　問5　①　　問6　④　　問7　④
問8　A ⑤　　B ⑦　　C ②　　D ⑧　　E ⑩
問9　③　　問10　④　　問11　③
└──────────────────────────────────────

■問1　アはスラム化で，途上国の大都市では流入人口の急増で雇用と住宅が不足し，市街地周辺などの空地を不法占拠してスラムが形成されることが多い。イはスプロール現象で，郊外で農地の中に住宅や工場などが無秩序に建設されることによって生じる。ウはインナーシティ問題で，旧市街地でスラム化などが生じる。エはドーナツ化現象で，都市周辺部の人口が増加する。オはジェントリフィケーションで，再開発による住宅の高級化により生じる。

■問2　③イタリアのヴェネツィアは，中世に東方貿易の中心として発展した。②イラクのバビロンは古代メソポタミア，④長安は唐，⑤アテネは古代ギリシャの都。

■問3　政治都市は，オーストラリアの首都で計画都市のキャンベラ。宗教都市は，ユダヤ教，キリスト教，イスラームの聖地のエルサレム，モルモン教の聖地のソルトレークシティ，ヒンドゥー教の聖地のヴァラナシ，イスラームの聖地のメッカ。学術都市は，イギリスのオックスフォードとケンブリッジ，茨城県のつくば，ドイツのハイデルベルク。観光保養都市は，アメリカ合衆国のラスベガス，フランスのカンヌとニース，長野県の軽井沢が該当する。

■問4　②が誤りで，濠は城の周囲に防御のためにつくられている。他の文は正しいので，理解しておこう。

■問5　Central Business District 中心業務地区。

■問6　④が誤りで，自動車産業は，フォルクスワーゲンがヴォルフスブルク，メルセデスベンツがシュツットガルト，BMW がミュンヘンに本社を置いている。他の文は正しく，①のボンは旧西ドイツの首都，②国会はベルリン，中央銀行はフランクフルト，最高裁判所はカールスルーエにある。③ベルリン 365 万人，ハンブルク 184 万人，ミュンヘン 147 万人，ケルン 109 万人である（2019 年）。

■問7　④が誤りで，都心部に乗り入れる自動車に課金するロードプライシングは，交通渋滞や排ガスによる大気汚染を緩和することを目的に，ロンドンやオスロ，ストックホルム，シンガポールなどで導入されている。他の文は正しく，①パークアンドライドは，自動車を郊外の駐車場に止め，鉄道やバスに乗りかえて都心部に入る方式。⑤風の道は，ヒートアイランドによる気温上昇を緩和するために，道路や緑地の幅を広げて郊外から都市部への風の通り道をつくることである。

■問8　Aは，水蒸気が不足するから⑤乾燥化。Bは，排ガスなどに含まれる炭化水素，窒素化合物から光化学反応によって有害なオキシダント（オゾンなどの酸化物）が発生する⑦光化学スモッグ。Cは，等温線が島状になって気温が高くなる②ヒートアイランド現象。③クールアイランド現象は，都市内で森林などに覆われる公園や緑地で気温が周囲より低くなる現象。Dは，局地的に短時間に大量の雨が降る⑧ゲリラ豪雨。Eは，地表面がコンクリートやアスファルトに覆われているため，雨がしみこまずに一気に河川や下水に入る⑩都市型洪水。①ダイオキシンは毒性の強い有機塩素化合物で，燃焼温度の低い小規模焼却炉から排出される場合が多い。⑨PM2.5 は，汚染物質を含んだ微小粒子状物質である。

■問9　プライメートシティは人口2位の都市を大きく上回る都市（③）で，タイのバンコクやペルーのリマなど発展途上国に多い。

■問10　④パリのラ・デファンスは郊外に建設された副都心で，高層ビルが建ち並んでいるが，ウォーターフロント（水辺）の開発ではない。セーヌ川沿いのパリでは伝統的建造物が多く，景観保全のため都心周辺では高層ビルは建設されない。①ロンドンはテムズ川，③ハンブルクは，エルベ川のエスチュアリーに位置し，⑤サンフランシスコはサンフランシスコ湾岸に位置しており，②横浜の MM21 は，みなとみらい 21 で，ウォーターフロント開発が行われている。

■問11　コンパクトシティでは中心市街地を活性化する必要があるが，③大型ファミリーレストランやショッピングモールを幹線道路沿いに誘致することは，都市の郊外の活性化につながる。

7 衣食住

■1）　インドなどの南アジアの女性が着る民族衣装のアはサリーで，トーブはペルシア湾岸諸国の男性が着る民族衣装である。開発が進んだイは，天然繊維ではなく化学繊維である。

■2）　イスラム教で食べてよい食品のウはハラールで，チャドルはイランなどのイスラム教徒の女性が着る顔だけを出す服装である。文化の多様性を楽しめるエは民族料理という意味のエスニック料理で，ファストフードは短時間で調理，あるいは注文してからすぐに食べられる食品や食事で，ハンバーガー，フライドチキン，ホットドッグなどが例である。

■3）　極北の地域で氷雪をドーム型に積み上げてつくるオは，イヌイット（エスキモー）の冬の住居のイグルーで，ヤオトンは中国の黄土高原にみられる横穴式の洞穴住居である。モンゴルのテントの家のカはゲルで，同様のものを中国ではパオ，中央アジアではユルトという。

■4）　①誤り。高温の熱帯では毛織物は使われない。②正しい。シベリアなどの寒冷地ではトナカイなどの毛皮を利用した衣服がみられる。③誤り。養蚕は日本でも盛んであったが，高地や乾燥帯では行われていない。④誤り。衣類の素材は化学繊維など技術の発達などに影響される。

■5）　韓国の伝統的な民族衣装はハンボク（韓服）と呼ばれ，カンガはケニア，アオザイはベトナム，デールはモンゴルの民族衣装である。

■6）　④が誤りで，ナンとチャパティはインドなどで小麦から作られるが，トルティーヤはメキシコでトウモロコシから作られる。

■7）　③が誤りで，降水量の多い地域では，屋根を急傾斜にするが，湿潤なため保湿効果は必要なく，壁を厚くするのは寒冷地で，防寒と保温効果を高めるためである。

8 国家群・貿易

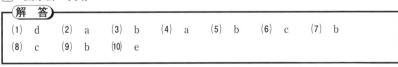
■(1) BRICs は，ブラジル，ロシア，インド，中国の国名の頭文字で，人口は世界全体の約4割である。その後南アフリカ共和国を加えて BRICS とされることが多い。1990年代から市場経済に移行したロシアや経済の自由化に転換したインドなど，外国企業を積極的に受け入れ，工業地域は原料立地型中心から消費地立地型へと変化している。よって，d

が正しい。

■(2)　ASEAN（東南アジア諸国連合）で人口が最大のインドネシアは，日本の人口の約2倍であり，ASEAN全体では約6億3千万人なので，aが誤り。ASEANは東西冷戦下でベトナム戦争が起きていた1967年に，当時の資本主義5か国で結成された。シンガポールでは1970年代から輸出指向型工業化を進め，アジアNIEsの一員となり，その後，マレーシアやタイで工業化が進展した。東西冷戦終結後の1990年代には社会主義国が加盟し，現在の社会主義国はベトナムとラオスである。

■(3)　NAFTA（北米自由貿易協定）は，1994年にアメリカ合衆国，カナダ，メキシコの3か国で結成され，この3か国はAPEC（アジア太平洋経済協力会議）にも加盟している。メキシコは1960年代後半から，マキラドーラという保税輸出加工区をアメリカ合衆国との国境付近を中心に設置していたが，NAFTA加盟による域内関税撤廃によって利点がなくなり減少したので，bが誤り。

■(4)　EUの前身であるECは，1967年にECSC（ヨーロッパ石炭鉄鋼共同体），EEC（ヨーロッパ経済共同体），EURATOM（ヨーロッパ原子力共同体）を統合して結成されたので，aが正しい。東西冷戦終結後にヨーロッパから社会主義国はなくなり，2004年以降には旧社会主義国も加盟している。西ヨーロッパではアイスランド，スイス，ノルウェーが加盟しておらず（EFTA，ヨーロッパ自由貿易連合に加盟），これらの国は1人当たりGDPが高く，人口が37万人と少ないアイスランド以外の2か国は，人口が多いポーランド以外の東ヨーロッパの加盟国よりGDPが高い。また，フィンランド，スウェーデン，アイルランド，オーストリアはNATOに加盟していない（2022年）。

■(5)　貿易額が最も多いaは，域内貿易が盛んなEUである。輸入額が輸出額を大きく上回るbは，世界一の貿易赤字国のアメリカ合衆国が加盟しているUSMCAである。cはASEANで，近年の工業化の進展で輸出上位品目に工業製品が多く，鉱産資源や農産物の輸出が中心のdのMERCOSUR（南米南部共同市場）より，貿易額は多くなっている。

■(6)　aはUSMCAで，1位国はアメリカ合衆国，2位国はメキシコである。bはEUで，1位国はドイツ，2位国はオランダである。cはBRICsで，1位国は2位の衣類から中国，2位国は原油と石油製品からロシアとわかる。dはASEANで，1位国はシンガポール，2位国はベトナムである。

■(7)　農産物の輸出額が少ないbが日本で，トウモロコシ，肉類の輸入は世界2位（2020年）である。aは中国で，米，大豆，肉類，綿花，羊毛などの世界一の輸入国である。cはイギリス，dは韓国で，両国とも肉類や野菜，果実などの輸入が多い。

■(8)　欧米諸国のブロック経済化が第2次世界大戦につながったという反省から，戦後にIMF（国際通貨基金），GATT（関税と貿易に関する一般協定）が設立されて自由貿易が促進されたので，aとbは正しい。WTO（世界貿易機関）は，1995年にGATTを引き継ぎ，先進国だけでなく発展途上国も含む世界の多くの国の貿易の自由化を進めているので，cは誤り。dは正しく，TPP（環太平洋パートナーシップ協定）は，環太平洋諸国の経済自由化を目指している。

■(9)　a．誤り。1960 ～ 1970 年代は鉄鋼が主要な輸出品で，自動車は 1980 年代以降に主要な輸出品となった。b．正しい。近年は機械類が輸入額 1 位で，原油や液化天然ガスが続いている。c．誤り。第 1 次・第 2 次オイルショックのあった 1973 年，1979 年の後は貿易赤字となったが，1981 ～ 2010 年までは貿易黒字が続いた。東日本大震災の発生した 2011 年以降は赤字に転じたが，2016 年以降は黒字と赤字が続いている。d．誤り。緊急輸入制限（セーフガード）は，国内産業を守るために関税引き上げを行うことで，日本では中国やアメリカ合衆国からの農産物輸入に対して，アメリカ合衆国は日本や中国，EU などからの鉄鋼や自動車の輸入に対して実施したことがある。

■(10)　貿易額が 1 位の a は中国で入超，2 位の b はアメリカ合衆国で出超である。c の韓国と d の台湾には半導体製造装置や集積回路などの機械類の輸出が多く，出超となっている。e のオーストラリアには自動車，機械類を輸出し，石炭，液化天然ガス，鉄鉱石を輸入している。

⑨　世界の民族・宗教・言語

┌─ 解　答 ─────────────────────────────────┐

問1　B　　問2　E　　問3　E　　問4　B　　問5　D　　問6　A

問7　C　　問8　C　　問9　A　　問10　B

└──────────────────────────────────────┘

■問1　A〜Fのうち，Eのトルクメニスタン以外の国ではクルド人が少数民族となっているが，21 世紀に入ってからの戦争があった国はイラクで，2003 年に米英軍による攻撃が行われ，独裁政権が崩壊して民主国家へと変わり，クルド人自治区においてクルド語が公用語となった。

■問2　エチオピアはキリスト教徒が多く，公用語がアムハラ語なので②である。ケニアとタンザニアはスワヒリ語と英語が公用語であるが，タンザニアの島嶼部のザンジバルにはかつてアラビア半島からイスラム教徒が進出し，イスラームの割合が 99％となっており，本土でもイスラームの割合が高いから①である。ケニアは③で，イギリス領であったためインド系移民が少数で，ヒンドゥー教もわずかである。タンザニアはドイツ領であったが，第一次世界大戦後にイギリスの委任統治領となった。

■問3　スリランカでは，多数派の仏教徒のシンハラ人と少数派のヒンドゥー教徒のタミル人との対立が続いているので，①はヒンドゥー教である。タイでは，マレーシアに近い南部にはイスラム教徒が居住しているので，②はイスラームである。シンガポールの住民の中国系（74％）は仏教と道教，マレー系（13％）はイスラーム，インド系（9％）はヒンドゥー教で，スリランカとともに旧イギリス領なので，③はキリスト教である。

■問4　Bイランの公用語はインド・ヨーロッパ語族のペルシャ語で，アラビア語はイラクから西の地域で使用されている。Dカザフスタンはカザフ語，Eニュージーランドは英語，Fパキスタンは英語も公用語である。

■**問5**　Dレバノンは地中海に面し，かつてローマ帝国の支配下に入ったため現在もキリスト教徒が41％でイスラム教徒59％との差が少ない。他の3か国はペルシャ湾岸の産油国で移民が多いが，キリスト教徒が，アラブ首長国連邦とカタールが9％，クウェートが13％で少ない。

■**問6**　Aは誤りで，ヒンドゥー教はバラモン教に仏教やインド古来の宗教を取り入れて形成されたが，一神教はユダヤ教，キリスト教，イスラームで，ヒンドゥー教は多神教である。Bは正しく，インドのムスリムの人口は14％で1億人を超えている。Cは正しく，仏教はインドで生まれたが，インドでは1％で非常に少ない。Dは正しく，シク教は16世紀にヒンドゥー教を改革するためにイスラームの要素を取り入れた宗教である。Eは正しく，ジャイナ教は，仏教とほぼ同時代の紀元前5世紀頃にマハーヴィーラによって開祖された。Fは正しく，ヒンドゥー教では牛は神聖な動物，豚は不浄な動物であるため食べず，ベジタリアン（菜食主義者）が約4割である。

■**問7**　Cが誤りで，パンジャーブ語は北西部のパキスタンとの国境付近のパンジャブ州の公用語で，南部ではない。ドラヴィダ系言語はインダス文明を築いたインド先住民のドラヴィダ人の言語で，ドラヴィダ人は紀元前15世紀頃にアーリア人の侵入によって追われ，現在はインド南部やスリランカに居住し，タミル語などがある。Aヒンディー語は連邦公用語，B英語は準公用語，Dヒンディー語を含む22の言語が憲法公認語で，州公用語として設定されている。

■**問8**　Cマダガスカルは旧フランス領で，マダガスカル語とフランス語が公用語である。他の3か国は旧ポルトガル領で，公用語はアフリカのAアンゴラとDモザンビークはポルトガル語，東南アジアのB東ティモールはテトゥン語とポルトガル語。

■**問9**　地中海沿岸の旧フランス領のAアルジェリアやモロッコ，チュニジア，旧イタリア領のリビア，旧イギリス領のエジプトではアラビア語が公用語で旧宗主国の言語は公用語ではない。Bカナダは英語とフランス語，Cスイスはドイツ語とフランス語，イタリア語，ロマンシュ（レートロマン）語，Dハイチはフランス語，ハイチ語が公用語。

■**問10**　Bカナダはオーストラリアやニュージーランドと同じ立憲君主国で，イギリス国王が国家元首である。

[10]　**民族問題・領土問題・紛争**

（解答）

(1)	d	(2)	d	(3)	a	(4)	b	(5)	b	(6)	c	(7)	b	(8)	d
(9)	b	(10)	d												

■**(1)**　aは正しく，北部のフラマン地域はオランダ語地域である。bは正しく，東部には狭いドイツ語地域があり，オランダ語，フランス語とともに公用語となっている。cは正しく，言語別人口はオランダ語が58％，フランス語が32％，ドイツ語が1％。dは誤り

で，首都のブリュッセルは，フランス語地域のワロン地域ではなく，ワロン地域の北側の
フラマン地域の南端にあり，オランダ語とフランス語が併用されている。

■(2)　aは正しく，カタルーニャ地方とバスク地方では固有の言語と民族アイデンティ
ティを持ち，1959年～2011年のバスク紛争はスペイン・フランス両国からの独立を目的
とし，バルセロナが位置するカタルーニャ地方は国内で経済的に豊かな地域で，2010年
からの独立運動は税制改正や新自治憲章の違憲判決を背景としている。bは正しく，キプ
ロスでは南部のギリシャ系住民と北部のトルコ系住民の対立が続き，1983年には北キプ
ロス・トルコ共和国の独立が宣言された。cは正しく，スコットランドの独立の是非を問
う住民投票は2014年に行われ，独立反対が52%であった。dは誤りで，西ティモールは
オランダ領からインドネシア領となり，東ティモールはポルトガル領からインドネシアに
併合されたが，2002年に独立した。

■(3)　aはコソボで，イスラム教徒のアルバニア人が92%で，2008年にセルビアから独立
した。bはボスニア・ヘルツェゴビナで，イスラム教徒のボシュニャク人が48%，正教
徒のセルビア人が37%，カトリックのクロアチア人が14%である。cはクロアチアで，
西側のイタリアに隣接するスロベニアとともにカトリックが中心である。dはモンテネグ
ロで，2006年にセルビアから独立し，正教徒のモンテネグロ人とセルビア人が多く，イ
スラム教徒のアルバニア人は少ない。

■(4)　aは正しく，鉄鉱石や石炭などが埋蔵されている。bは誤りで，南極条約で非領有
か定められているが，イギリス，ノルウェー，フランス，アルゼンチン，チリ，オースト
ラリア，ニュージーランドが領有を主張している。cは正しく，中国も観測基地を置いて
いる。dは正しく，南極条約では非軍事化も定められている。

■(5)　aは正しく，南シナ海でスプラトリー諸島とも呼ばれる。bは誤りで，中国，フィ
リピン，ベトナム，マレーシア，ブルネイ，台湾の間で領有権が争われている。cは正し
く，海底油田やガス田の確認は領有権の争いにつながった。dは正しく，小さな島々でサ
ンゴ礁がみられる。

■(6)　ミャンマーではイスラム教徒の少数民族c．ロヒンギャが西部から隣国バングラデ
シュに難民として避難した。aのサーミはスカンディナヴィア半島北部のサーミランド
（ラップランド）に居住する先住少数民族。bのブミプトラはマレー半島の先住民で，マ
レーシアではマレー系優遇のブミプトラ政策がとられている。dのロマはインド北西部に
起源をもつインド・ヨーロッパ語族の民族で，ヨーロッパに分布し，流浪の民族（ジプ
シー）といわれている。

■(7)　aは誤りで，1967年の第3次中東戦争ではイスラエルがガザ地区やヨルダン川西岸
地区を占領した。bは正しく，1987年にガザ地区中心に反イスラエル紛争の第1次イン
ティファーダが起こった。cは誤りで，ガザ地区とヨルダン川西岸地区でのパレスチナ暫
定自治は1993年にイスラエルとPLO（パレスチナ解放機構）との間で合意されたが，
1997年には中断された。dは誤りで，イスラエルではパレスチナの自治区で拡大したユ
ダヤ人入植地をイスラエル領に取り込む分離壁の建設を進めている。

■(8) a は正しく，トルコ・イラン・イラク・シリアなどに居住している。b は正しく，1990 年にイラクがクウェートに侵攻して始まった湾岸戦争ではクルド人も攻撃され多くの難民が発生したが，アメリカ主導の多国籍軍がクウェートを解放して停戦させ，その後イラクの攻撃を始めた。c は正しく，トルコはクルド人が最も多い国で，独立を求める武力活動が激しかったため同化政策を行っている。d は誤りで，国連オブザーバーは，正式に加盟していない国が国連の会議などに参加し，バチカン市国とパレスチナの二つで，クルド人自治政府は参加していない。

■(9) a は正しく，アラブの春は長期独裁政権に対する民主化運動で，2010 年に最初に行われたチュニジアではジャスミン革命と呼ばれ，政権が崩壊した。b は誤りで，サウジアラビアは，日本やイギリスのように世襲的な君主が象徴として形式的に統治する立憲君主国ではなく，君主が統治する君主国で，憲法もなく，民主化運動も行われていない。c は正しく，チュニジアに続いて，2011 年にはエジプトとリビア，イエメンで長期政権が崩壊した。d は正しく，シリアでは民主化運動に対して政権が武力弾圧を行い，内戦が続いている。

■(10) a は正しく，自然災害や環境破壊により他国に移住する難民もみられる。b は正しく，内戦や暴力行為，人権侵害，自然災害などによって自国内での避難生活をする国内避難民は発展途上国で多く，2021 年には 5,132 万人で難民の 2,133 万人より多い。c は正しく，難民の保護や支援は国連難民高等弁務官事務所や民間団体の NGO（非政府組織）が行っている。d は誤りで，難民受入国は難民発生国の近くに多く，2021 年の難民発生上位国はシリア，アフガニスタン，南スーダン，ミャンマー，コンゴ民主共和国，スーダン，難民受入上位国はトルコ，ウガンダ，パキスタン，ドイツ，スーダン，バングラデシュである。

11　都市・村落と生活文化

```
解　答
問1　②　　問2　④　　問3　④　　問4　⑤　　問5　③
```

■問1　①正しい。モスクワの中心部にはクレムリンなどの伝統的建造物があり，都市の拡大とともに集合住宅地区が郊外に形成されている。②誤り。アメリカ合衆国では，都市の拡大やモータリゼーションの進展とともに，居住環境の悪化した都心周辺のインナーシティから郊外へ高所得者層が移動し，戸建て住宅地区が形成されている。一方，インナーシティでは，老朽化した住宅に低所得者層や移民が流入してスラム化が進み，治安の悪化や税収の減少などのインナーシティ問題が発生している。③正しい。中国などアジアの大都市では，都市計画が整備されないまま都市人口が増加し，さまざまな大きさや高さの建物が高密度に混在している。④正しい。ドイツなどヨーロッパの歴史的都市では，教会を中心とした旧市街が保存されている。

■**問2** ①誤り。日本の古代都市である平城京と平安京が模した唐の長安（現在の西安，シーアン）は，直交路型の街路網を特徴としている。②誤り。江戸時代に主要な街道沿いに形成されたのは宿場町である。自由都市は，中世に商業などが発達し自治権を獲得した都市で，日本では博多や堺があるが，ヨーロッパでは，北海やバルト海の沿岸を中心にハンブルクなどの自由都市からなるハンザ同盟が成立した。③誤り。19世紀の西部開拓時代に実施された碁盤目状の土地区画制度のタウンシップ制では，農家1戸分の農地は約65haなので，家屋は点在し，散村が形成された。④正しい。マンチェスターは産業革命発祥地であるイギリスのランカシャー地方の，エッセンはドイツのルール地方の中心都市である。

■**問3** 工業化が早くから進んだ先進国では，都市と農村の経済的な地域間格差は小さいので，1人当たり総生産の国内地域間格差が小さい②と④がオーストラリアかオランダである。オーストラリアは人口分布の偏りが大きく，温帯の南部沿岸地域に大都市が集中しているので，人口の偏在の度合いが高い④が該当し，②はオランダである。①と③のうち，人口の偏在の度合いが高い③は，首都メキシコシティが人口約2200万人でプライメートシティの典型であるメキシコで，①は，人口規模の類似した大都市の多い南アフリカ共和国である。

■**問4** 日本では，1970年代半ば以降人口増加率は低下を続けており，人口流入が多い東京圏でも時代とともに人口増加率は低下している。よって，人口増加率の高い地域が広い順に，クが1985年〜1990年，カが1995年〜2000年，キが2005年〜2010年となる。東京都は，高度経済成長期に人口流入が続き，人口増加率は高かったが，石油危機による景気停滞が生じた1970年代以降社会増加率がマイナスとなり，人口増加率は低くなった。しかし，バブル経済崩壊後の1990年代後半以降，地価の下落により湾岸地域などで安価な住宅供給が増加したことで人口の都心回帰が生じて社会増加率がプラスに転じ，人口増加率も全国トップクラスに返り咲いた。よって，カとキでは，東京都心付近で10%以上増加の地域がみられる。

■**問5** 図3を東京，大阪，名古屋の三大都市圏とそれ以外の地域についてみれば，①と②は正しく，③が誤りであると読み取れる。三大都市圏では老年人口率は低いが，④にあるように，今後は高度経済成長期に流入した若年層が高齢期に入るため，老年人口はさらに増加する。

第5章　地誌

1　中国地誌

解答

| 問1 | ④ | 問2 | ③ | 問3 | ③ | 問4 | ④ | 問5 | ④ | 問6 | ① |

■**問1**　アは，レス（黄土）が厚く堆積していることから，黄河中流域のホワンツー（黄土）高原に位置するBが該当する。この地域のレスは，ゴビ砂漠やタクラマカン砂漠などから風で運ばれた細粒物質が堆積したものである。イは，タワーカルストから，観光地として有名なCのコイリン（桂林）である。石灰岩が二酸化炭素を含む雨や地下水に侵食されて形成されるカルスト地形は，ドリーネやウバーレなどの凹地が有名だが，温暖な地域では侵食が進んで塔状の石灰岩の山が林立するタワーカルストもみられる。ウは，氷河地形がみられることから，標高の高いヒマラヤ山脈の北麓のAが該当する。モレーンは，氷河が侵食，運搬した砂礫が末端などに堆積した地形である。

■**問2**　緯度の高いJとKは，冬季低温で年較差の大きい①か④で，Jは内陸の乾燥地域に位置するので，降水量の少ない④である。①のKは季節風の影響で，夏多雨，冬少雨となっている。Mはユンコイ高原に位置し，標高が高いので，夏季の気温が低い③が該当し，Lは②である。

■**問3**　茶は，温暖多雨で水はけのよい傾斜地に適しているので，中南部で作付面積が広いカが該当する。野菜は，需要の多い大都市近郊で生産が多いので，沿海部を中心に作付面積が広いクが該当する。キはイモ類で，野菜と違って鮮度が重視されず保存がきくので，内陸部で作付面積が広い。

■**問4**　①正しい。Pの東北地方南部から華北にかけての地域は，石炭や鉄鉱石の産出が多く，古くから鉄鋼業を中心とする重工業が盛んである。②正しい。Qの東北地方は，冬季シベリア高気圧の影響を受け寒冷なため，暖房用の石炭の消費が多い。③正しい。Rの華南沿岸部は冬季の気温が高く，暖房用の消費は少ない。④誤り。朝鮮半島や日本列島に大気汚染物質をもたらすのは，上空の偏西風や冬季の北西季節風であり，貿易風は亜熱帯高圧帯から熱帯収束帯に向けて吹く，低緯度地方の風である。

■**問5**　①誤り。中国の戸籍制度には都市戸籍と農村戸籍があり，都市戸籍をもつ人が受けられる医療や教育などの社会保障を，都市に移住した都市戸籍をもたない農村出身者は受けられないという格差がある。②誤り。近年の急速な経済成長で家電製品の普及率は高くなっている。③誤り。沿海部と内陸部の格差是正のために行われている西部大開発では，西部から沿海部に石油や天然ガス，電力などが送られているが，最大の油田は東北地方のターチン油田で，チンハイ省の石油生産は少ない。④正しい。チンハイ（青海）省の省都シーニンと，チベット（西蔵）自治区の区都でチベット仏教の聖地であるラサを結ぶチンツァン（青蔵）鉄道は，最高地点が5000mを超え，2006年の開通以降，チベットへ

の観光客の増加をもたらしている。

■問6 ①誤り。少数民族の文化を尊重して，民族言語による教育も行われている。②正しい。少数民族の居住地域に漢民族の入植を進めたことから，漢民族の割合が高くなり，チベット自治区やシンチヤンウイグル自治区などでは民族対立が発生している。③正しい。自治区を構成している5民族のうち，チベット族とモンゴル族はチベット仏教を，ウイグル族とホイ族はイスラーム（イスラーム教）を信仰している。また，さまざまな伝統的な風俗習慣や食文化がみられる。④正しい。高山や砂漠などの自然環境や漢族と異なる文化が観光資源となり，海外からとともに国内からの観光客が増加している。

2 東南アジア地誌

解答
問1 ①　問2 ②　問3 ③　問4 ③　問5 ②　問6 ⑥
問7 ③

■問1 赤道付近は熱帯雨林気候で年中多雨のため，赤道に近いウは③である。熱帯雨林気候の南北半球側には雨季と乾季が明瞭なサバナ気候や熱帯モンスーン気候がみられ，南北半球では季節が反対なので，北半球の夏に雨季の①と②がアカイで，南半球の夏に雨季の④はエである。アは夏の南西季節風に対して山脈の風上側なので，多雨の①（Am）であり，イは②（Aw）である。

■問2 カはゴムの木で，天然ゴムは樹皮に傷をつけて流出する乳液から造られる。原産地はアマゾン地方で，生産・輸出はタイ，インドネシア，ベトナム，マレーシアが多い（Q）。キはバナナで，熱帯では自給用作物として栽培され，生産上位国（2021年）のインド，中国，インドネシア，ブラジルではほとんどが国内消費されている。1960年代以降はアメリカ合衆国などの多国籍企業のプランテーションでも栽培され，フィリピンはアジア最大の輸出国である（P）。

■問3 ①正しい。発展途上国の食料問題解決のために高収量品種を開発して食料増産を図る緑の革命は東南・南アジアで広まった。②正しい。緑の革命では，肥料・農薬の使用や灌漑施設の整備が必要とされ，二期作が行われるようになったところもある。③誤り。日本など東アジアでは短粒種のジャポニカ種が，タイなど東南アジアでは長粒種のインディカ種が栽培されている。④正しい。ベトナムのフォーや中国のビーフンは米からつくられる麺である。

■問4 ①と②はイスラームが多いので，インドネシアかマレーシアである。マレーシアでは中国系，インド系住民もみられるので仏教とヒンドゥー教の割合が高い②で，インドネシアは①である。インドネシアでも，バリ島はヒンドゥー教徒中心である。③は仏教中心でタイ，④はキリスト教中心で，かつてスペイン領だったフィリピンである。

■問5 ①誤り。華僑は，19世紀後半の奴隷制廃止以降に移住が始まった。②正しい。現

地で生まれ国籍を取得した人々は華人と呼ばれる。③誤り。海外への移住は沿海部からが中心で，特に華南のフーチエン（福建）省とコワントン（広東）省の出身者が多い。④誤り。第1次産業に従事するのは先住民が中心で，中国系住民は都市に居住し第2，3次産業に従事する人々が多い。

■**問6**　人口1人当たりGDPが突出したスは，1970年代から工業化を進めたシンガポールである。シはタイで，シンガポールに続きマレーシアとともに工業化が進展した。サはベトナムで，1990年代にASEANに加盟した国々の中では最も工業化が進み，輸出額に占める工業製品の割合が急増している。

■**問7**　①正しい。1993年にはAFTA（ASEAN自由貿易地域）が発足し，域内の経済関係を強化している。②正しい。東西冷戦中の1967年に結成された当時から政治的安定なども目指している。③誤り。パスポートを提示せずに出入国できるのは，シェンゲン協定に加盟したヨーロッパ諸国である。④正しい。賃金水準の高い，シンガポールやマレーシア，タイなどへ労働者の移動がみられる。

---

③　**南アジア地誌**

┌─**解　答**─────────────────────────────────────┐

(1)	a	(2)	d	(3)	a	(4)	a	(5)	a	(6)	b	(7)	c
(8)	c	(9)	d	(10)	b								

└──┘

■(1)　aが誤りで，Aのパキスタンはウルドゥー語が国語，英語が公用語である。パンジャービー語はインド，パキスタンにまたがるパンジャブ地方で使用され，インドのパンジャブ州の公用語。A，B，C，Fの南アジア諸国は旧イギリス領であるが，英語が公用語とされているのはパキスタンだけである。Bのインドでは，連邦公用語のヒンディー語の使用人口が約4割で最も高く，他に21の言語が憲法公認語とされており，英語は準公用語である。Cのスリランカでは，シンハラ語（約8割），タミル語（約1割）が公用語で，タミル語はスリランカの対岸のインド南東部のタミルナドゥ州でも使用されている。ヒンディー語など南アジアの言語の大部分はインド・ヨーロッパ語族に属するが，タミル語などインド南部の言語はドラヴィダ語族に属している。Fのバングラデシュの公用語はベンガル語で，隣接するインドのウエストベンガル州などでも公用語とされている。

■(2)　イギリスからの独立の際に宗教によって3か国に分かれ，インドはヒンドゥー教，パキスタンはイスラーム，スリランカは仏教が中心であり，1971年にパキスタンから分離独立したバングラデシュもイスラームなので，dが誤り。Dのネパールはヒンドゥー教が約8割で，仏教が約1割である。Eのブータンは，チベット仏教が約7割を占める。

■(3)　パキスタンは乾燥気候なので，wは少雨のb，xは緯度が低いので高温のd，yとzはほぼ同緯度であるが，yはヒマラヤ山麓なので気温が低いc，zは気温が高いaである。

■(4)　ネパールとブータンはヒマラヤ山麓に位置し，ネパールは南部に低地があるが，ブータンは低地がないので，国土面積に占める農地の割合が最も低いbがブータン，次いで低いaがネパールである。バングラデシュはガンジスデルタに位置し，国土の大部分が低地なので農地の割合が最も高いdで，人口密度はミニ国家を除けば世界一である。インドも農地の割合が高いcで，人口密度は日本より高い。

■(5)　インドは，小麦と米の生産は世界2位，とうもろこしの生産は世界6位（2021年）で，輸出も米は1位，とうもろこしは7位（2021年）なのでaが該当する。肉類も国内では菜食主義者が多く消費量は少ないので自給率は高い。日本はとうもろこしの世界3位の輸入国で自給率は0なのでdが該当する。小麦や大豆の自給率も低い。bとcの判定は難しいのでできなくていいが，ミャンマーは米の輸出が世界7位なので，cはミャンマー，bはバングラデシュである。

■(6)　肉類と水産物が多いdは日本で，dに次いで水産物が多いbは，日本と同様に海に囲まれたスリランカである。インドで信仰されているヒンドゥー教では牛は聖なる動物で食用にはされないが，牛乳は利用され，バター生産は世界一，牛乳生産はアメリカ合衆国に次ぎ2位なので，牛乳・乳製品が多いcがインドで，aがバングラデシュである。

■(7)　インドは，独立後，市場経済と国家主導の計画経済をあわせた混合経済体制を採用し，自給自足型の工業発展を図っていたが，国際競争力が失われ，1991年の経済の自由化以後は外資の進出が盛んになり，工業生産は急増している。そして，ブラジル，ロシア，中国とともにBRICsの一員となった。また，英語が堪能で優れた理工系学生が多いためアメリカ合衆国などからICT（情報通信技術）産業が進出し，南部のバンガロールはインドのシリコンヴァレーと呼ばれている。よって，a，b，dは正しいが，cのジャーティは，ヒンドゥー教の身分制度のヴァルナと結びついた職業集団で，伝統的な職業が規定されてきたが，工業発展の原動力とはなっていない。

■(8)　早くから生産台数が多かったaは日本，日本に次いで生産台数が増加したdは韓国，現在生産台数が最も多いbは中国で，インドは近年急増して韓国を上回ったcである。

■(9)　インドでは1960年代から家族計画の普及に努めてきたが，人口増加は続いており，21世紀中ごろには中国を超えて世界一の人口大国となると予測され，2023年には世界一になった。近年は出生率の低下で年少人口割合が低下し，人口ピラミッドは，富士山型から変化しはじめている。しかし，(4)の表で示されているように農林水産業人口割合がまだ40％以上で，都市人口比率は2020年で34.9％と低いので，dが誤り。

■(10)　aは茶からスリランカとわかる。bは，繊維品と衣類が上位で，安価な労働力を背景に外資の進出が盛んなパキスタンである。パキスタンは乾燥し米の生産は世界13位で多くないが，輸出は以前から盛んで世界4位（2020年）で，輸出上位品目にも入っている。cはインドで，ダイヤモンド加工業が行われ，ダイヤモンドは輸入品第6位に入っている。韓国はdで，自動車が判定のポイントとなる。

4　中央アジア地誌

解　答

問1	D	問2	C	問3	D	問4	あ：D　い：B	問5	B
問6	D	問7	A	問8	D	問9	B		

■**問1**　中央アジアの国々は，地図Ⅰでは旧ソ連のa～fで，gのイランとhのアフガニスタンは西アジアである。(1)は首都がタシケントのcウズベキスタンである。(2)はウラン生産量が世界一のbカザフスタンである。(3)は旧ソ連時代にはアラル海に流れ込むアムダリア川とカスピ海を結ぶカラクーム運河が建設されたfトルクメニスタンである。(4)は標高の高い山岳地帯のdキルギスである。(5)はインド・ヨーロッパ語族イラン族のeタジキスタンで，a～fの中で他の国はすべてアルタイ諸語である。

■**問2**　縮小という環境問題が生じた　1　は⑤アラル海。カザフスタンとトルクメニスタンが面している　2　は⑥カスピ海。トルクメニスタンにみられる砂漠の　3　は⑧カラクーム砂漠で，⑦キジルクーム砂漠はウズベキスタン付近にみられる。キルギスの山岳部で高山気候となっている　4　は③テンシャン山脈。キルギスとタジキスタンにみられる　5　は①パミール高原。②ゴラン高原はシリア南西部でイスラエルの占領地，④カフカス山脈はロシアとジョージア，アゼルバイジャンとの国境の新期造山帯山脈。

■**問3**　Aカナートはイラン，Bカレーズはアフガニスタンやパキスタン，Cフォガラは北アフリカの地下用水路で，Dモレーンは氷河の堆積地形。

■**問4**　アムダリア川・シルダリア川流域で栽培される　あ　は綿花，カザフスタン北部のステップに分布する黒土地帯が主産地の　い　は小麦である。

■**問5**　(2)のカザフスタンではカラガンダ炭田で石炭が生産される（B）。Aはウクライナのクリヴォイログ鉄山，Cはロシアのシベリア北部のノリリスクニッケル鉱山，Dはaのアゼルバイジャンのバクー油田で天然ガスも産出する。

■**問6**　天然ガスの生産上位国はアメリカ合衆国，ロシア，イラン，中国，カナダ，輸出上位国はロシア，アメリカ合衆国，カタール，ノルウェー，オーストラリア，輸入上位国は中国，日本，ドイツ，アメリカ合衆国，イタリアである（2020年）。よって，消費量が最も多いCはアメリカ合衆国で，近年はシェールガスの開発で生産が世界一になり，自給率も高くなっている。次に消費量が多いDはロシア，消費量は多いが自給率の低いAは中国，消費量が少なく自給率も低いEはイギリス，消費量が少なく自給率が非常に高いBはオーストラリアである。

■**問7**　夏に乾燥し冬に比較的雨量が多い気候区は，A地中海性気候で，地中海沿岸から内陸のカスピ海の南側，テンシャン山脈の西側まで細長く分布している。

■**問8**　イスラームの多数派のスンナ（スンニ）派は，Dトルコで多く，少数派のシーア派はBイランとイラク，アゼルバイジャンで多い。Aスリランカは仏教，Cアルメニアはキリスト教が多数派である。

■問9 豊富な水力発電をもとにとのことなので，生産に大量の電力が必要なアルミニウムが当てはまる。

[5] 西アジア地誌

(解 答)

問1 ②	問2 ①	問3 ⑤	問4 ③	問5 ④	問6 ②

■問1 Dは地中海性気候，E，F，Gは砂漠気候なので，Dは降水量が多く，夏少雨，冬多雨の④。緯度が低く海岸沿いのGは，気温の年較差が小さい①。Eはイラン高原に位置し，Fより標高と緯度が高いので，気温が低く年較差が大きい③。Fは②で，内陸のため7月の平均気温が約35℃で高い。

■問2 Jの外来河川は，イラクのア地点を流れるティグリス・ユーフラテス川である。Kの淡水化施設は海水を利用するので，アラブ首長国連邦の海岸沿いのイ地点である。Lの地下水路は，山麓の帯水層から地下水を集落に引いてオアシス農業に利用されるので，アフガニスタンの山間部のウ地点である。地下水路はイランではカナート，アフガニスタンやパキスタンではカレーズ，中国西部ではカンアルチン，北アフリカではフォガラと呼ばれる。

■問3 カは，サウジアラビア，クウェート，アラブ首長国連邦など原油生産量が多く，砂漠が広がり農業生産量が少ないため人口が少ない国が多いので，1人当たりGNIと1日当たり原油生産量が多いbが該当する。キは，トルコやイスラエルなど，産油国ではないが，工業化が進んで1人当たりGNIは多いので，cが該当する。クは産油国のイラクとイランであるが，外来河川やカナートなどを利用してオアシス農業が行われ，人口は多いので，1日当たり原油生産量は多いが，1人当たりGNIが少ないaが該当する。dはシリア，ヨルダン，アフガニスタンなど産油国でなく，工業も発達していないので，どちらの指標も値が少ない。

■問4 ①誤り。外国からの巡礼が多いイスラームの聖地は，サウジアラビアのメッカである。②誤り。ドバイでは，南アジアなどからの外国人労働者の流入が多く，人口ピラミッドでは20～40代の男性の割合が高くなっているので出生率は高くないし，出生率が高ければ，人口ピラミッドの年少（幼年）人口の割合がより高くなっているはずである。③正しい。ドバイは運輸・物流の拠点で，サービス業・観光業も発展し，ホテルや商業・レジャー施設の建設が盛んなため，インドやインドネシア，パキスタンなどからの労働者の流入が多い。高所得のアラブ首長国連邦は，国際移住者数がアメリカ，ドイツ，サウジアラビア，ロシア，イギリスに次ぐ世界6位（872万人）で，国際移住者の国内人口に対する割合は88.1％で最も高い（2020年）。④誤り。アラブ首長国連邦は砂漠気候の小国で農業人口は少なく，都市人口率は1980年代から80％以上で高く，ドバイへの農村からの人口移動は少ない。

■**問5**　トルコとモロッコではイスラームが信仰され，豚肉を食べることは禁忌なので，両国とも1人当たり年間供給量が少ないPが豚肉である。Qはナツメヤシで，乾燥に強く，西アジア・北アフリカのオアシス農業地域を中心に栽培されているので，アトラス山脈の南側に乾燥帯が広がるモロッコは1人当たり年間供給量が多いシで，トルコはサである。

■**問6**　図7中のSはモロッコで，旧宗主国のフランスや隣接するスペインでの居住者数が多い。ドイツに居住者数が多いTはトルコで，第一次世界大戦後に植民地を失ったドイツでは，高度経済成長期の1960年代以降にトルコから多くの労働者を受け入れ，現在もポーランド人と並んで移民数が多い。図8は対数目盛で，タは受け入れている難民数が非常に多い。これは近年内戦が続き難民数が世界一のシリアに隣接するトルコで，難民受け入れ数は世界一である。チはモロッコで，サハラ以南からの移民を受け入れているが，難民数の多い国には接していないため，受け入れ数は少ない。

6　**アフリカ地誌**

解　答

| 問1　③ | 問2　② | 問3　③ | 問4　⑤ | 問5　④ | 問6　① |

■**問1**　Aは，北部が地中海性気候，南部がサハラ砂漠なので，南部で降水量が少ない②である。Bは，北部がサハラ砂漠，南部がサバナ気候なので，南部で降水量が多い④である。Cは，北部が熱帯雨林気候，南部がサバナ気候なので，北部で特に降水量が多い①である。Dは，中央部がカラハリ砂漠，その南北がステップ気候，南端は地中海性気候なので，③である。

■**問2**　①は，アフリカ最大の産油国のナイジェリアとアンゴラなどの沿海部に多いので石油である。②は，アフリカ各国に産地のある金鉱で，南アフリカ共和国の生産が多い。③はコンゴ民主共和国とザンビアの国境付近のカッパーベルトに多い銅鉱である。④は南アフリカ共和国が生産世界一のプラチナ鉱で，北側のジンバブエにも産地がある。

■**問3**　アフリカの国々の経済水準は，鉱産資源の生産が多い北部と南部の国々では高く，低緯度地域の国々では低いので，第1次産業人口の割合が高いアはマリで，中南部はステップ気候とサバナ気候で，綿花や落花生が生産されている。BRICSの南アフリカ共和国はアフリカで工業化が最も進んでおり，早くから第1次産業の割合が低いウである。イはボツワナで，ダイヤモンド生産はロシアに次ぐ世界2位で経済が成長し，アパルトヘイト廃止後の南アフリカ共和国との関係も深まって産業の多角化が進み，人口が少ないため1人当たりGNIは南アフリカ共和国より高い。

■**問4**　カは中国で，経済成長によってアフリカ諸国への投資が急増し，輸入額も急増している。キはフランスで，旧植民地の北部や西部からの輸入が多い。クはイギリスで，旧植民地の南部からの輸入が多い。

■問5 ①はM（コートジボワールのアビジャン）で，植民地時代には付近のギニア湾岸に象牙海岸，黄金海岸，胡椒（穀物）海岸などがあり，コートジボワールなどではフランス語が公用語である。②はL（南アフリカ共和国のケープタウン）で，スエズ運河が開通するまで大航海時代にはヨーロッパとアジアを結ぶ航路の中継地となっており，旧イギリス領でキリスト教徒が多い。③はJ（エジプトのアレクサンドリア）で，ナイル川の河口に位置し，エジプトはアラビア語が公用語でムスリムが多い。④はK（ケニアのモンバサ）で，インド洋北部を吹く季節風を利用してアラビア半島からの交易船が多くなり，ケニアとタンザニア，ウガンダではスワヒリ語と英語が公用語となっている。

■問6 植民地時代には特定の農産物や鉱産物などの一次産品の生産と輸出に依存するモノカルチャー経済が特徴であった⒮。輸出指向型の工業化は，第二次世界大戦後に発展途上国で行われた輸入代替型の工業化に続いて，安価な労働力を利用し先進国から資本と技術を導入して行われた。先進国と発展途上国との経済格差は南北問題で，発展途上国で豊かな資源保有国や工業国とそうでない貧困国との経済格差は南南問題である⒯。

⑦ ヨーロッパ地誌

```
┌─ 解　答 ─────────────────────────────────────┐
│ A  問1 ②   問2 ①   問3 ③   問4 ①   問5 ③   問6 ④ │
│    問7 ②                                           │
│ B  問1 ①   問2 ①   問3 ①   問4 ②   問5 ④        │
└─────────────────────────────────────────────┘
```

A

■問1 アはaで，バルト楯状地が広がり，東側にはロシア卓状地が広がっている。イはcで，イベリア高原は古期造山帯であるが，地中海に面した南部のネバダ山脈は新期造山帯（最高峰は3482m）である。ウはbで，イタリア北部にはポー川沿いに沖積平野のパダノ・ヴェネタ平野が広がっている。

■問2 カのイギリスは，小麦生産が多い④で，ヨーロッパでは，フランス，ドイツに次ぐ生産国である。また，国土面積に占める牧場・牧草地の割合が約46％と高く牧羊が盛んなため，羊の頭数はヨーロッパで最も多い。キのオランダは園芸農業が盛んで野菜の生産が多く，酪農も行われチーズ生産は世界5位（2020年）であるので，①が該当する。クのハンガリーはドナウ川沿いにハンガリー平原が広がり，東ヨーロッパでは穀物生産が多いので，③が該当する。ケのギリシャは②で，温暖な気候で野菜生産が多く，少雨のため牧羊も行われている。

■問3 ①はPのノルウェーで，偏西風がスカンディナヴィア山脈にぶつかって多雨となり，山地が大部分のため水力発電中心で，発電量に占める割合は92％（2020年）に達する。②はSのイタリアで，新期造山帯に位置し，半島には火山があり，地熱発電も行われている。地中海性気候で夏は晴天が多いため，太陽光発電の割合は8％と高い。③はQの

デンマークで，海洋に囲まれ風が安定して吹くため風力発電が盛んで，発電量の 57%を占めている。④はRのドイツで，再生可能エネルギーの導入が進み，風力発電と太陽光発電は設備容量，発電量ともヨーロッパで最も多い。

■**問4**　①はスイスで，ゲルマン語派のドイツ語の割合が約 6 割で，西部ではフランス語，南部ではイタリア語とロマンシュ語というラテン語派の言語が用いられている。②はフィンランドで，ウラル語族のフィン語とゲルマン語派のスウェーデン語が公用語で，北部の先住民のサーミ語もウラル語族である。③はスペインで，公用語のスペイン語と地方公用語のカタルーニャ語，ガリシア語，バレンシア語，アラン語はラテン語派であるが，北東部のバスク語はバスク語族に属している。④はイギリスで，公用語の英語はゲルマン語派であるが，北部のスコットランド語とアイルランド語，西部のウェールズ語はケルト語派に属している。

■**問5**　ブルガリアは，東ヨーロッパで経済水準が低いので，輸出品目に衣類が含まれ，貿易額が少ない③が該当する。①は紙類から針葉樹林が広がり紙・パルプ工業が盛んなフィンランド，②は精密機械（時計が中心）からスイス，④は原油と天然ガス，魚介類からノルウェーと判定できる。

■**問6**　ヨーロッパ中央銀行は，ドイツの金融の中心であるフランクフルトに置かれ，ユーロはイギリスやデンマーク，スウェーデンなどで導入されていない。フランスのアルザス地方のストラスブールにはヨーロッパ議会，ベルギー首都のブリュッセルには EU 本部のヨーロッパ委員会が置かれている。

■**問7**　①アイスランドと③コソボは未加盟，④ブルガリアとルーマニアは 2007 年，②クロアチアは 2013 年に加盟。

B

■**問1**　Aのジロンド川河口にはラッパ状の入江のエスチュアリー（三角江）がみられる。

■**問2**　図 2 から①旧市街地は河川の合流点にないことが読み取れる。②環状の道路はかつての城壁の跡地，③再開発地区は郊外で高層ビルが立ち並ぶ副都心のラ・デファンス，④鉄道の起点となる駅は旧市街地の外側。

■**問3**　イル・ド・フランスにはパリが位置するので，外国人観光客が非常に多いアである。プロヴァンス・コートダジュールは夏のリゾート地で，マルセイユやニース，カンヌなどが位置し，夏のバカンスに訪れるフランス人が多く，外国人観光客も多いのでウである。イはアルプス山脈が位置し，観光客が多いローヌ・アルプ，エはロアール川下流域のペイ・ド・ラ・ロアールである。

■**問4**　オーストラリアの東に位置するニューカレドニアはニッケル鉱の産地で，生産量は世界 4 位（2019 年）である。

■**問5**　①誤り。トルコや旧ユーゴスラビアからの移民が流入したのはドイツで，フランスにはポルトガルや旧植民地のモロッコ，アルジェリアからの移民が流入した。②誤り。フランスの人口は減少していない。③誤り。ペルシア湾岸諸国への出稼ぎ労働者は南アジアなど発展途上国からで，合計特殊出生率が低下したのは経済成長にともなう女性の高学

歴化や社会進出によるものである。④正しい。少子化対策によりフランスの合計特殊出生
率は先進国の中では高くなっている。

8　地中海周辺の地誌

```
┌─ 解　答 ─────────────────────────────────────┐
│　問1　④　　問2　④　　問3　①　　問4　④　　問5　②　　問6　②　│
└──────────────────────────────────────────┘
```

■**問1**　アは安定した風が吹く沿岸部に多いので，風力である。イは内陸の河川沿いに多
いので水力である。ウは火山のあるイタリアとトルコにみられるので地熱である。

■**問2**　①正しい。モロッコはヨーロッパより低緯度で気温が高く日照時間が長いのでト
マト生産に適している。②正しい。ヨーロッパ諸国との経済連携協定の締結によって投資
が増加し，図2から輸出量が2000年代後半以降に増えたことがわかる。③正しい。栽培
面積は減少しているが生産量は増加しているので，土地生産性は向上した。④誤り。輸出
量に占めるEU諸国向けの割合は低下している。

■**問3**　スペインは，自動車生産台数がヨーロッパでドイツに次ぐ2位で，輸出台数も多
く，輸出品目の1位（2021年）となっているいのでEである。モロッコは，外資の進出
で近年生産台数が増加し，アフリカで南アメリカ共和国に次ぐ2位で，輸出品目の2位と
なっているのでFである。イスラエルは自動車生産が行われておらず，輸入品目の2位と
なっており，先進国なので1万人当たり輸入台数が多いDである。

■**問4**　キには，内戦国のシリアや低所得国のアフガニスタンやイエメンが入っているか
ら国際援助額で，旧フランス領のモロッコで金額が多いKがフランスである。カは観光客
数で，冷涼なイギリスは温暖地域のトルコやキプロス，アラブ首長国連邦への観光客数が
多い。

■**問5**　①正しい。北アフリカのチュニジアはイスラームで，スペインはキリスト教であ
るが，スペイン南部は8世紀から15世紀までイスラーム王朝に支配されたので，各地にイ
スラームの遺跡がみられる。②誤り。両都市とも西部は道が狭く建物が密集している旧市
街で，東部は道路が広く建物が大きい新市街である。敵の浸入を防ぎ，強い日差しをさえ
ぎるために道の幅が狭い迷路型道路網がイスラーム世界の都市の特徴である。③正しい。
ヨーロッパでは夏季に冷涼な北部から地中海沿岸地方のリゾート地を訪れる観光客が多
く，スペインは国際観光客数がフランスに次ぐ世界2位である。④正しい。日用品を扱う
店舗が立地する市場は景観写真から読み取れる。

■**問6**　イスラームでは女性の労働者が少ないので，チュニジアは②と④で，先進国では
工業化が進むと脱工業化，サービス経済化に移行するため，スペインで上昇している①は
第3次産業で，低下している③は第2次産業である。

9　ユーラシア大陸北部地域，ロシア連邦の地誌

┌─ 解　答 ─────────────────────────────────┐

A	問1　②	問2　⑥	問3　④	問4　④	問5　②	問6　③
B	問1　④	問2　②	問3　④	問4　①	問5　①	問6　③

└──┘

A

■問1　①誤り。Aは古期造山帯のウラル山脈。②正しい。Bは古期造山帯のテンシャン山脈で，ヒマラヤ・チベット山塊の形成にともなう断層運動で再隆起し，最高峰は7000mを超える。③誤り。Cは安定陸塊のロシア卓状地に位置する中央シベリア高原であるが，ゴンドワナ大陸から分かれたのは，南アメリカ大陸，アフリカ大陸，アラビア半島，インド半島，オーストラリア大陸，南極大陸である。北アメリカ大陸とユーラシア大陸はローラシア大陸から分かれた。④誤り。Dのカムチャッカ半島は，海洋プレートの太平洋プレートが大陸プレートの北アメリカプレートの下に沈み込む変動帯にあたり，標高の高い火山が多い。

■問2　Fのラドガ湖は氷河湖で，ヨーロッパ北部はかつて大陸氷河に覆われ，氷河湖が多くみられる。運河によってフィンランド湾や白海，ヴォルガ川とつながっている。Gのバイカル湖は，水深，透明度が世界一の断層湖で，バイカルアザラシなど多くの固有種が生息する。Hのアラル海は，造陸運動によるくぼ地にできた湖で，流入する河川から綿花栽培用の灌漑用水が取水され水位低下が進んだ。

■問3　アスタナは乾燥する中央アジアに位置するので，降水量が少ない④が該当する。北極海沿岸でツンドラ気候のディクソンは最暖月平均気温が10℃未満の③，冬季シベリア高気圧に覆われ寒冷で少雨の亜寒帯冬季少雨気候のチタは①，偏西風の影響を受け比較的温和で降水量も多い亜寒帯湿潤気候のサンクトペテルブルクは②である。

■問4　綿花は冷涼な地域では栽培されないので，JとKは②か④で，Kのウクライナは肥沃なチェルノーゼムが分布し小麦栽培が盛んなので④，Jのラトビアは②である。LとMは乾燥しているので，羊の頭数が多いが，Lのカザフスタンはウクライナから続くチェルノーゼムの分布地域で小麦生産が多い①，Mのウズベキスタンは綿花生産が世界6位（2020年）なので③である。

■問5　Pのモンゴルではチベット仏教が信仰され，隣接する中国では，内モンゴル自治区，聖地ラサのあるチベット自治区で信仰されている。モンゴル語は，トルコから中央アジアにかけて分布するアルタイ諸語に属し，モンゴルの西部にはアルタイ山脈がある。

■問6　Xはエストニアで，バルト三国は最初にソ連から独立し，2004年にはEUに加盟した。Yはウクライナで，2004年には親欧米派の大統領が当選しオレンジ革命と呼ばれ，ロシアとの関係が悪化した。2014年には対立していたロシアがクリミア半島を併合した。Zはグルジアで，2008年には領土問題でロシアとの紛争が起こり，2009年にはCISから脱退し，2015年に日本では国名がジョージアに変更された。

B

■**問1** 1855年の日露和親条約で，bの択捉海峡が国境となり，1875年の樺太・千島交換条約で千島列島全域が日本領土となった（c）。日露戦争後の1905年にはポーツマス条約で，樺太の北緯50度（a）以南を日本が領有することになった。

■**問2** チェチェン共和国は，カフカス山脈北側の②に位置している。①はカレリア共和国，③はアルタイ共和国，④はユダヤ自治州である。

■**問3** ①正しい。モスクワやパリなどヨーロッパの歴史的都市には放射環状路型の街路網をもつ都市が多い。②正しい。ブラーツクはバイカル湖から流れ出るアンガラ川（エニセイ川の支流）沿いに位置し，巨大な水力発電所が建設され，アルミニウム工業が発達している。③正しい。ヤクーツクが首都のサハ共和国は，ダイヤモンドなど多くの地下資源の産出が多い。④誤り。ウラジオストクは日本海岸に位置する港湾都市で，間宮海峡付近のアムール川の河口にはニコライフスクナアムーレが位置している。

■**問4** ①正しい。モスクワなどの大都市では郊外にダーチャと呼ばれる別荘をもち，週末に野菜などを栽培する人が多い。②誤り。日干しレンガは乾燥地域で建築材料として利用される。③誤り。永久凍土は冬季寒冷な東部に広く分布し，住居の熱によって永久凍土が融けないようにした高床式住居がみられる。④誤り。北極海沿岸はツンドラ気候で森林はないため，丸太小屋はみられない。

■**問5** ロシアは天然ガス輸出は世界一，原油輸出は世界2位，石炭輸出は世界3位で，一次エネルギー自給率が最も高い①である。④は工業生産額が非常に多い中国，③は石炭輸入が世界2位，原油輸入が世界3位で自給率が低いインド，②は石炭輸出が世界5位の南アフリカ共和国である（統計は2020年）。

■**問6** Qは，2位のオランダの原油輸入先1位がロシアなので，輸出であり，Pの輸入先1位のXは工業製品を輸入している中国であり，Yはドイツである。

10　**北アメリカ地誌**

┌─ **解　答** ─────────────────────────────┐
│ 問1　②　　　問2　③　　　問3　③　　　問4　④　　　問5　②　　　問6　②
│ 問7　③　　　問8　④　　　問9　①　　　問10　①
└────────────────────────────────────┘

■**問1** Aには山脈がないので①。BとCには新期造山帯のロッキー山脈がみられるが，Bでは西部なので③，Cでは中央部なので④。Dは，西部に中央平原，東部に古期造山帯のアパラチア山脈がみられるので②。

■**問2** ①正しい。E地点にはプレートのずれる境界のサンアンドレアス断層があるので，地震が発生する。②正しい。F地点は亜寒帯湿潤気候で，内陸は冷え込む。③誤り。G地点は安定陸塊のカナダ楯状地のラブラドル半島なので，火山はみられない。④正しい。H地点では，カリブ海で発生する熱帯低気圧のハリケーンの上陸がある。

■**問3** アは地中海性気候で①。イとエは亜寒帯湿潤気候で，内陸のイは年較差が大きく降水量が少ない③，沿岸部のエは④。ウは温暖湿潤気候で②。

■**問4** ①正しい。カは企業的穀物農業の春小麦地帯である。②正しい。キは企業的牧畜の放牧地帯で，フィードロット（肥育場）で肉牛が肥育されている。③正しい。クはプランテーション農業の綿花地帯である。④誤り。ケは冷涼な酪農地帯の一部で，センターピボット灌漑は放牧地帯で主に行われ，冬小麦地帯はアメリカ合衆国の中部である。

■**問5** アメリカ合衆国は，シェールオイルの開発により原油生産量が世界一となっているのでサ，以前は原油輸入量が世界一であったが，近年は輸出国となっているのでセである。カナダは原油生産量がアメリカ合衆国，サウジアラビア，ロシアに次ぐ世界4位（2021年）であるが，人口が少ないので，原油輸出量はサウジアラビア，ロシア，イラクに次ぐ世界4位（2019年）である。

■**問6** アメリカ合衆国の工業化は北東部のメガロポリス地域や五大湖周辺から始まり，1970年代には北緯37度以南のサンベルトで発達したため，南部は製造品出荷額が急増している②で，同様に増加している④は太平洋岸である。1971年に最も出荷額が多い①は自動車工業中心のデトロイトなど工業都市が多い中西部で，最も出荷額が減少している③は北東部である。

■**問7** アメリカ合衆国は輸入額の方が多く，アメリカ合衆国は世界一の貿易赤字国で，輸入額が非常に多いので，タが輸出，チが輸入。アメリカ合衆国は人口が多いので1人当たり貿易額が少なく，GDPが多いので貿易依存度が低いJ，カナダはK。

■**問8** ①誤り。Lはアメリカ合衆国で南端が熱帯モンスーン気候のフロリダ州である。②誤り。Mの自由の女神像はニューヨーク港にあり，ニューヨーク州である。③誤り。Nの1000年頃に北欧からのヴァイキングによる北アメリカで最初の入植地とされたのは，カナダのニューファンドランド島北部である。イギリスからの清教徒（ピューリタン）が1620年に上陸したのは，マサチューセッツ州のプリマスである。④正しい。Oのカナディアンロッキーの南東部のカルガリーはアルバータ州である。

■**問9** Qは隣国のメキシコからの移民が多いアメリカ合衆国である。Pはカナダで，近年はアジアからの移民が多いが，近年減少している出身国Rは，以前は中心であったイギリスである。

■**問10** 黒人は奴隷として流入した南部の綿花地帯に現在も多いので，ルイジアナ州で割合が高いヒが黒人であり，同様に黒人の割合が高いZは南部のアラバマ州である。ハはヒスパニックで，移民が多いメキシコに接する州に多いので，XとYはカリフォルニア州かテキサス州であるが，アジア系は太平洋岸の州に多いので，Xはテキサス州，Yはカリフォルニア州である。

11 ラテンアメリカ地誌

┌─ **解　答** ───┐
| (1)　b　　(2)　d　　(3)　c　　(4)　b　　(5)　b　　(6)　a　　(7)　d　　(8)　d |
└──┘

■(1) aは高温で年較差が小さく降水量が多い熱帯雨林気候なので，赤道直下のq（マナオス）である。bは夏季多雨，冬季少雨で気温が低い温暖冬季少雨気候なので，標高が約2300 mで高いp（メキシコシティ）である。cは熱帯で乾季のあるサバナ気候なので，r（リオデジャネイロ）である。dは年較差が大きい温帯の温暖湿潤気候なので，s（ブエノスアイレス）である。

■(2) aは正しく，最高峰はアコンカグア山（6959 m）である。bは正しく，高山地域はツンドラ気候である。cは正しく，アルパカとリャマが飼育されている。dは誤りで，アンデス地方の民族衣装は防寒・暴風に役立つ貫頭衣のポンチョで，カンガは東アフリカのタンザニアやケニアの女性が着る一枚布の民族衣装。

■(3) aは旧イギリス領のウ国のジャマイカである。bは旧スペイン領で社会主義国のイ国のキューバである。cは旧スペイン領で黒人と白人の混血のムラートが約7割のオ国のドミニカ共和国である。dは旧フランス領で，1804年に独立し，世界初の黒人共和国，中南米最初の独立国となったエ国のハイチである。

■(4) aは正しく，ア国のメキシコとアメリカ合衆国，カナダはNAFTA（北米自由貿易協定）を設立し，2020年にはUSMCA（アメリカ・メキシコ・カナダ協定）に移行した。bは誤りで，コ国のブラジルは，白人が54％，ムラートが39％で，日系人が大統領となったのはペルーである。cは正しく，ス国のチリはメスチソが72％，白人が22％で，ワインの生産量（2020年）は南米ではアルゼンチンが世界7位，チリが世界9位である。dは正しく，セ国のアルゼンチンは，1982年に大西洋のイギリス領フォークランド（マルビナス）諸島の領有をめぐってイギリスと紛争したが，敗北した。

■(5) aは正しく，キ国のパナマの首都パナマシティは太平洋に面し，パナマ運河付近に位置している。bは誤りで，ク国のエクアドルの首都キトは標高約2800 mであるが，最も標高の高い首都はボリビアの首都ラパスで約4000 mである。cは正しく，ケ国のペルーの首都リマは，海岸砂漠に位置し，年降水量は約2 mmである。dは正しく，コ国のブラジルの首都ブラジリアは，北部開発のためにブラジル高原に建設された計画都市である。

■(6) aは正しく，ア国のメキシコは銀鉱の生産が世界一（2020年）である。bは誤りで，金鉱の生産世界一は中国であり，ケ国のペルーは10位（2021年）でラテンアメリカでは6位のメキシコに次いで多い。cは誤りで，ボーキサイトの生産世界一はオーストラリアで，コ国のブラジルは4位（2020年）である。dは誤りで，すず鉱の生産世界一は中国で，サ国のボリビアは7位（2020年）である。

■(7) aは正しく，パイナップルの生産世界一はカ国のコスタリカ（2021年）である。b

は正しく，バナナの生産世界一はインドで，ク国のエクアドルは 5 位であるが，輸出は世界一である（2021 年）。c は正しく，コーヒー豆の生産世界一はコ国のブラジルである（2021 年）。d は誤りで，大豆は生産・輸出ともブラジルが世界一で，シ国のパラグアイは生産 6 位，輸出 3 位（2021 年）である。

■(8)　a は，大豆輸出世界一のコ国のブラジル，b は，自動車生産がラテンアメリカ最大のア国のメキシコ，c は，銅鉱生産世界一のス国のチリ，d は，とうもろこし輸出世界 2位（2021 年）のセ国のアルゼンチンである。

12　**オセアニア地誌**

（解　答）

問 1　④　　問 2　③　　問 3　③　　問 4　①　　問 5　⑥
問 6　(1)　③　　(2)　②　　問 7　②　　問 8　①　　問 9　⑤　　問 10　②

■**問 1**　水深 6,000 m よりも深いのは海溝で，B はトンガ海溝，D はチリ海溝である。
■**問 2**　水半球の中心の E はニュージーランドのアンティポディーズ諸島付近で，アンティポディーズは対蹠店という意味で，その対蹠店である陸半球の中心はパリ南西付近で，北緯 48 度，東経 0.5 度である。
■**問 3**　X－Y の緯度は南緯 20 度で，オーストラリア大陸の中央付近は南回帰線である。
■**問 4**　ツバルなどの低緯度の島々では海面の上昇による海岸侵食や地下水への海水の流入が発生している。
■**問 5**　ア は N のガラパゴス諸島，イ は M のニューカレドニア，ウ は L のビキニ環礁である。
■**問 6**　(1) APEC は 1989 年に結成され，日本やオーストラリア，中国，ロシアなど 19 か国と 2 地域が加盟し，環太平洋地域の多国間経済協力について討議するが，関税の撤廃などは行われていない。
　(2)　サ は精密機械から台湾，シ は銅鉱からペルー，ス は酪農品からニュージーランドと判定できる。
■**問 7**　① は R でサバナ気候，② は P で地中海性気候，③ は S で西岸海洋性気候，④ は Qで砂漠気候。
■**問 8**　① は誤りで，グレートアーテジアン盆地では被圧地下水を利用して粗放的な牧羊が行われている。② は正しく，年降水量約 500 mm のオーストラリア南東部と南西部では小麦栽培を中心とした企業的穀物農業が行われている。③ は正しく，ニュージーランド南島の東部は偏西風に対してサザンアルプス山脈の風下側で少雨のため牧羊が行われている。④ は正しく，ニュージーランドは南半球で日本と季節が反対のため，かぼちゃは日本で生産されない冬から春に輸出されている。
■**問 9**　図 2 中の X は安定陸塊に多い鉄鉱石，Y は熱帯に多いボーキサイト，Z は古期造

山帯に多い石炭，図4のタはボーキサイト，チは石炭，ツは鉄鉱石である。

■**問10** ①は正しく，白豪主義政策。 ②は誤りで，サーミはスカンディナビア半島北部ラップランドの先住民，オーストラリアの先住民はアボリジニー。③は正しく，ニュージーランドはポリネシアで先住民はマオリ。④は正しく，ニュージーランドの公用語は英語とマオリ語。

●**写真提供・協力**

PPS 通信社／ユニフォトプレス

※本書は大学入試センター試験，大学入学共通テストと私立大学の入試問題を一部改作して使用しています。